丽泽·教育学研究丛书

主编 胡春光

湖南第一师范学院教育

2023年度湖南省教育厅科学研究重点项目
"基于生成式人工智能的学习图谱构建研究"
（23A0649）研究成果

基于网络空间的混合式学习共同体构建

谢泉峰 著

湖南师范大学出版社·长沙

图书在版编目（CIP）数据

基于网络空间的混合式学习共同体构建／谢泉峰著. —长沙：湖南师范大学出版社，2024.9

ISBN 978 - 7 - 5648 - 5439 - 3

Ⅰ.①基…　Ⅱ.①谢…　Ⅲ.①教学法—研究　Ⅳ.①G424.1

中国国家版本馆 CIP 数据核字（2024）第 100234 号

基于网络空间的混合式学习共同体构建

Jiyu Wangluo Kongjian de Hunheshi Xuexi Gongtongti Goujian

谢泉峰　著

◇出　版　人：吴真文

◇责任编辑：胡　雪

◇责任校对：张晓芳

◇出版发行：湖南师范大学出版社

　　　　　　地址/长沙市岳麓区　邮编/410081

　　　　　　电话/0731 - 88873071　88873070

　　　　　　网址/https：//press. hunnu. edu. cn

◇经销：新华书店

◇印刷：长沙雅佳印刷有限公司

◇开本：710 mm×1000 mm　1/16

◇印张：18

◇字数：300 千字

◇版次：2024 年 9 月第 1 版

◇印次：2024 年 9 月第 1 次印刷

◇书号：ISBN 978 - 7 - 5648 - 5439 - 3

◇定价：59. 00 元

凡购本书，如有缺页、倒页、脱页，由本社发行部调换。

总　序

　　教育兴则国家兴，教育强则国家强。世界强国无一不是教育强国，教育始终是强国兴起的关键因素。近几年，高规格的教育政策陆续出台，教育高质量发展的体制机制建梁立柱，教育关键领域改革聚力突破，教育综合治理落地有声。在建设教育强国、科技强国、人才强国的大背景下，当下中国的教育研究应当做什么？教育研究应当怎么做？或者说，今天的中国需要什么样的教育研究？要回答上述问题，首先要回答的问题是：我们为谁而进行教育研究？这种研究的价值在哪里？

　　我一直认为，教育研究不仅仅是研究别人，而且是在研究和教育"我自己"，研究和教育"我为何而为，何以为之"。教育研究是为"我自己"而进行的生命书写，我在为"我自己"而进行教育研究。我的研究、我的写作、我的沉思都是对我自己教育信仰的安顿，研究对象不是外在于我自己的，像鲁迅先生说的，不是"隔岸观火"，而是"燃烧自己"，是"在写我们自己，发现我们自己"。教育的根本旨归是涵养人的精神，精神成人首在立人，由此教育研究的最终目的是要通过透视人自身的成长经历，塑造人性，完善人格，温润人心，进而反思人类走向何处的问题。教育中的各种困惑实际上就是人对自身存在的困惑，在此意义上，教育其实是对人的一种终极关怀。由此，教育研究就是一种对存在的反思，它反思的是：受教的灵魂知向谁边？这是一个灵魂清洗开悟的过程，一个打开自我枷锁的过程，更是一个理解自我和完善自我的过程。《论语》是这样，《理想国》

是这样，《爱弥儿》也是这样，这些大家先贤的教育研究是他们生命体悟、精神成长、自我个性的显现，他们的教育研究从来都不是与自己没有关系的，从来都不是无"我"的。因为无"我"的教育及其教育研究恐怕也不会有"他人"，不会引起生命的共情同理，至多只是无心的阐释、空洞的口号和苍白的说教，这样的研究不会让人享受到幸福感和崇高感。只有真诚面对自己，面对自己的内心，才能写出永不过时的作品，正如锡德尼所说："窥视你的心而后下笔。"有心的东西才有永恒的生命力。爱默生有言，如果诗人写一部真正的戏剧，那他就是凯撒，而不是凯撒的扮演者。真正的写作和研究是在写"我自己"和研究"我自己"，"我自己"才是真正的研究对象，才是真正的作品中的人。福柯在一次访谈中说："每次当我试图去进行一项理论工作时，这项工作的基础总是来自我个人的经验，它总是和我在我周围看到的那些事情有关。事实上，正是因为我觉得在我关注的事物中，在我去打交道的制度中，在我与他人的关系中，我发现了某种破裂的东西，某种单调灰暗的不和谐之处或运转失调的地方，我就会着手撰写一部著作，它实际上是一部自传的几个片段。"因此，福柯终其一生关怀的基本问题始终是"人自身的生活命运"，在他看来，人之为人的基本特点，就在于人是审美性的存在，时刻创造着自我满足的美学存在经验。米兰·昆德拉也曾经说：诗人的写作是为了推翻那些遮蔽真正存在的事物的屏障，诗人必须超越那些已经陈旧的真理，必须拒绝为人们提供浅显的真理，必须寻求那些在这里找不到的真理。也许我们永远都找不到这样的真理，但我期望通过这种写作反省，使自己被束缚的灵魂重新获得自己失去的青春，再次让我们日趋僵化的精神生命涌动跳跃，就像柏拉图"洞穴隐喻"中的那个挣脱绳索的囚徒，他要时刻关注自己的生命。

教育研究是饱含着研究者心血的东西，是对自己进行一种生命体悟式的"周全反思"，这种研究折射了研究者的生活体验，倾注了研究者的个人情感，浸润了研究者的理性思考，在用自己的心灵理解他人的同时也完成了对自己的理解，最终改进了教育实践，提升了教育思想，启发了教育智慧，润泽了教育生活。我们必须承认：我们怎么做教育研究，我们也就成为什么样的教育研究者。教育研究者选择了教育研究，不仅意味着选择了一种工作和职业，更意味着选择了一种生活方式，它占用我们的生命，敞亮我们的生命，呵护我们的生命。诚如社会学家米尔斯所言："作为学者，你有特别的机会来设计一种生活方式，它将促成良好的研究习惯。无论是否认识到这一点，在努力使治学臻于完美的历程中，治学者也塑造自我。我的意思是，你必须在学术工作中融入个人的生活体验，持续不断地审视它、解释它。"从这个意义上说，学术研究应该是研究者的栖息之所，套用海德格尔的话说，我居住，我逗留，我照料自己在教育研究中，这样的研究一定是充满生命力的，因为它是关于"我自己"的研究。柏拉图说，哲学产生于一种惊奇，这种惊奇就是一种渗透理性关怀的对生命的敏感，教育研究何尝不是如此。

当下教育研究中学术研究与"我们自己"的身心分离，学术研究似乎只是一种工作和职业的必要，有时候甚至是一种"晋升职称""获得荣誉""争取经费"的被迫行为，真正的个性精神、生命叙说、心灵澄明被挡在了教育研究之外，这样"生命自我"与"教育研究"对立起来了，学术研究成为外在于"我"的东西，成为"我"不得不去应对的东西。对于学术研究，我们就只关心一件事，即生产研究成果，发表研究论文。然后，研究完成，任务结束，束之高阁，周而复始。我们在工具化的研究中体会不出自我生命的快乐、冲动、解脱、安详、崇高、敬畏，更多的是为提高生产效率而产生的倦态、无奈、压力、焦灼，有时候甚至是痛苦。其实我们正在走向一种严重的异化状态，我们正在努力做着被迫的事情、心里想逃逸的事情。教育研究也因此褪去了它应有的魅力，走向功利研究、工具研究、消费研究，研究这件事变成了我们生命的障碍，我们似乎都是在迎合研究，而不是出于研究本身。我们不能像孔子、苏格拉底、亚里士多德等古代圣贤那样把教育及其研究当作实现自我的生活，当作我们道德生活的目的。我们发明了"职业"这个词，"研究"也因此成为学术人的"职业"而不是"志业"，"职业"的教育研究逐渐沦为一种与灵魂无关的知识传授和科学研究活动，"学术为生"变成了"学术谋生"，研究者的生命价值和精神价值在"职业研究"中似乎退隐乃至消逝了，使得今天的研究活动失去了对人自身生活和精神的引导与关注，使人在学术研究中缺少了一种惬意的价值存在的崇高体验感，我们被各种"知识""技术""制度""评价"再造为某种目的的"科研工具人"。

今天的教育日益为功利所羁绊，更多地被当作一种实用知识与技能训练的消费，成为人们追逐名利的法宝，它摒弃了那些能净化人心灵的古典知识，规限了人拓展生命与精神的空间。在利益得失、欲望骄纵的复杂多变的社会里，教育渐渐失去了其唤醒人心灵解放的理性光辉，成为一种建基于技术工具理性之上的，以符合人的"物化"意愿而提供给人更多的欲望满足。相应的学术研究也导致我们丧失了对"研究"的敬畏之心，有时候"学术"甚至被当成改变命运境遇的工具和功名利禄的阶梯，它满足着人的欲望，诱惑着人的野心。当人对一件事情没有了敬畏之心，也就关闭了入德之门。对此，舍勒说："我们一旦关掉敬畏的精神器官，世界就立即变成一道浅显的计算题。只有敬畏才使我们意识到我们的自我和世界的充实与深度，才使我们清楚，世界和我们的生活具有一种取之不尽的价值财富。"他还说："只有敬畏才在清晰而有限的思想和感觉内蕴含我们空虚和贫乏之时，使我们隐隐地意识到财富和充实；敬畏赋予我们一种感觉，使我们感受到尚未发掘出来，而且在尘世生活中无法发掘的生存与力量之宝藏。敬畏悄然将我们得以施展真实力量的空间暗示给我们：这是一个比我们的时间性生存更伟大、更崇高的空间。敬畏使我们不致对自己作出只会使自己着魔般茫然失措的、正反两方面的结论性价值判断；敬畏不断地给我们铺好绿茵，插好路标，我们走在上面自己探寻自己，也许不免迷途，最终却能找到自己。"敬畏教育，敬畏研究，其实就是敬畏生命；敬畏生命，人才可入德成人。教育研究倘若不通过对人生命存在的反思与理解，那又如何能捕捉隐藏于人的存在与生存策略意识下的种种教育问题呢？

教育是造就新生力量的事业。新生力量意味着赋予新的生命，也即教育要为个体生命的澄明提供指引，祛除其自我深层的内在遮蔽，教育无疑和人的生命密切相关。人是自己意识的对象，是自己感觉、认知、精神、情感、意志、愿望、审美的对象，在马克思那里，人是"按照美的规律来构造"，构造对象，也构造自己，因此，人应该是一种审美性存在。人要走出现代性的困境，恢复人之为人的自然面目，必须寻找人的价值性与审美性存在，凭借审美存在的态度与实践，使主体自身的现状不断地经由反省而有所超越，将自身培养成为独立自由和充满创造活力的价值生命体。审美的人生就是艺术的人生，审慎地对自我设定生活的美学原则，对自身的生存内容、行动方式和生活风格，进行持续不断的艺术创造的实践活动。我们写的书，也是我们审美人生不可分割一部分，我要把它当作一件精美的艺术品，用心地打造和雕刻，用我们全部的身心来创作，这种创作就是我们的审美生活。正如苏格拉底在《申辩篇》中对审判他的法官们说，你们只关心自己的财产、信誉和荣耀，你们没有用"智慧、真理以及灵魂的完善"来关怀自己。我想，我们的写作，正是用我们的智慧、真理以及灵魂来完善我们的生命，关怀我们的生命，润泽我们的生命。《论语·为政》："《诗》三百，一言以蔽之，曰'思无邪'。"告诫我们，人要胸怀坦荡，光明磊落，做一个纯粹的人，做一个有信仰的人。学术，天下之公器也；学者，天下之良心也。学术人，尤其是要纯粹，甚至是要简单。

写就以上文字，反思教育研究中"身心分离"的问题，思考教育研究向何处去，其实是希望我们能涌现出更多、更好的教育研究成果。教育始终与国家发展和民族振兴同向同行。中国的未来发展，民族的伟大复兴，关键在人才，根本在教育。"为学之道，必本于思""不深思则不能造于道，不深思而得者，其得易失"。面对前所未有的发展机遇和严峻挑战，我们清楚地意识到，当下的教育还不适应国家经济社会发展和人民群众接受高品质教育的要求。教育发展的现状，期待我们必须更多地关注实践中的教育问题，思考每一个教育行动的价值和意义，探寻教育改革与发展的新路向，这是时代赋予我们的课题。作为教育研究者，我们要把眼光转向喧嚣的教育事实背后，去寻思那些被热闹所掩盖、浮华所遮蔽、习惯性遗忘的教育问题之域，创塑一种新的眼光、发挥一种新的想象力去了解与看清教育生活中所隐藏的矛盾与扭曲的事实，进而找到一种可行的教育改革进路去提升现实的教育品格。基于此，我们策划了此套丛书，在此要深深地感谢湖南师范大学出版社的大力支持，同时也感谢各位编辑老师的认真审校与勘误。

"衡山西，岳麓东，第一师范峙其中；人可铸，金可熔，丽泽绍高风。多才自惜夸熊封，学子努力蔚为万夫雄"，湖南一师高亢有力的校歌传递出历经千年弦歌不辍的深厚文化底蕴。这里的"丽泽"原义是"两个相连的沼泽"，《易经·兑卦》中云："丽泽，兑。君子以朋友讲习。"朱熹释义："两泽相丽，互相滋益，朋友讲习，其象如此。"后世将之比喻为朋友之间互相切磋。今年是湖南一师的百廿华诞，在这特殊时刻，出版"丽泽·教育学研究丛书"，助力"品质一师"建设，更重要的是希望开启共同愿景：学者间相互问道，切磋学问，做真学问，行真教育，共同为中国的教育现代化贡献教育智慧和实践经验。

本套丛书的作者大多是湖南一师近年才引进的青年博士和博士后，他们秉承毛主席母校"千年学府、百年师范"的荣光，牢记主席"要做人民的先生，先做人民的学生"的教导，弘扬"传道树人、丽泽风长"的教风，践行"学思并进、知行合一"的学风，从他们身上我们看到了实现我们教育理想的某种可能。尽管他们书中有些观点和论证还显稚嫩和不足，但他们对教育理想的不懈追求，对教育信仰的虔诚敬畏，对教育现实的深厚关切令人感动。"士不可以不弘毅"，我们希望本套丛书能为中国的教育发展奉献我们一师人的一份心力。中国的教育改革之路是怎样的一条路？是哪些东西在遮蔽着我们前进的路？我们不敢说已经找到了答案，但现在我们拿出了勇气去上路，我们已经走在了寻找答案的路途中，关键是我们有一群志同道合的同路人。孟子有云："大人者，不失其赤子之心也。"我们有对教育的信仰，有执着于教育的理想，有我们坚定的守望和无畏的追求，我们一定能达成本丛书既定的目标。子曰："君子不器。"此之谓也。

胡春光

2023 年 10 月写于湖南一师特立北楼 202

序

　　自从博耶尔在《基础学校：学习的共同体》一书中提出"学习共同体"概念以来，有关学习共同体的研究就一直都是教育学中的热点，但在这些关于构建学习共同体的研究中，学生大多都被视作单个且无差别的"原子"，而教师则被视作那只可以掌控一切的"上帝之手"，他们可以采取分组教学等方式，将这些"原子"人为地任意捏合，以课上组建小组的手段将他们构建成为"分子"。这种建构思路存在两个明显的问题：一是它将教师看作影响学生的唯一因素，但事实却是，学生即便身处教室中，原生家庭、初级群体、网络媒体等外部因素对其意识和行为的影响始终存在；二是它忽略了学生之间的差异性，并不是所有人都能通过外力的捏合与教师和其他同学产生强关系。网络时代的到来，使人与人之间的沟通更为便利，特别是教育部推广"网络学习空间人人通"以后，学生可以跨越时空交流，使学习共同体的构建从单纯的线下走向了线上与线下共同构建。在此过程中，网络空间成为学习者之间相互理解的重要的桥梁和纽带。

　　在分析国内外关于共同体、学习共同体、混合式学习共同体等相关文献的基础上，本研究综合运用社会学、教育学等学科多种研究方法，对学习者的发展社会化过程进行阐释，从教学情感关系的建立、发展、成型、维系入手，分析基于网络空间的混合式学习共同体构建的动态发展过程，揭示基于网络空间的混合式学习共同体的概念内涵、构成要素、生成过程，提出基于网络学习空间的混合式学习共同体的建构策略，并通过在实践中收集访谈案例资料对之加以验证。

笔者认为，在课程教学过程中，发挥着关键性影响力的常常并不完全是知识本身，还有在预设性资源和生成性资源之外不断形成的关系性资源。学习共同体的构建主要基于对彼此关系的共同信任，以及在这种信任之下长期的共同实践，形成了对未来共同的信仰和愿景。因此，它不是学习的终点，其构建过程更应该被视作成员在原有基础上彼此将其他伙伴作为学习支架，是不断学习和发展的过程。构建基于网络空间的混合式学习共同体必须充分运用网络空间能够记录学习者过去学习经历、学习偏好、学习习惯等优势，逐步构建更有利于个体与他人未来长期学习合作的强关系。这种强关系加上学习文化，将明显提高学习的成效，进而改变学习者未来的人生轨迹。

目　录

绪　论

一、研究缘起

（一）个人经历

2015 年 11 月 17 日，美国密歇根州大瀑布城（Big Rapids，Michigan，USA），费里斯州立大学（Ferris State University）图文信息中心 205 教室。

当地时间上午 9 点，前来授课的朱莉·罗恩（Julie Rowan）老师迈着轻快的步伐走进教室，愉快地问了一句：你们谁昨晚和托德（Todd Stanislav，费里斯州立大学教授）一起去酒吧喝啤酒了？

以轻松的话题来开始一天的授课，这已是罗恩老师的习惯。每次上课，她都会先问大家生活中的很多问题，比如谈谈你们最喜爱的运动、最喜欢的食物、最想念的人或事之类，这样做可以在教室里营造出宽松、融洽的学习氛围，让大家在上课之初感觉不是那么紧张。当所有人都开始踊跃发言之后，她就会慢慢地引导大家进入正题，开始这一天的授课。

但这一次情况明显不同。罗恩老师很快发现，当她问完后，所有的人脸上都写满了诧异、惊奇、意外的神情，教室里的人你看我，我看你，没有谁来回答这个问题。她立即明白自己捅了一个篓子，把一件并未广为人知的事情公开呈现在了课堂上，于是她表情十分尴尬地岔开这个主题，转而问一些其他的问题了。

在她的这一问中，涉及的当事人正是我。这件事情的背景是这样的：

11 月 17 日的前一天，也就是 16 日的中午，我正准备独自一个人去吃午饭，半路上正巧碰到了托德·斯坦尼斯拉夫教授。出于礼貌，我邀请他共进午餐。边吃边聊的时候，他好奇地问，我们不上课的时候一般都做些什么呢？我回答说，大多不是在图书馆就是在宿舍里看书。他又问，你们在中国也这样吗？我说，在国内不同，我们经常和朋友们晚上一起聚聚，于是我们约了那天晚上在他下班以后，一起去他常去的酒吧喝啤酒。显然，他把约了中国访学学员一起喝啤酒的事告知了罗恩老师，不过那一晚她因为有事没有参加，也不知道这仅仅是私人邀约，并非集体活动，她以为所有人都参加了，于是有了第二天大清早的那一问。

11 月 17 日上午，205 教室中有 20 位来自中国的访学学员。学员们来自两所学校，其中一所学校的学员有 8 位，分别来自两个相距很远的校区，他们所在的院系也互不统属，而我所在的这所学校则有 12 位学员，分别来自学校里 12 个不同的学院和部门。在访学之前我们彼此都不熟悉，甚至在学校内都没有太多交集。当这个班的 20 位学员只是因为一个特定的目标而聚在这个教室（它是一个地理意义上的实体教学空间）里的时候，从严格意义上来说，这个临时组建的班级甚至都不能算是一个群体（Group），而更像是一个集群（Aggregate）①。在这种情况下，其中的某个学员突然公开被置于聚光灯下，显示他与某位教师之间可能存在着某种特殊关系，其内心必然会强烈地感受到一种紧张的压力。

只有一种情况例外，那就是当所有人从一开始就清楚他本来就与其他学员不同的时候，正如接下来的另一个场景所显示的那样。

两天以后，2015 年 11 月 19 日，我和费里斯州立大学的托马斯·贝勒尔（Thomas T. Behler）教授约好，下午 3 点去教室听他给学生上"社会学概论"。这是一门公共选修课，教室里的 80 多位学生来自多个学院，选课的学生来源也非常复杂，不仅有黑人、白人，还有黄种人，年龄差距也比较大。上课的贝勒尔教授是一位双目失明的盲人，有一位助教替他播放

---

① 集群，也被称为社会集合体，是指暂时处于同一空间而互不隶属的个体总和。

PPT，而他的讲义也全都是用盲文写的，这可能使学生有意识地与他保持一定距离。我的到来让他非常兴奋（几乎班上所有同学都意识到了我们课前曾私下里通过电子邮箱联系过），课程刚开场就是对我热情洋溢的介绍，以及邀请我公开在全班同学面前作自我介绍。而这一次的情况与两天前完全不同，我并不怯于出场，全班同学也报以热烈的掌声。在这个教室里，我与其他同学一样，都来自五湖四海，但不同处却在于，他们是"正式"属于这里，而我只是短暂地出现，这使我们彼此区分开来，即便我可能和他们一样，每节课都来旁听。作为外来者，我与教室里的师生之间存在的心理界限是所有人都知道并认可的，尽管他们可能彼此之间也都不是太熟悉。

这就出现了我们在课堂教学中常常被忽视的一种现象，师生彼此之间不仅有差别，也有联系，这种联系未必是事实上的（可能之前从未有过互动），但在心理上存在。它既不是强关系，也不是弱关系，[①] 但会在教室里发挥某种作用。

还可以再举一个事例来说明这一点。在我们这样一个 20 人的访学班里，每当因为授课需要，准备进行分组教学时，来自两所学校的学员们会各自进行校内组合。比如另一所学校的 8 位学员会分为 2 组，而我所在学校的 12 位学员则分为 3 组，尽管他们之间原来既不熟悉也没有太多交往和互动。除非教师对此明确提出要求，强行拆散学员们，并重新进行组队，否则这种情况很难改变——不同学校学员之间的壁垒始终存在。如果再进行仔细观察，大家还会发现，即便是来自同一所学校的学员，有时也会有明显的

[①] 强关系和弱关系源自社会网络理论，它们是以联结强度来划分的。所谓联结强度，是指在某一联结上所花的时间、情感投入程度、亲密程度（相互信任）以及互惠性服务等的综合因素来考量的。美国社会学家马克·格兰诺维特（Mark Granovetter）在研究找工作的过程中发现，提供工作信息的人往往是弱关系。他据此首次提出了关系强度的概念，将关系分为强关系和弱关系，认为能够充当信息桥的关系必定是弱关系。强关系维系着群体、组织内部的关系，弱关系在群体、组织之间建立了纽带联系。通过强关系获得的信息往往重复性很高，而弱关系比强关系更能跨越其社会界限去获得信息和其他资源（参见 GRANOVETTER G. The strength of weak ties [J]. American journal of sociology, 1973, 78 (5): 1360 –1380；马克·格兰诺维特. 镶嵌：社会网与经济行动 [M]. 罗家德，等译. 北京：社会科学文献出版社，2015：57 –58）。需要特别说明的是，强关系不等于强扭的关系，它是指保持着长期的、经常的、面对面的互动，彼此交往密切，有着高度认同感的关系，强关系是建立在自觉自愿的基础之上的。

内部组合。例如，有些住在一个宿舍的学员总习惯于组合在一起，尽管最初安排同宿人员时具有很大的偶然性。虽然教师会运用各种手段，采取混合小组进行教学（罗恩老师曾尝试过几次，但显然并不成功），在没有直接干涉的情况下，这样的小群体仍然会形成。它不仅限于学生与学生之间，教师与学生之间也同样存在。教室里总会有部分同学能够与教师形成更为紧密的联系，就像我和斯坦尼斯拉夫教授那样，而这样的联系也不会因地理空间的隔离而疏远，另一部分同学则始终与教师保持着一定距离，即便有沟通便利的网络使彼此之间的信息能够瞬间互达，情况也没有太多的改善。

网络的出现使人与人之间的交流与沟通变得更加便捷，原有的学习共同体也会通过网络获得延续和发展。例如，在回国之前，我就已经私下教会了斯坦尼斯拉夫教授如何利用微信保持联系与沟通，即便在我回国以后，我们仍然会时常告知和分享生活中的琐事，对一些教育教学中的问题进行深入探讨和交流。而同时我也发现，原来在访美期间彼此关系较弱的学员，他们的联系在回国后会进一步淡化，慢慢恢复到过去见面也只是"点头之交"的境地，即便有了网络的帮助，几个月短暂的访学历程似乎也没有明显增加彼此之间关系的强度。这些充分说明，网络的出现并不必然增进个体之间的关系，如何在实践中真正构建线上和线下的混合式学习共同体是一个值得研究的问题。

（二）时代背景

构建学习共同体并不是一个新理念。早在 20 世纪末，博耶尔（Ernest L. Boyer）、阿普尔（Michael W. Apple）、拜尔（L. E. Beyer）、利斯顿（D. P. Liston）等人就设想过在 21 世纪我们需要建设共同体类型的学校。之所以到现在大家仍然关注这一主题，源于当今的时代背景。

一是社会转型发展越来越快，人与人之间的"离心"倾向越来越明显，在多元价值并存的情况下，如何参与并成功构建学习共同体是个值得研究的问题。

从宏观上看，建设学习共同体是构建学习型社会的深层基础。大力建设学习型社会，这是我国当前和未来一段时间里发展与教育改革的一项极其重要的任务。加快学习型社会的构建，需要国家立足于未来发展，从顶层设计入手，构建较为完善的终身教育体系，① 创造"人人可学、处处可学、时时可学"的基础条件，即建设学习型社区。在教育部对全国人大提出的"关于加大全社会教育资源统筹力度，加快推进学习型社会建设的建议"所给予的答复中，推进社区教育试验区、示范区建设就被列为建设学习型社会的主要工作之一。截至2016年，教育部已先后确定社区教育试验区、示范区249个，各省设立了逾500个省级社区教育试验区示范区，建立了以区（县）社区学院（社区教育中心）为龙头、街道（镇）社区学校（教育培训中心）为骨干、居（村）委市民（村民）学校为基础的社区教育办学体系，探索出了一套社区教育服务社区建设、满足全民终身学习需求、促进学习型社会建设的发展模式。② 在学习型社区内，各机构成员之间平等参与、彼此尊重、分工合作、互相学习、共同发展，这样的学习型社区即学习共同体。

从中观上看，建设学习共同体是学校教学改革的重要内容。当前学校发展正面临巨大的挑战，过去追求标准化、效益、竞争的发展模式已经越来越不适应当前社会的需求和人的发展需要，而构建学校学习共同体，使学校成为以人的成长为终极目的的、多元的、共享的关系结合体，通过系统领导、持续沟通，推动学校的整体变革，这将是学校未来发展的现实选择。③ 正如佐藤学所言，学校和教师的责任并不在于"上好课"，而在于实现每一位学生的学习权，给学生提供挑战高水准学习的机会，但要实现每一位学生的学习权，仅仅只靠教师的个人努力是不可能的，学校必须成为个性交响的场所，要让学生、教师、校长、家长等每一个人都能够成为

① 高志敏，朱敏，傅蕾，等 . 中国学习型社会与终身教育体系建设："知"与"行"的重温与再探 [J]. 开放教育研究，2017，23（4）：50 - 64.

② 教育部 . 教育部对十二届全国人大四次会议第1931号建议的答复 [EB/OL]. （2016 - 10 - 12）[2018 - 01 - 22]. http：//www. moe. gov. cn/jyb_ xxgk/xxgk_ jyta/jyta_ zcs/201611/t20161110_ 288391. html.

③ 张爽 . 学校学习共同体的意蕴与创建 [J]. 中国教育学刊，2011（7）：66 - 69.

"主角"，其学习权、尊严、思考和生活方式都应该受到尊重，① 这就需要创建学习共同体。

从微观上看，建设学习共同体是促进个人发展的有效手段。首先，个人身处群体之中，完全脱离群体而孤立的个人是很难获得发展的，只有将个人的发展与群体的发展结合起来，才能获得真正的、长足的发展。其次，群体的发展也离不开每个个体的发展，特别是对于成员关系密切、平等互助的共同体而言，追求共同体中的每个个体的发展，通过成员之间相互学习，取长补短，实现个体的差异化发展和持续的发展进步，不让任何一个成员掉队，这本来就是共同体的组织追求。最后，在促进个人发展的各种手段当中，由于学习共同体成员之间拥有共同的愿景、价值和情感基础，以真实任务为目标，保持着持续深层的合作与互动，② 将更有利于个人的发展与进步。

二是随着网络时代的到来，信息技术对于教育教学的影响越来越大，如何基于网络手段建设学习共同体成为亟待解决的问题。

一方面，网络手段的运用并不必然带来互动交流的增加和学习的高效。相对传统方式而言，网络的确为人与人之间的交往带来了极大的便利，但真正决定互动交流与否的却并不在于当事人是否使用了网络，而在于其是否存在着较强的交往意愿，以及对谁存在这种意愿。例如梁辉在对农民工人际网络构建的研究中发现，农民工与外界交往的意愿与动力显著影响着其人际网络的构建③。何增科的研究则发现，那些沉迷于网络游戏、网络色情、网络交易和网络关系的网瘾患者往往同时还有自闭症状，他们高度依赖于网络空间的生存，缺乏与现实生活中周围人群正常交往的意愿和能力，

---

① 佐藤学．学校的挑战：创建学习共同体［M］．钟启泉，译．上海：华东师范大学出版社，2010：1-3．
② 潘洪建．"学习共同体"相关概念辨析［J］．教育科学研究，2013（8）：12-16．
③ 梁辉．信息社会背景下农民工的信息人际网络与影响因素［J］．决策与信息，2018（11）：110-118．

使其学习、工作和生活都受到了严重的负面影响①。这即是说，伴随着网络的出现，不但一些个体与他人的互动交流没有增加，反而有可能减少。此外，即便存在互动交流，这种交流也可能与学习完全无关。例如张红波、徐福荫的实证研究表明，学习共同体的构建与班级形成的"社会网络"关系状况有关，学习者在选择学习同伴时，更多考虑的是"人际交往能力""个人品质""个人影响力"等因素，而较少考虑"学习成绩"等因素。②而张家华、张剑平通过对网络学习的影响因素进行分析后发现，网络学习的互动频度（如发帖数量）不一定会直接影响学习成绩，如果要对网络学习成效形成显著影响，必须增加互动的深度③。但怎样去增加互动深度，这却是一个问题。

另一方面，互动交流的增加也并不必然带来和谐发展的氛围。要构建和谐、高效的混合式学习共同体，关键在于构建和谐有效的线上加线下的成员关系。它主要包括师生关系和生生关系（在网络教学条件下，可能还会有更多的社会角色参与进来），其中师生关系的构建是学习共同体构建中十分重要的一环。④ 李洪修、张晓娟对大学学习共同体的实践研究表明，当前学习共同体构建存在着受身份等级文化制约、共同愿景缺失、沟通效果差等问题，几乎每一项都与师生关系的构建有关。⑤ 但非常遗憾的是，尽管师生同在一个屋檐下相处，我国的师生关系现状却并不乐观。侯一波以江苏淮安为例，对新形势下的中小学师生关系做了调查，结果显示：中小学

① 何增科. 试析我国社会管理面临的新挑战［J］. 北京交通大学学报（社会科学版），2009（4）：15－22.
② 张红波，徐福荫. 基于社会网络视角的学习共同体构建与相关因素分析［J］. 电化教育研究，2016（10）：70－76＋103.
③ 张家华，张剑平. 网络学习的影响因素及其 LICE 模型［J］. 电化教育研究，2009（6）：73－77.
④ 这样表述并非认为生生关系的构建不重要，而应该理解为构建成功的师生关系是引发学习共同体内生生关系成功构建的重要因素。保罗·基尔希纳（Paul A. Kirschner）等人的研究表明，在缺乏教师有效指导的情况下，学生自主学习的效果并不佳，在师生缺乏了解和信任的情况下，学习者之间很难完全靠自发构建起高效的合作学习关系。参见保罗·基尔希纳，约翰·斯维勒，理查德·克拉克. 为什么"少教不教"不管用——建构教学、发现教学、问题教学、体验教学与探究教学失败析因［J］. 钟丽佳，盛群力，译. 开放教育研究，2015，21（2）：16－29.
⑤ 李洪修，张晓娟. 大学"学习共同体"的实践困境［J］. 江苏高教，2015（5）：46－49.

师生之间心理距离较远，缺乏感情与心灵的沟通；教师的工作作风不够民主，教育方式方法简单、武断；教师专业意识有待树立，过于重视学生智育，教育合力形成渠道不够通畅等问题比较普遍。① 高延安的研究表明，高校师生关系现状也存在类似问题：教师信誉低，师生关系凸显信誉危机；教师工作作风"专制"，学生主体地位缺失；师生满意度趋低，师生关系受到新标准的挑战；师生交流少，感情冷漠；利益本位思想浓厚，师生关系功利化等问题普遍存在。② 因此，在我国，尽管师生消耗了大量的时间共处，甚至通过信息化手段在线上也保持着联系，却很难看到彼此和谐交融、乐在其中的局面。更多的时候，我们能看到的是师生关系有时非常紧张，有时表现得极为冷漠，有时还会出现严重的冲突，乃至发生血案。2017 年11 月 12 日湖南某中学高三学生刺死其班主任就是其中一个极端的案例。③对此，有人认为这是因为学校缺乏心理辅导教师，将之归为心理健康教育不到位，提出要加强对个性化心理需求的关注，把师生冲突归因为学生罹患心理疾病。④ 若此为真，那可否反证，一旦学生心理正常，师生关系就必然会走向和谐？显然并非如此。正如保罗·威利斯（Paul Willis）所言，教育交换中的基本等价物是尊敬，学生在"分化"后有充分的理由不再对教师表示尊敬，某些教师看到的只是他们的无理和粗鲁，却没有意识到这是师生关系改变之后的必然逻辑。⑤ 这即是说，上述的解释其实是倒果为因。学习共同体成员之间的和谐关系究竟该如何产生，迫切需要我们认真去研究。

（三）理论困惑

长期以来，教育学中影响最大的学习理论几乎都来自心理学领域，除

---

① 侯一波．新形势下中小学师生关系存在的问题及对策——以江苏省淮安市为例 ［J］．中国教育学刊，2013（S3）：39-40.

② 高延安．高校和谐师生关系存在问题及原因 ［J］．学术探索，2012（11）：110-112.

③ 16 岁高三尖子生挥刀刺死班主任……惨案到底怎么发生的？ ［EB/OL］．（2017-11-15）［2018-01-22］．http：//news.sina.com.cn/o/2017-11-15/doc-ifynvxeh4814898.shtml.

④ 吴爽．德育，不应忽视心理健康教育 ［J］．教育家，2017（45）：24-26.

⑤ 保罗·威利斯．学做工：工人阶级子弟为何继承父业 ［M］．秘舒，凌旻华，译．南京：译林出版社，2013：102.

众所周知的差别心理学的相关应用之外，心理学在教育方面的主要应用是教学法与思维发展规律的适应问题。① 据此形成了教育心理学中影响较大的行为主义学习理论、认知主义学习理论和建构主义学习理论。

行为主义学习理论以泰勒（Ralph. W. Tyler）、布卢姆（Benjamin Bloom）等人为代表，关注行为改变的基本规律，师生之间形成的是"刺激—反应"的关系。认知主义学习理论以布鲁纳（Jerome Seymour Bruner）、班杜拉（Albert Bandura）等人为代表，其将学习视作将环境中的信息转化为在头脑中所储存的知识，所要解释的是知识如何获得及如何得到修正的过程。建构主义学习理论有以皮亚杰（Jean Piaget）为代表的心理学建构主义；以西蒙（Herbert Alexander Simon）为代表的以人工智能为模型的学习理论；以杜威（John Dewey）和维果茨基（Lev Vygotsky）为代表的以文化历史心理学为基础的建构主义学习理论；以迈克尔·科尔（Michael Cole）为代表的以文化人类学为基础的建构主义等。它们都赋予学习者以积极的地位，用以替代传统学校教育中处于被动地位的学习者的活动；把学习行为界定为以语言为媒介，建构对象之意义的实践。②

这些从心理学领域出发而形成的理论，虽然立场迥异，但也存在着共通之处：无论是行为主义、认知主义还是建构主义，它们都立足于个人与情境的相互作用来进行研究。这个情境是外在于个人的，它是一个整体的外部系统。正因为如此，教学场域内外情境常常被视作对所有个体成员的影响都是等同的或者是趋近于等同的。这样就形成了一个潜在的假设，即在理想中的教学场域内，内部成员之间的关系应该是匀质的。教育教学要么是通过控制情境来对所有个体的行为进行等同的影响，要么是促发个体对同一情境的"正确"认知，要么是个体与情境相互作用，以此建构相同的知识和技能的过程。从这一立场出发，课程教学的重心往往都放在教学情境下学习资源的获取与完善，和学生心智的培育与养成上，却忽视了教

---

① 让·皮亚杰. 人文科学认识论［M］. 郑文彬，译. 北京：中央编译出版社，1999：148 - 149.

② 佐藤学. 学习的快乐——走向对话［M］. 钟启泉，译. 北京：教育科学出版社，2004：53 - 59.

学场域内部所形成个体之间的关系强弱对教育教学也会产生不同的影响。

事实上，在具体的教学情境中，并非所有的外部因素都能对个体的学习产生同等的影响。在无关系联结的情况下，那些与学习者处于同一教学场域内的个体因为更方便构建彼此之间的关系，就会比教学场域外的无关系个体对学习者的影响更大。在同一教学场域内，人与人之间的关系由于存在亲疏不同，不同的个体对于学习者的影响也会存在明显差异。例如那些与教师关系更亲密的学生会受到教师更多的影响，即便这位教师的言行在教学场域内的所有学生面前都是完全公开和透明的。同理，哪怕是教学场域外的因素，只要与教学场域内的成员有更紧密的联系，对其学习的影响也是显著的。譬如黄小瑞等人的研究就表明，家长对儿童的情感支持有助于提高儿童的学习竞争力。[①] 由此可见，学习者所拥有和构建起来的社会关系网是影响其学习成效的重要因素之一。

此外，过于强调个体与情境的作用还会导致另一个结果，那就是教师和学生都会被视作个体在特定的教学情境下，以大众所公认的、理想的角色行为模式作为统一标准，必须成功扮演的社会角色。正所谓"君君臣臣，父父子子"，教师应该有教师的样子，学生也应该有学生的样子。在这种理念的指导下，教师和学生的教学行为常常被演绎成为固化的、理想中的师生角色的扮演过程。它容易造成个人在外在环境的大力强压下出现思想和行为的异化，师生之间的矛盾和冲突多由此产生。现实是，各种亲密关系很难被视作成功的角色扮演的结果，因为人们在各种场景中所扮演的角色是多重的、非固化的，相应的角色关系也是通过双方的互动而共同建构生成。例如，即便是父母与子女的关系也并不一定亲密无间，它也是在交往互动过程中持续建构起来的，[②] 这种关系建构如果不成功，父母与子女一样会矛盾重重，甚至爆发激烈冲突。

---

① 黄小瑞，安桂清. 家长参与类型与儿童学习结果的关系［J］. 学前教育研究，2018（11）：40－49.

② 邹佳青曾论述过，即便是先赋的父子关系，也需要一定的人类法律行为和生理行为作为前提，同样离不开人际交流和接触。参见邹佳青. 华人社会中的社会关系网络——社会网络中的中等关系与本土化解释［J］. 当代青年研究，2003（4）：45－49.

作为一名教师，如果在授课过程中忽略群体内部成员之间的关系（主要包括师生关系和生生关系）和情感来构建学习共同体，那是令人费解的。因为无论采取哪种教学法，他都需要考虑学生的性格爱好、个人特点和能力差异，而这些并非静止不变。学生在教学过程中会受到教师本人、同学和其他人的影响，在学习兴趣、爱好、行为和动力上都会伴随着教学过程的变化及其效果而不断发生改变。从与对象（教育内容）的关系来说，通过设问及互动探求世界并对世界的认识和意义进行自我建构的认知性、文化性实践活动，作为认知性和文化性实践的学习行为正是在教室这一场所中，通过师生关系和生生关系这一人与人之间的社会性沟通而实现的。当某种内容得到表达与传递时，通过这种表达与传递，学习者与他人之间的人际关系和权力关系将不断得以构筑，或被破坏，或得到修复。① 一名优秀的教师要做的，应该是充分利用这些影响中存在的合理部分，营造优秀的集体文化，使学生朝着健康、正确、融合的方向去发展。②

不过对于此种关系的建构，传统的学习理论解释却表现得较为乏力。它们倾向于认为，学生学习成效不佳的主要原因是其心智发展不足或者是资源获取有限，这难以解释在学习者智商差别不大和拥有几乎等量学习资源的情况下，学习者面对学习上的同一困难和挑战何以会出现完全不同的应对方式。这种差异形成的主要原因我们认为是其所拥有的社会资本存在着多寡不均。正如黄小瑞等人的研究所提到的，与学生关系亲密者对其给

---

① 佐藤学．教育方法学［M］．于莉莉，译．北京：教育科学出版社，2016：84.

② 考特尼·卡兹顿（Courtney B. Cazden）在其著作 *Classroom discourse：The language of teaching and learning* 一书中提出，班级是以独特的语言构成的文化共同体，教师是将这种语言作为母语来运用的"原住民"（natives），而学生则是新来的参与这种独特的文化共同体的"移民"（immigrants），首先习得、掌握这种共同体语言的语法才能进行对话之后才能参与学习。不过卡兹顿也补充说，教室（班级）与一般的共同体相比，不仅是拥有独特文化的场所，而且也是教师与学生都不断地变化，而某一特定的变化得到支持和促进的场所。教室的研究不仅要揭示师生行为的文化性含义，而且必须结合构成并使这种文化性含义正统化的社会过程来探究（参见 CAZDEN C B. Classroom discourse：The language of teaching and learning［M］. 2 nd ed. New York：Teachers College Press，2001）。卡兹顿也认为"原住民"和"移民"这个比喻来阐明新生班中的师生关系并不是十分恰当。笔者认为，这个独特的话语体系是师生共建的，不同于教师在其中起主导作用而已，教师需要发挥的正是这种主导作用。

予的学习情感支持有助于提高学习竞争力，① 而学习困难者往往在学习过程中缺乏足够的情感关系支持，这使其怯于应对学习上的挑战，久之则形成惯习。

构建学习共同体的重要价值和意义就在于，它所生成的成员之间的强关系能够对其成员提供学习情感支持，使之有机会将学习共同体作为自己的学习支架，在成员互动实践学习的过程中，逐渐消除其成长过程中由他人所带来的、原有的"反学校"② 的文化烙印，塑造全新的思维习惯和行为习惯。在这一视角下，学习可以被视作在学习关系的建立和维系过程中出现的思维习惯和行为习惯的改变。正是源于这种改变，新的惯习得以形成，学习共同体中的成员才能在拥有共同的价值追求的基础上实现学习合作，共通的情感寄托的基础上实现合作学习，形成相近的行为范式的基础上实现集体行动。

然而现有的关于学习共同体的理论研究较为关注环境与个人心理层面，强调教学过程中学习目标的达成和对学习共同体内文化和价值观的心理认同，③ 至于学习共同体内部成员之间的社会关系往往被视作在学习目标达成和个人心理认同的过程中自然形成的。要对学习共同体内的师生社会关系构建进行解读，我们有必要邀请社会学理论出场。

社会学与教育学原本多有相通之处。杜威的《学校与社会》就重点阐述了教育与社会之间的紧密关系，而作为社会学三大奠基人之一的埃米尔·涂尔干（Emile Durkheim）也曾在法国波尔多大学长期讲述教育学和社会学课程，撰写过《教育与社会学》，从社会学的角度阐述了教育及其性质和作用。在此基础上，"教育社会学"这门交叉学科应运而生。但长期以来，教育社会学重点关注的多是教育领域中的社会问题，比如学校中的社会分层、

---

① 黄小瑞，安桂清. 家长参与类型与儿童学习结果的关系 [J]. 学前教育研究，2018（11）：40-49.

② 英国的保罗·威利斯在《学做工：工人阶级子弟为何继承父业》一书中提出，阻碍阶级流动的最重要的因素是家庭和非正式同龄群体所倡导的反学校文化。作为阶级文化的一部分，这种文化提供了一套"非官方"标准，依此判断通常哪种工作环境和个体最匹配。参见保罗·威利斯. 学做工：工人阶级子弟为何继承父业 [M]. 秘舒，凌旻华，译. 南京：译林出版社，2013：125.

③ 张爽. 学校学习共同体的意蕴与创建 [J]. 中国教育学刊，2011（7）：66-69.

家庭成长环境对学习的影响、同龄人群体、青春期问题等，较少运用社会学理论分析教学场域内的教学问题。事实上，教学场域内的学习并非孤立的行为，因为个体之间会相互发生影响。在教学过程中，师生也并非仅仅只有心智的变化，他们之间由陌生到熟悉，经历着社会关系的生成和变化，而现有的各种理论研究对此都较少涉及。

"共同体"这个概念虽然在教育学领域中得到了广泛应用，但它最早源自社会学，其提出者是著名社会学家斐迪南·滕尼斯（Ferdinand Tonnies）。滕尼斯将共同体视作自然形成的小范围内的内部联系紧密的群体，它以血缘、感情和伦理团结为纽带自然生长，可以分为血缘共同体、地缘共同体和宗教共同体三种基本形式。① 著名社会学家马克斯·韦伯（Max Weber）在此基础上进一步提出："如果社会行为取向的基础是参与者主观感受到的共同属于一个整体的感觉，这时的社会关系就应当称为'共同体'。如果社会行为取向的基础是理性驱动的利益联系，这时的社会关系就应该称之为'社会'。"② 上述论述的共同点在于，无论是滕尼斯还是韦伯，"共同体"这个概念阐述的重心都在基于情感因素而形成的社会关系上。

网络空间的出现，从严格意义上来说，只是改变了人与人之间交往的方式，但却很难改变人与人之间交往的意愿，更难以改变人与人之间建立的社会关系。它只是助力于学习共同体的构建，并不起决定作用，不过也正是因为有了这种助力，成员之间的关系构建过程被记录下来，我们对于学习共同体究竟是如何构建起来的，才能够分析得更为清楚。③

马斯洛（Abraham H. Maslow）曾说过，成长、自我实现、追求健康、寻找自我和独立、渴望达到尽善尽美，这一切都应该被视为一种广泛的也许还是普遍性的人类趋势而毫无疑问地被接受下来，但人的成长往往却是

---

① 斐迪南·滕尼斯. 共同体与社会：纯粹社会学的基本概念［M］. 林荣远，译. 北京：商务印书馆，1999：54-66.

② 马克斯·韦伯. 社会学的基本概念［M］. 胡景北，译. 上海：上海人民出版社，2000：62-63.

③ 正因为如此，马克·艾略特·扎克伯格（Mark Elliot Zuckerberg）才会力主在脸书（Facebook）推出一个项目，运用人工智能分析技术，向用户推荐有意义的社群，协助用户加入其中，以促使人类更团结。转引自尤瓦尔·赫拉利. 今日简史：人类命运大议题［M］. 林俊宏，译. 北京：中信出版集团，2018：79-80.

一个痛苦的过程，有的人会逃避成长，因为我们不光会热爱自己最好的机会，同时也会对这些机会感觉到恐惧，对它们既爱又怕。① 我们之所以会选择成长，不仅仅在于自己客观理性的认知，更在于我们拥有足够的情感关系支持，从而敢于去迎接新的挑战。所以，要研究学习共同体的构建，就必须从教学情感关系的建立、发展、成型、维系入手，分析其整个过程。

（四）提出问题

无论我们如何看待学习实践过程，教与学的社会行动都是在群体中实现的。在同一教学场域下，教师的主导性和学生的主体性均可以体现为教学场域内每位成员主动构建自己个人社会关系的社会行动，而成功构建起来的、成员之间相互学习、相互依赖、共同发展的社会群体就可以称为"学习共同体"。

但为什么在同一个屋檐下、同一间教室里，学习共同体成员之间会拥有完全不同的关系？这个问题长期以来并未得到充分的解释。

在过去关于学习共同体构建的研究中，学生多被当作"原子"来看待，即便一些教师采用分组教学等方式，也只是将这些"原子"人为地捏合，希望学习者通过组建小组，能使该小组像"分子"一样发挥作用，而教师则是那只可以掌控一切的"上帝之手"。可现实却是，并不是所有的"原子"都能通过外力的捏合与教师和其他同学产生强关系，最终形成具有高度情感认同和深度合作的初级群体②。教学场域内的学习共同体成员关系异常复杂，其互动模式更是千差万别，它是一种多性质、多层次的关系体系。③ 成员关系结构性的差异，不可避免地会对学习共同体的构建产生影

---

① 马斯洛. 动机与人格：第3版［M］. 许金声，等译. 北京：中国人民大学出版社，2007：27.

② 初级群体是指成员之间相互熟悉、了解、建立在深厚感情基础之上的群体。该概念最早是美国社会学家查尔斯·霍顿·库利（Charles Horton Cooley）在《社会组织》一书中提出来的，在该书中，库利将之定义为"具有亲密的面对面交往与合作关系的群体"。初级群体具有7个基本特征：成员数量较少，一般在30人以内；群体成员间有直接的、经常的、面对面的互动；每个人在群体中扮演着多重角色；成员之间的交往富有感情；成员的位置难以替代，任何一个人的缺失都会给其他人带来心理上的震动；群体的整合程度较高；主要采用非正式手段进行控制。

③ 姜智. 师生关系模式与师生关系的构建［J］. 教育评论，1998（2）：25－27.

响。正如珍妮特·希尔（Janette R. Hill）所说，在学习共同体的创建过程中，如何帮助鼓励和激励成员是需要进一步研究的关键因素。①

在教育部提出"网络学习空间人人通"的大背景下，网络空间开始充当着人们相互理解的桥梁和纽带。由于不同的文化背景，学习者利用网络的目标、手段、方式、方法和内容也会有所差异，这些差异必然会在网络空间中呈现出来，促成初始群体内部个体成员之间的联结。教师需要充分运用网络空间的优势，通过混合式教学方法和手段，激励学生主动创建自己的学习关系网，自己则成为横跨各结构洞②之间的桥梁和纽带，构建教学场域内的良性教学伙伴关系。

在构建学习共同体的过程中，教师和学生都需要对对方有较深层次的理解。教师必须把每一位学生都理解为是具有个人特点的、有着自己的志向、智慧和性格结构的人，在设计学习环境的时候，"将学生的文化历史和身份考虑在内"③，通过对学习环境（如组织集体）的设计来影响个别学生。④ 由于"教师和学习者之间的交互动力是受文化影响的，它影响着学习者与在线学习环境（e-Learning）的交互"⑤，学习者也需要理解和认同学习共同体文化，实现情感上的有效联结，以提高合作学习成效。为此，教师必须通过各种手段，包括运用网络空间，了解教学场域内各种成员关系的变化，合理制定教学策略，采用多种教学方法进行教学，充分利用学生中

---

① HILL J. 学习共同体——创建联结的理论基础［M］//戴维·H. 乔纳森. 学习环境的理论基础（第2版）. 徐世猛，李洁，周小勇，译. 上海：华东师范大学出版社，2015：297.
② 结构洞是指存在于两个或两簇行动者之间的可由另一行动者来跨越的空隙。在社会网络中，某些个体之间存在无联系或者关系间断的现象，从网络整体来看就好像网络中出现了洞穴，这就是结构洞。结构洞是美国社会学家罗纳德·伯特（Ronald Burt）在其名著《结构洞：竞争的社会结构》一书中提出来的，他指出，如果一个人拥有的关系对另一个人而言具有排他性，他们之间就存在的结构洞。通过打造和占有结构洞，就能够使自己的人际关系网络规模和质量发挥到极致，可以最大化每个人人际关系网络的收益。参见罗纳德·伯特. 结构洞：竞争的社会结构［M］. 任敏，李璐，林虹，译. 上海：格致出版社，2017：18-44.
③ CHANG C，HSIAO C，BARUFALDI J P. Preferred-actual learning environment "spaces" and earth science outcomes in Taiwan［J］. Learning environment spaces，2006，90（3）：420-433.
④ 赞可夫. 和教师的谈话［M］. 杜殿坤，译. 北京：教育科学出版社，1980：29-33.
⑤ REEDER K，MACFADYEN L P，ROCHE J，et al. Negotiating cultures in cyberspace：participation patterns and problematics［J］. Language learning and technology，2004，8（2）：88-105.

的"学习从众"现象，调动学生的学习积极性，构建高效的学习共同体。

然而在现实中，上述的这些认知并不能解决实践中构建混合式学习共同体过程中存在的困难。这些困难主要包括三项：

一是对于学习共同体的认识不一。许多人习惯于将学习共同体等同于学习型组织，把社区、学校、班级、学习小组等都视为需要构建的学习共同体；还有人将学习共同体等同于学习型群体，把教师、学生、网络学习者群体等都视为需要构建的学习共同体。对于什么才是学习共同体，以及不同种类的学习共同体之间存在何种区别与联系缺乏系统的分析，这导致许多研究者将学习共同体只是作为简单的学习型组织或学习型群体来建构，个体在学习过程中获得的学习情感支持不足，学习内生动力疲弱。

二是对于通过网络空间构建线上线下的混合式学习共同体，建立成员之间的强关系的重要性认识不足。要么过于强调线下的在场合作学习，要么过于强调运用网络空间推动在线合作学习的重要性，将教学的重点集中放在如何提高学习成绩上，而非如何培养学生良好的学习习惯上，师生关系习惯于被视为学习过程中的副产品，教师和学生既无意愿、也缺乏有效手段（譬如如何利用网络空间）构建彼此的学习型强关系。

三是对于如何推动学习共同体内成员构建学习型强关系缺乏有效的策略。过往的研究习惯于将学习共同体视作单一维度的、有着最终目标的发展过程。例如过于强调人生一些关键点的学习目标的重要性（例如高考、就业等），却忽略了学习共同体内共同的学习目标是多重的、阶段性和连续的，逐渐形成和动态发展的，在成员共同的行动过程中需要不断生成和确认的；过于强调身份的塑造，将教师和学生固化为先赋的社会角色，通过各种影响使之成为个体努力去扮演的对象，而现实中师生的社会角色却是在行动实践中逐渐生成的，它并没有唯一的样板和模式。在这种背景下提出的学习共同体的策略并不能有效生成成员之间的学习型强关系。

为此，我们在课程教学中如果要思考：为了更好地实现教育教学目标，师生应如何利用网络空间构建良好的合作学习关系，并最终构建高效的、线上加线下的混合式学习共同体？

它应该包括以下三个问题：

一是探讨究竟什么才是对成员学习具有深度影响的学习共同体。

二是分析学习共同体成员是如何通过网络学习空间聚合集体行动，逐步形成线上加线下的混合式学习共同体。

三是分析成员学习型强关系的形成过程，提出相应的培育策略。

二、研究现状

关于学习共同体的构建，在西方最早可以追溯到苏格拉底与他人的辩论，在中国则在孔子与学生的交流中有所体现，那就是以对话的方式建立起共同学习的环境基础。对话的方式主要是"一对一"或是"一对多"，通过师生之间的多次话语交流，师生关系及个人在教学场域中的位置得以确定。近现代许多教育家（如杜威、博耶尔、佐藤学等人）认为，有效的学习必须依托于学习共同体来实现，但有关学习共同体构建的研究却存在理论研究尚欠深入、有效构建策略和实践研究较少、不同领域交叉合作研究不足、对学习共同体形成的动态发展情况研究不够、网络应用环境下共同体内交流协同合作分享很少涉及①、忽略对学生团体研究②等问题。

（一）国外相关内容研究述评

1. 有关学习共同体的研究历史

在中世纪，Learning 这个词含有"教"与"学"的双重意义，教与学的过程被理解为共同体构建的过程。早期的教学（如苏格拉底）主要是通过对话来实现的，"对话学习"不是把知识的习得视作个人的掌握和独吞，而是通过人们对知识的共享，使知识走向公开和开放，正是基于此，学习

---

① 邓云龙，王耀希，曹知."学习共同体"中文学位论文的内容分析研究 [J]. 现代教育技术，2012（4）：40–44.

② 徐婷婷，杨成. 学习共同体研究现状与未来趋势 [J]. 现代远距离教育，2015（4）：37–42.

的实践被界定为通过沟通参与文化公共圈的营生。① 约翰·亨里希·裴斯泰洛齐（Johan Heinrich Pestalozzi）提出，人的生活是由同心圆式的各种生活圈组成的，一般民众要提高到与他们自身地位相匹配，最有效的教育手段就是构建由他们的亲情与依赖结成的家庭人际关系，以及透过这种人际关系进行家庭的共同劳动。为此，他建立起贫民学校和孤儿院，从学生的共同劳动入手，进行构建学习型群体的尝试。马卡连柯（Anton Semiohovich Makarenko）也特别强调了集体的作用，他认为："教师集体和儿童集体并不是两个集体，而是一个集体，而且是一个教育集体……我们不应该教育个别的人，而要教育整个集体，这是正确的教育的唯一途径。"② 为此，他专门研究了形成学习型群体的途径，认为要使班级全员积极参与教学、充分实现教养目标，必须使全班学生彼此互相友爱、相互信赖，充分认识到自己在实现共同学习目标中应负的责任，形成互助互学的学习型群体。上述这些教育名家的论述，为"学习共同体"的出现打下了基础。

"学习共同体"中的"共同体"（Community）概念源于斐迪南·滕尼斯（Ferdinand Tonnies）所著的《共同体与社会：纯粹社会学的基本概念》一书。在该书中，共同体被视为通过血缘、邻里和朋友关系构建起来的人群组合，它的基础是"本质意志"。这种"本质意志"具体表现为意向、习惯、回忆等，它与生命过程是密不可分的。在这里，手段和目的是完全统一的，靠"本质意志"建立的人群组合即"共同体"是一个有机的整体。③ 杜威将"共同体"的概念引入了教育学，他将"学校"的概念界定为各种各样的人通过"沟通"形成了共享的文化，并构成民主主义的基础——"共同体"的场所。在产业社会时代，学校普遍忠实地履行着产业社会的统

---

① 佐藤学. 学习的快乐——走向对话 [M]. 钟启泉, 译. 北京：教育科学出版社, 2004：11.

② 马卡连柯. 马卡连柯教育文集（上）[M]. 吴式颖, 等编. 北京：人民教育出版社, 2004：108.

③ 斐迪南·滕尼斯. 共同体与社会：纯粹社会学的基本概念 [M]. 林荣远, 译. 北京：商务印书馆, 1999：146.

治法则，但随着知识社会的到来，传统的科层制、非人性化的"工场型学校"已经越来越无法满足社会发展的需要。作为其对立物，博耶尔（Ernest L. Boyer）、阿普尔（Michael W. Apple）、拜尔（L. E. Beyer）、利斯顿（D. P. Liston）等人构想了 21 世纪"平等""正义""公道""人性化"的新型学校——"作为共同体的学校"。① 1995 年，欧内斯特·博耶尔（Ernest L. Boyer）在《基础学校：学习的共同体》（*A Basic School：A Community for Learning*）中对"学习共同体"进行了专门研究。他认为，学习共同体是所有人出于共同的使命，朝着共同的愿景一起学习的组织，共同体中的成员共同分享学习的兴趣，共同寻找通向知识的旅程和理解世界运作的方式，它朝着教育这一相同的目标，相互作用，共同参与学习。②

在对学习共同体的研究中，影响比较大的是日本的佐藤学。他特别强调了学校作为"学习共同体"的作用，提出"创建'学习共同体'是学校改革的哲学，这种哲学是由三个原理——'公共性'、'民主主义'与'卓越性'——组成的"，并将学习定义为"同客观世界对话（文化性实践）、同他人对话（社会性实践）、同自我对话（反思性实践）三位一体的活动"③。佐藤学还探讨了学校这个"学习共同体"是通过"可以发起挑战的'活动系统'构成的"，通过"学生、教师、校长、家长及公众的参与和实践展开"，其中学生是改革的"主角"，他们"是最值得信赖的改革伙伴，因为他们往往会先于教师在课堂里构筑'合作学习'的关系，发挥着他们支撑教师课堂改革的作用"。但佐藤学仅仅是理念上讲述了这个问题，并没有深入分析学习共同体的构建过程，而课堂里的"合作学习"关系似乎在很大程度上也是完全自发产生的，教师所做的工作仅仅是"关照不能参与

---

① 钟启泉. 知识社会与学校文化的重塑［J］. 教育发展研究，2002（1）：5-9.

② RETALLICK J, COCKLIN B. Learning community in education：issues, strategies and contexts［M］//Routledge, 1999：6. See：BOYER E. A basic school：a community for learning. Princeton, NJ：The Carnegie Foundation for the Advancement of Teaching, 1995.

③ 佐藤学. 学校的挑战：创建学习共同体［M］. 钟启泉，译. 上海：华东师范大学出版社，2010：3-4.

小组合作学习的学生"和"对小组的关照"而已。

杜威、佐藤学等人对学习共同体的研究存在两个方面的问题：其一，他们所谈及的"学习共同体"主要限于学校围墙之内，很大程度上忽略了校外的一些关键性因素（如家庭、行业、网络信息等）对学生学习的影响，但伴随着互联网时代到来，网络和个人移动终端逐渐普及，这些校外信息对于学生学习的影响作用已经令教育研究者无论如何都无法忽视。其二，对学生而言，真正重要的影响并非以班级、学校这类正式组织为界，而是以学习关系的强弱来划分的，一些外校、外班的同学与学生的关系紧密程度完全可能超越本校、本班的同学。在人人拥有网络学习空间之后，这种现象尤其明显。这就需要对学习共同体内的社会关系作更加细致的研究。

2. 有关学习共同体的研究主题

国外关于学习共同体的研究主题主要集中在学习共同体的构建对象、构建策略及有关的实践设计等几个方面，而其中，基于网络空间构建学习共同体又是关注的热点。

一是关于学习共同体的构建对象。在不同的学者这里，构建的学习共同体是完全不同的。例如，理查德·杜福尔（Richard DuFour）将学校作为专业学习共同体来构建[1]；霍莉·布劳尔（Holly H. Brower）将课程作为学习共同体来构建，研究了如何构建课上课下交流的网络学习共同体;[2] 保罗·图赛（Paul Tosey）等人将同侪群体作为学习共同体，研究了高中学生同侪学习共同体的特性;[3] 等等。这些研究充分说明，在国外，学习共同体也不是一个有着明确定义和统一认知的概念。在不同的学者这里，学习共同体所构建的对象范围也是迥异的。

① DUFOUR R. Schools as learning communities [J]. Educational leadership, 2004, 61 (8): 6 - 11.

② BROWER H. On emulating classroom discussion in a distance-delivered OBHR course: creating an on-line learning community [J]. Academy of management learning & education, 2003, 2 (1): 22 - 36.

③ TOSEY P, GREGORY J. The peer learning community in higher education: reflections on practice [J]. Innovations in education and training international, 1998, 35 (1): 74 - 81.

　　二是关于学习共同体的构建策略和实践案例。其中影响比较大的有艾米·雷（Amy S. C. Leh），他进行了网络空间中构建学习共同体的行动研究①；凯茜·威勒梅特（Cathy Willermet）则通过一个关于水的课堂分析案例，展示了师生如何利用多学科的知识探究形成一个学习共同体②；肖恩·道森（Shane Dawson）研究了网络分析技术如何通过大范围收集学习数据，使学生学习更加智能化，形成全新的学习共同体③。这些研究展示了学习共同体构建的过程，具有一定的积极意义，但它们都未从更深层次解释，在学习共同体的形成过程中，成员之间的关系如何逐步构建，使这种关系的形成看起来更像是组织学习过程中的副产品。

　　三是基于网络空间构建学习共同体的研究。网络空间（Cyberspace）在教育领域得到广泛运用以后，它在合作学习中所起的促进作用得到一些学者的关注。如麦卡蒂（Mccarty）研究了如何在网络空间建设学习共同体（Learning Communities）的问题，④ 戴维斯和拉尔夫（Davis & Ralph）研究了在学习过程中网络空间内的群体驱动力对于学习的影响⑤等。根据对学习共同体的理解差异，它们可以分为两大类，一类是基于网络空间构建虚拟学习共同体，另一类是基于网络空间构建混合式学习共同体。前一类将学习共同体理解为一种成员关系较为松散的学习型组织，但由于共同体较为

　　① LEH A S C. Action research on building learning communities in cyberspace [J]. Action research, 2001 (1)：243 – 248.

　　② WILLERMET C, DRAKE E, MUELLER A, et al. An integrated interdisciplinary faculty-student learning community focused on water issues：a case study [J]. Learning communities research and practice, 2014 (1)：1 – 9.

　　③ DAWSON S. "Seeing" the learning community：an exploration of the development of a resource for monitoring online student networking [J]. British journal of educational technology, 2010, 41 (5)：736 – 752.

　　④ MCCARTY J. Cyberjunctions：building learning communities in cyberspace [J]. Journal of experiential education, 1999, 22 (2)：74 – 79.

　　⑤ DAVIS M, RALPH S. Stalling the learning process：group dynamics in cyberspace [J]. Studies in the education of adults, 2001, 33 (2)：217 – 229.

看重学习者个体之间的意义协商和身份建构①，成员之间缺乏强关系、深度认知和情感依赖的这种网络学习型组织，它被称为"在线学习型群体"或者"在线学习型组织"，可能较"学习共同体"来说更为恰当。后一类将网络学习空间与实体教学空间结合在一起，但在其结合过程中，空间更多只是被看作一种促进师生之间沟通和交流、帮助学习者参与学习过程的辅助工具，而很少将它理解为是记录、分析和管理学习的重要平台。② 事实上，本研究中提到的满足"人人通"要求的"网络学习空间"并不是一般的类似于博客、脸书（Facebook）之类的，以交流为目的的网络存储空间，它专门为每位学习者的个性化学习而设计，能够对学习者终身学习过程进行智能化管理的网络虚拟空间。当这样的空间在相当大的范围内为每个个体所拥有时，我们能对之进行大数据统计和长时段的行动研究，使其成为与交流对象作前期理解和分析的基础。在这一基础上来分析混合式学习共同体的构建问题，国外相关的研究十分有限。

（二）国内相关内容研究述评

1. 有关学习共同体的研究历史

在《学记》中，"教"和"学"是结合起来的。正所谓"教学相长"（《礼记·学记第十八》），两者相辅相成。这说明在中西方早期，学习方法有较多相通之处。与西方一样，中国早期的教学也是以教师"一对一"或

———————————

① 赵健认为学习共同体的最重要的本质是学习者个体之间的意义协商和身份建构，一旦形成了共同意义和公认的身份，学习共同体的建构任务就完成了。这种看法显然将学习共同体视作是一个有着终点的学习型组织。（参见赵健.学习共同体——关于学习的社会文化分析［D］.上海：华东师范大学，2005：95. 或者参见赵健.学习共同体的建构［M］.上海教育出版社，2008：9 - 23.）但事实上，如果个体节点之间没有建立起联结关系，以及由此带来的相互妥协，意义协商是很难取得共识的。至于身份建构，这是一个不断重构的过程，它是没有终点的，更不用说拥有了合法的身份，也并不意味着个体就完全嵌入到共同体之中。陈向明的研究表明，即便有合法的身份，但如果个体不积极参与，同样难以获得理想的学习效果。参见陈向明. 从"合法的边缘性参与"看初学者的学习困境［J］. 全球教育展望，2013（12）：3 - 10. 因此，学习者个体之间的意义协商和身份建构只是构建学习共同体的条件之一，我们难以将其视作是学习共同体的本质。

② 谢泉峰. 实现"人人通"的"网络学习空间"是什么［J］. 中国电化教育，2017（2）：64 - 68.

者是"一对多"的方式开启学生智能。为了方便构建学习者群体，还会构建专门的教学场域，即所谓的"家有塾，党有庠，术有序，国有学"（《礼记·学记第十八》）。但尽管在同一个教学场域内，师生关系也会表现出明显的亲疏差异。例如，在《论语》中，孔子与其弟子频频对话，看起来构建起了和谐亲密的师生关系，不过在这种常年共处的情况下，仍然有学生试图通过其他同学与孔子进行间接交流，而不是直接向孔子询问自己所关心的问题（如冉有通过子贡，问孔子对卫国国君的态度）①。由此可见，孔子虽然称"有教无类"，但在孔子与学生的关系中，仍然明显存在着亲疏远近之别。史载孔子有弟子三千，留下了名字的学生却只有 77 人②，其中大半已无事迹，一些人与孔子的师生关系也无法证实和确认。在《论语》中，虽经历代多人考证、注释，其中出现的孔子学生人数也不过 20 余名，而孔子重点关注的学生仅有 10 名③，他与颜回、子路等人的关系也很明显比与其他弟子的关系更为密切。这样的学习型群体显然从来就不曾是匀质的。

在当代，明确谈到"学习共同体"这个词，较早的有邢克超、顾明远等人。邢克超早在 1984 年就通过一篇《法国教育改革拾零》的简短文章，介绍了法国勒格朗改革中改变过去班级制度，通过学习共同体组织学习的情况。④ 同年，顾明远也在《北京师范大学学报》上发表了文章，介绍 1983 年 9 月法国通过班级制度改革建立学习共同体的信息。⑤ 但这里的学习共同体近似于集体的概念，学术界也仅仅只是在文章中作了片言只语的简要介绍，影响并不大。

---

① 《论语·述而第七》原文是：冉有曰："夫子为卫君乎？"子贡曰："诺，吾将问之。"入，曰："伯夷、叔齐何人也？"曰："古之贤人也。"曰："怨乎？"曰："求仁而得仁，又何怨？"出，曰："夫子不为也。"

② 《史记第六十七·仲尼弟子列传第七》记载了这 77 人的姓名，他们被称作"受业身通者""异能之士"。

③ 《论语·先进第十一》和《史记第六十七·仲尼弟子列传第七》记载，这 10 名学生分别是：颜回（字子渊）、闵损（字子骞）、冉耕（字伯牛）、冉雍（字仲弓）、冉求（字子有）、仲由（字子路、季路）、宰予（字子我）、端木赐（字子贡）、言偃（字子游）、卜商（字子夏）。

④ 邢克超. 法国教育改革拾零 [J]. 比较教育研究，1984（4）：6 - 6.

⑤ 顾明远. 新的科技革命和教育的现代化 [J]. 北京师范大学学报，1984（5）：8 - 18.

在国内，专门以"学习共同体"为主题的研究源于 21 世纪初。目前在知网上能搜到最早的研究论文是华东师范大学孙宁 2002 年撰写的《上海构建学习化社区的现状及其发展研究》的硕士论文，① 最早的期刊论文则出自谢水龙于 2002 年在《福建教育学院学报》上发表的《浅谈"学习共同体"在语文课堂教学中的体现》一文。② 随后，赵蒙成③、顾小清④、钟启泉⑤等人纷纷对学习共同体构建的可能性、作用、形成等问题进行了研究。

2. 有关学习共同体的研究主题

与国外对学习共同体的研究类似，国内有关学习共同体的研究主题也可以归为以下几个方面：

一是关于学习共同体的构建对象。在不同的叙事背景下，学习共同体所指的对象各不相同。如钟启泉延续了佐藤学的思路，将学校作为学习共同体来构建⑥；顾小清⑦、赵呈领⑧等人将网络群体作为学习共同体来构建，他们研究了在线网络学习共同体；袁维新将教师群体作为学习共同体来构建，对教师学习共同体的形成机制进行研究⑨；夏正江将课堂作为学习共同体来构建，对课堂学习共同体的内涵、依据与行动策略进行研究⑩；段晓明把专业作为学习共同体来构建，研究了学校变革视域下的专业学习共同

---

① 孙宁. 上海构建学习化社区的现状及其发展研究 [D]. 上海：华东师范大学，2002.

② 谢水龙. 浅谈"学习共同体"在语文课堂教学中的体现 [J]. 福建教育学院学报，2002 (11)：45 - 47.

③ 赵蒙成. 构建学习共同体的可能性 [J]. 教育评论，2003 (1)：1 - 1.

④ 顾小清. 教师专业发展：在线学习共同体的作用 [J]. 开放教育研究，2003 (2)：39 - 43.

⑤ 佐藤学，钟启泉. 学校问题透视——形成共同体 [J]. 全球教育展望，2003 (7)：6 - 11.

⑥ 钟启泉. 学校再生的哲学——学习共同体与活动系统 [J]. 全球教育展望，2011 (3)：3 - 10.

⑦ 顾小清. 教师专业发展：在线学习共同体的作用 [J]. 开放教育研究，2003 (2)：39 - 43.

⑧ 赵呈领，闫莎莎，杨婷婷. 非正式网络学习共同体深度互动影响因素分析 [J]. 现代远程教育研究，2013 (1)：101 - 107.

⑨ 袁维新. 教师学习共同体的自组织特征与形成机制 [J]. 教育科学，2010 (5)：59 - 63.

⑩ 夏正江. 迈向课堂学习共同体：内涵、依据与行动策略 [J]. 全球教育展望，2008 (11)：15 - 21.

体①；赵蒙成将工作室作为学习共同体来构建，研究了其现状、问题与策略②。这些五花八门的研究指向，常常令其他研究者无所适从。为此，潘洪建在谈到学习共同体时，专门对上述内容进行了总结归纳，提出：学习共同体有多种类型、层次和范围，既有小组层次的，也有班级、年级层面的，还有学校和学区层面的，甚至还有虚拟的网络学习共同体。③ 正是基于此，本研究提出，学习共同体并不是一个特定的实体，它是在特定的教学场域内成员关系不断动态生成的、具有多级差序的学习关系网络。

二是关于学习共同体的构建策略。在国内，与"学习共同体"有关的论文研究重心是策略研究中的构建策略研究，但由于构建对象存在着明显的认识差异，热心于此项研究的研究者人数又比较多，于是在研究主题和研究范围上呈现出了明显的发散局面。如张波等④研究了知识联盟中学习共同体的构建问题；王锐等⑤研究了校际网络学生学习共同体的构建问题；宋兰娥等⑥研究了英语写作课学习共同体的构建问题；况姗芸⑦、范玉凤⑧、覃玉梅等⑨研究了网络学习共同体的构建问题；张杰⑩研究了信息技术环境下学习共同体的构建问题；陈宗章⑪研究了文化生态意识与学习共同体的建

① 段晓明．学校变革视域下的专业学习共同体［J］．比较教育研究，2007（3）：74－77．

② 赵蒙成．基于工作室制的学习共同体：现状、问题与策略［J］．教育与教学研究，2015（7）：79－84．

③ 潘洪建．"学习共同体"相关概念辨析［J］．教育科学研究，2013（8）：12－16．

④ 张波，张德芳．知识联盟中学习共同体构建研究［J］．情报杂志，2010（5）：32－35．

⑤ 王锐，钱玲，王怀宇．障碍与超越：校际网络学生学习共同体构建研究［J］．现代教育技术，2011（10）：69－73．

⑥ 宋兰娥，何云峰．英语写作课"学习共同体"的构建探索［J］．教育理论与实践，2013（6）：53－55．

⑦ 况姗芸．网络学习共同体的构建［J］．开放教育研究，2005（8）：33－35．

⑧ 范玉凤，李欣．活动理论视角下的虚拟学习共同体构建研究［J］．中国电化教育，2013（2）：43－47．

⑨ 覃玉梅，马秀芳，张海新．社会化网络环境下网络学习共同体的构建研究［J］．教育理论与实践，2016（18）：14－16．

⑩ 张杰．信息技术环境下学习共同体构建的探究［J］．福州大学学报（哲学社会科学版），2008（5）：101－104．

⑪ 陈宗章．文化生态意识与"学习共同体"的建构［J］．南京社会科学，2010（3）：151－155．

构问题；王英彦等①研究了网络环境下实践学习共同体模型的构建问题；朱正平②、时长江③、刘光余等④研究了课堂学习共同体的构建问题；唐如前⑤、胡小勇⑥、田莉等⑦研究了教师网络学习共同体的构建问题；杨洪刚⑧、王丹丹等⑨研究了 SNS 网络学习共同体的构建问题；钟志荣⑩研究了基于 QQ 群的网络学习共同体构建问题；李洪修等⑪研究了基于 Moodle 平台的虚拟学习共同体建构问题；孙娟等⑫研究了基于 IM 的网络学习共同体构建问题；潘洪建⑬、李涵⑭研究了班级学习共同体构建问题；赵健⑮从文化建构和身份建构入手，研究了学习共同体的构建问题；等等。上述这些研究从内容上看，存在着强调宏观构建策略、把学习共同体作为静态的研究对象来分析、具体实践策略不足等缺陷，而对于共同体中最重要的成员关系构建过程明显关注度也不太够。

---

① 王英彦，邹霞，曾瑞. 网络环境下实践学习共同体模型的构建 ［J］. 现代教育技术，2008（5）：104 – 106.

② 朱正平. 论高职院校课堂"学习共同体"的构建 ［J］. 中国高教研究，2015（3）：108 – 110.

③ 时长江，刘彦朝. 课堂学习共同体的意蕴及其建构 ［J］. 教育发展研究，2008（24）：26 – 30.

④ 刘光余，邵佳明，董振娟. 课堂学习共同体的构建 ［J］. 中国教育学刊，2009（4）：65 – 67.

⑤ 唐如前. 教师网络学习的知识共同体模型及构建 ［J］. 中国电化教育，2012（11）：82 – 85.

⑥ 胡小勇. 促进教师专业发展的网络学习共同体创建研究 ［J］. 开放教育研究，2009（2）：87 – 91.

⑦ 田莉，孙亚玲. 导师学习共同体建设：一种专业的视角 ［J］. 学位与研究生教育，2013（3）：52 – 56.

⑧ 杨洪刚，宁玉文，高东怀，等. 基于 SNS 的网络学习共同体构建研究 ［J］. 现代教育技术，2010（5）：93 – 96.

⑨ 王丹丹，马文虎，刘友华. 一种动态的"兴趣型"SNS 网络学习共同体构建方法研究 ［J］. 现代图书情报技术，2012（9）：42 – 48.

⑩ 钟志荣. 基于 QQ 群的网络学习共同体构建及其应用 ［J］. 中国电化教育，2011（8）：92 – 95.

⑪ 李洪修，张晓娟. 基于 Moodle 平台的虚拟学习共同体建构 ［J］. 中国电化教育，2015（12）：65 – 70.

⑫ 孙娟，熊才平，谢耀辉. 基于 IM 的网络学习共同体构建及应用研究 ［J］. 现代教育技术，2011，21（4）：130 – 135.

⑬ 潘洪建. 大班额学习共同体建构策略 ［J］. 中国教育学刊，2012（12）：47 – 51.

⑭ 李涵. 班级管理模式创新与新型学习共同体构建 ［J］. 中国教育学刊，2013（4）：41 – 43.

⑮ 赵健. 学习共同的建构 ［M］. 上海：上海教育出版社，2008.

　　尽管学习共同体内各成员彼此并非孤立，他们的相互关系确认是学习共同体构建中极为重要的一部分，但涉及学习共同体内成员关系构建的问题却迄今仍未能够得到足够的关注①。截至 2018 年 1 月 24 日，以"学习共同体"为关键词在知网搜索论文数量为 5257 篇，以"师生关系"为关键词搜索论文数量为 31 417 篇，而同时将"学习共同体"和"师生关系"作为关键词的论文却只有 149 篇，其中 CSSCI（含扩展版）只有 24 篇。这 24 篇中，标题中出现"学习共同体"的有 1 篇，标题出现"师生关系"的有 4 篇，剩下的 19 篇论文标题中"学习共同体"和"师生关系"均未出现。若以"生生关系"替换"师生关系"，同时将"学习共同体"和"生生关系"作为关键词的论文只有 1 篇，内容主要是谈学习共同体理论对教育的启示；若以"成员关系"替换"师生关系"，同时将"学习共同体"和"成员关系"作为关键词的论文只有 2 篇，且 2 篇均为省级普通刊物，其关注重点也只是在教学方法上，而非关系如何构建的问题。

　　自从 2012 年教育信息化试点工作座谈会上公开提出要将"三通工程"（指宽带网络学校通、优质资源班班通、网络学习空间人人通）作为教育信息化"十二五"核心目标以来，网络学习空间一直都是研究的热门主题，但目前涉及网络学习空间的研究主要可分为两大类：一是对"网络学习空间人人通"体系、框架、模型、规划、构建的理论研究；二是对"网络学习空间人人通"的教学模式、教学策略、教学效果等方面的实践研究。② 基于网络空间的混合式学习共同体构建研究迄今付之阙如。

　　卢强在其所著文章《国内学习共同体研究现状与进展分析》中曾提出，与学校、课堂、课程等相关的学习共同体，与社区、实践和网络虚拟世界等

———————————

　　① 卢强对 2001 年至 2011 年涉及学习共同体的文献进行过统计分析研究，显示国内共同体研究热点主要在：学习共同体、学习型社区、社区教育、共同体、学习型社会、教师、教师专业发展、终身学习、网络学习共同体、专业发展、虚拟社区、协作学习、知识建构等方面，其中并无成员关系建构方面的研究。参见卢强 . 国内学习共同体研究现状与进展分析 [J]. 中国远程教育，2012（5）：29 – 35.

　　② 谢泉峰 . 实现"人人通"的"网络学习空间"是什么 [J]. 中国电化教育，2017（2）：64 – 68.

领域联系的网络学习共同体、虚拟学习共同体和实践共同体等组织形式会成为未来研究方向。[①] 但如何架构支持学习共同体的科研平台，实现可靠的协同合作分享机制，这方面的研究目前无论是在国内还是在国外都较为欠缺。[②]

有鉴于此，本书从教学关系的构建入手，探索基于网络空间如何构建线上线下的混合式学习共同体，具有较大的研究意义。

三、研究意义

（一）理论意义

1. 突破个人与环境之间的二元对立

无论是行为主义学习理论、认知主义学习理论，还是建构主义学习理论，在谈及学习过程中，都将个人与环境之间的矛盾置于重要位置。行为主义学习理论将学习过程视作学习者在外界环境的影响下从冲突、调整到逐渐适应的过程；认知主义学习理论强调学习者对外界环境的主观认知，将学习视作学习者在头脑中不断获取、理解、消化和修正外界环境所传递过来信息的过程；建构主义学习理论则赋予学习者以主动的和积极的地位，替代传统学校教育中的处于被动地位的学习者的活动，它把学习视为以语言为媒介建构对象之意义的实践。[③]

这三种理论的共同之处在于：它们都立足于个人与环境的相互作用来进行研究。这个"环境"通指除个人以外的一切因素，大可以到学校乃至社会，小可以到教师、同学乃至能够对个人产生影响的某个语言动作符号，从而在个人与环境之间创造了彼此的对立。

然而，个人原本就是环境中的一部分，学习环境对学习共同体中各成员的影响也并非一致。如果我们以关系视角来审视学习共同体，就会发现

---

① 卢强. 国内学习共同体研究现状与进展分析 [J]. 中国远程教育, 2012 (9)：29 - 35.

② 邓云龙, 王耀希, 曹知. "学习共同体" 中文学位论文的内容分析研究 [J]. 现代教育技术, 2012 (4)：40 - 44.

③ 佐藤学. 学习的快乐——走向对话 [M]. 钟启泉, 译. 北京：教育科学出版社, 2004：53 - 59.

学习环境其实是可以分层次的，不同类型的教学关系构建的是不同层次的学习环境。拥有强关系的初级群体内的成员对学习者的影响会大于只有弱关系的次级群体成员，更会远远大于缺乏直接关系的外部人员。

因此，学习共同体的构建研究从理论上说，必须从教学情感关系的生成、发展与重构入手，分析其整个过程。这里的教学情感关系既非个人的，也非环境的，它是由多重因素共同构建的。它将教师和学生的发展视作为相互协调的系统过程，从而超越已有二元对立的分析思路，① 为我们提供了一个全新的角度。对它的研究，将有力地推动对"共建共享共发展"的学习型群体构建等相关内容的理论探索。

2. 推动学习共同体理论的纵深研究

在谈到学习共同体时，我们首先想到的可能是"班级""课程"这些关键词，因为到目前为止，绝大多数学习共同体都是成员们在班级上课的过程中构建起来的。但事实上，真正的学习共同体绝不仅仅建构于课堂上，课下的建构也很重要。在传统条件下，由于交流绝大多数都是面对面的，受到实体教学空间条件的限制，我们很难意识到课下建构的重要性。

网络空间的出现使学习共同体的构建实现了"脱嵌"，它打开了学习共同体构建过程的黑箱，使我们认识到："课程"是意味着"学习经验"的多层组织的概念，它所组织的不仅仅是教育内容，同时也包含着知识与人的关系和人与人的关系。② 而学习者在学习过程中也并非只是受身边的教育者和学习同伴的影响，他还会考虑与其有关的各种社会关系对自己的影响。2017 年 11 月 12 日的湖南某中学弑师案，导火索就是班主任打电话给学生家长告知学生情况。学生家长当时并不在学校现场，为何矛盾会突然激化？这正是因为该学生考虑到了家庭这个初级群体内即将面临的关系激化。③

既然学习共同体是一种关系，它的建构就必然会涉及处于关系中的各

---

① 段晓明. 美国专业学习共同体研究评述［J］. 外国中小学教育，2008（3）：29－32.

② 佐藤学. 学习的快乐——走向对话［M］. 钟启泉，译. 北京：教育科学出版社，2004：118.

③ 参见 16 岁高三尖子生挥刀刺死班主任……惨案到底怎么发生的？［EB/OL］.（2017－11－15）［2018－01－22］. http：//news. sina. com. cn/o/2017－11－15/doc-ifynvxeh4814898. shtml.

方。但在课程教学的具体过程中，许多教师的意识都聚焦于"上课"内容的展开，而未能直面关键的、面向每一位学生的"学习"，更弗论学生在学习过程中构建起来的学习关系，这导致很多教师难以实现高效的师生和生生合作，现实中能够进行"合作学习"的凤毛麟角。由于"合作学习的教学是由每个个体的互动所形成的意义链和关系链构成的"①，要实现"合作学习"，教师必须考察在教学场域下学生产生合作的"意义链"和"关系链"的形成过程。只有明晰了这一过程，我们才能够理解何以有些师生关系十分融洽，能够建构出学习共同体，而有些师生关系则水火不容。

过去的学习共同体理论研究主要聚焦在教育者如何通过教育教学来构建学习共同体的问题，虽然屡屡谈及要"以学生为中心""学生为主体"，但很少站在学习者的立场来思考为何学习者会选择积极配合，愿意努力投入教学行动中来，而不是选择做一个边缘参与者，甚至是冷眼旁观者，在一旁静静地看教师在讲台上"表演"。当每一位学习者都拥有自己的网络空间之后，他们都可以自主构建个人的学习关系网络，产生学习的"意义链"和"关系链"。考察这一过程，将有力地推动学习共同体理论向纵深发展。

3. 丰富和发展学习理论的基本内容

结构是建立在关系基础之上的。② 秉承关系视角来分析学习共同体的构建过程，将学习共同体的构建视作一种关系构建，而这种互动关系又是动态生成和发展的，它能够丰富和发展学习理论的基本内容。

在社会学理论中，互动理论重点倾注于对社会关系研究。虽然相对于偏重宏大叙事的功能主义理论和冲突主义理论而言，从微观切入的互动理论进入到教育领域的程度并不深，但却是互动理论将对教育社会学的研究重点从教室外拉回到了教室内。如雷·里斯特（Ray Rist）、罗伯特·罗森塔尔（Robert Rosenthal）和利诺·雅各布森（Lenore Jacobson）、乔治·法卡斯（George Farkas）基于符号互动理论，研究了教师的期望如何对学生发

---

① 佐藤学. 教师的挑战：宁静的课堂革命 [M]. 钟启泉，陈静静，译. 上海：华东师范大学出版社，2012：59.

② 约翰·斯科特. 社会网络分析法 [M]. 刘军，译. 重庆：重庆大学出版社，2016：5.

挥作用。① 李政涛基于拟剧理论研究了教育生活（特别是学校和教室）中的表演现象。② 不过这些研究都是从微观层面来考察教学场域内单个个体与环境之间的互动所具有的行为范式，其内容更偏向社会学而非教育学。教育关注的是人与人的主体间的灵魂交流活动，③ 它意味着，从教育社会学的立场出发，我们真正需要关注的是在课程教学过程中，社会互动及其形成的师生关系模式是如何促进学习的产生和发展的。

在教学场域内，教学行动并非只是单纯地以知识为载体进行的符号传递，它还逐步构建起一种特殊的社会关系，以及在这种社会关系下形成的相对固化的思维方式及行为模式，而后者正是教学中出现的隐性课程④。因此，能够对个人学习产生影响的环境至少可以分成三层，并形成以学习者为中心的人际关系差序格局⑤：教学场域内与学习者建立强关系的初级群体；教学场域内与学习者存在中关系或弱关系的次级群体；教学场域外能够对学习者产生影响的外群体（即影响区域）。在传统教学条件下，外群体主要是通过间接方式对实体教学场域内的个体产生影响，网络空间的普及，将使这种影响由间接方式转为直接方式，从而撕裂实体教学场域内外之间的隔膜。

与费孝通提及的以血缘关系为主轴形成的差序格局不同，学习共同体是一种在课堂教学过程中形成的、以趣缘关系为主轴构建的序差，它源于教学过程中的社会互动，同时又会对教学本身产生影响。为此，社会学理论中的互动理论运用独特的理论视角，从微观层面分析教学场域内的师生社会互动产生及关系的构建过程。也正是有了"关系构建"这一过程，我

----

① 詹姆斯·汉斯林. 社会学入门：一种现实分析方法（第7版）[M]. 林聚仁，等译. 北京：北京大学出版社，2007：498－500.

② 参见李政涛. 教育生活中的表演——人类行为表演性的教育学考察 [D]. 上海：华东师范大学，2003.

③ 雅斯贝尔斯. 什么是教育 [M]. 邹进，译. 北京：生活·读书·新知三联书店，1991：3.

④ 隐性课程由美国教育学家杰克逊（Philip W. Jackson）在1968年出版的《班级生活》（*Life in Classroom*）一书中提出，指学生在学习环境中所学习到的非预期的或非计划的知识，价值观念，规范和态度等。

⑤ 差序格局由费孝通在《乡土中国》一书中提出，指亲疏远近的人际格局，如同水面上泛开的涟晕一般，由自己延伸开去，一圈一圈，按离自己距离的远近来划分亲疏。在差序格局下，每个人都以自己为中心结成网络。

们才能实现真正意义上的合作学习。

（二）实践意义

1. 有助于学习共同体教育教学实践

目前国内外关于学习共同体的研究范围比较广泛，文献量比较大，研究前沿主要集中在理论的深化、具体应用与组织形式、不同类型的共同体构建策略研究等三个方面。① 其中绝大多数研究都为宏观理论分析或建构，鲜有从中观、微观或实践层面上的探究。② 在谈到学习共同体时，不同的学者也有完全不同的理解。这种境况形成的一个重要原因是学习共同体是一个动态生成的、多级差序的同心环。在教学场域内，每一个成员都会以自己为圆心，依据不同的强弱关系，构建起多层级的学习共同体。因而，在教学场域内，教师和学生都非学习共同体的完全"中心"，它是一个多中心的人际关系网。在教学场域外，学校、企业、政府等组织也会相互联系，形成范围更大的学习共同体。这就是说，学习共同体的形成并非单个人可以独立地、不受干扰地通过自身努力来实现，它是群体内成员互动并最终构建起相对稳定的社会关系，每个成员在其中都发挥着或大或小的作用。

因此，对学习共同体的研究不能仅仅从理论上探讨其重要性，而应该从实践层面重点关注其成员关系的构建过程。由于构建学习共同体的核心是构建合作的师生关系，从学习共同体内的师生关系构建入手，分析在"网络学习空间人人通"背景下学习共同体的形成，有助于我们从实践层面建构科学、高效的学习共同体。

2. 有助于构建和谐良好的师生关系

不同的教学理念、模式、方法，将形成不同的群体成员社会关系结构。在机械团结③的群体内部，学生的学习具有同质性，在教师的统一安排下保持相同的学习步调，而在有机团结的群体内部，学生则是具有差异性的，

---

① 卢强. 国内学习共同体研究现状与进展分析［J］. 中国远程教育，2012（5）：29-35.
② 卢强. 学习共同体内涵重审：课程教学的视域［J］. 远程教育杂志，2013（3）：44-50.
③ 机械团结和有机团结都是法国社会学家埃米尔·涂尔干（Emile Durkheim）在《社会分工论》一书中提出来的。机械团结是指这样一种社会联结纽带，它通过强烈的集体意识将同质性的个体结合在一起。有机团结是一种建立在社会成员异质性和相互依赖基础上的社会连接纽带。

彼此是相互学习的关系。这样的关系绝非自然形成，而是在教师的主导下，经过多次师生之间的社会互动，使其模式逐渐成为惯习①。

从微观层面探究学习共同体的形成，将使我们对学习共同体的理解不再拘囿于传统的社会"角色理论"，而必须将课程教学场域内的"教师"和"学生"角色视作动态生成的教学角色。在学习共同体内，"教"与"学"不是基于社会角色产生，而是基于"教"与"学"的社会行动形成，师生并非基于社会意义上的身份，而应该被视为基于社会行动意义上的行为主体。这将突破过去的以"教"为中心和以"学"为中心的二分法，因为无论是教师还是学生，他们的社会角色都不再是天然的、固定的、僵化的，而是在具体的教学实践过程中被赋予的，并在长期的行动过程中逐渐形成。

这就意味着，教师并没有什么因为拥有这一角色而带来的"先赋权力"，其在学习共同体内所有的影响都是在一次次的教育教学互动中逐渐累积而成的，成员间构建的学习型初级群体才是学习共同体中最核心、最重要的部分。对这一点的正确认知，有利于教师和学生摆正位置和心态，构建和谐良好的师生关系。

四、研究思路、研究方法与创新之处

（一）研究思路

任何关系的出现都需要一个过程，从初始群体到学习共同体的变化过程也绝非一蹴而就。为了缕清学习共同体的构建脉络，本书以"网络学习空间人人通"背景下的线上加线下的混合式学习共同体为研究对象，以世界体系论、集体行动理论、互动仪式链理论、结构化理论等理论为基础，探讨基于网络空间的混合式学习共同体的内涵，分析其构成要素，找寻在理想类型中的基于网络空间的混合式学习共同体的建构规律和建构过程。随后，在上述研究的基础之上，聚焦于学习共同体可能的实施路径，提出基于网络空间的混合式学习共同体培育策略。最后，本书选择一些真实案

---

① 惯习是法国社会学家布迪厄提出的概念。它是一种倾向的系统，这种倾向系统来自通过个人社会化而实现的社会结构内化（被结构的结构），另一面也通过指导人们的实践再生产着社会结构（具有结构能力的结构）。

例，以行动研究验证其有效性和可行性。

（二）研究方法

本书主要采用定性研究，通过对日常教学场域内的师生关系形成过程进行理论诠释，分析"意义链"和"关系链"的生成过程，理解教师和学生在教学过程中目的的变化、手段的选择及惯习的形成，并最终构建相对稳定的社会关系模式。

具体采用的研究方法有四种：

其一，文献研究法。查阅大量相关的文献资料，对现有的学习共同体构建研究进行分析和梳理，从理论层面寻找基于网络空间的混合式学习共同体构建的相关依据。

其二，行动研究法。作为一名在学校任教多年的专职教师，有着丰富的教学实践经验，可以从日常工作中进行行动研究，观察和分析教学场域内师生关系形成的全过程。

其三，网络分析法。运用社会网络分析法，深度剖析学习组织内部的人员关系网络和关系模式的构建过程，找寻学习共同体的建构规律，提出基于网络空间的混合式学习共同体培育策略。

其四，谈话分析法。通过分析网络空间内的话语交流记录，与学生进行专题访谈，对话语内容进行详细分析，挖掘话语表述背后深层逻辑和"言外之意"① 的生成方式。

（三）创新之处

本书在三个方面有所创新：

一是研究视角创新。过去关于学习共同体构建的研究主要侧重于对其性质、作用等方面的宏观描述，对学习共同体构建过程中的成员关系构建及其动态发展变化过程关注不够。本书将学习共同体中的师生不再视作个人单纯努力去扮演的社会角色或拥有的社会身份，而是经过多方长期互动

---

① "言外之意"是美国社会学家哈罗德·加芬克尔（Harold Garfinkel）在常人方法论中提出的一个概念。他认为，在日常谈话中人们之间的互相理解不仅基于当事人说出来的东西，而且也根据大量谈话中未提到的因素，即言外之意。对这些言外之意的理解要依赖于谈话所涉及的当事人最近的互动发展过程及前景预期，依赖于对话发展的一系列时间上连贯的表达，依赖于谈话过程等。

共同构建社会关系中的关系人。在这一视角下，学习共同体内部存在不同种类的强、中、弱关系混合，而学习共同体的构建也不再是一个成员努力扮演相关角色，实施单向发展变化的过程，学习共同体被视作学习情境、身份主体和学习资源共同影响下生成的成员之间的强关系网络体系，而学习共同体的建构过程可以被视作话语、实践、知识体系彼此互构，并在这种互构中不断重构和强化成员之间关系联结的过程。

二是研究手段创新。过去关于学习共同体内成员关系构建的研究多是在传统教学模式下进行的相关分析。本书将关系构建过程设定在"网络学习空间人人通"的大背景下，它体现了信息技术与教育教学深度融合以后，信息技术手段对学习共同体内成员关系构建带来的深刻影响。网络空间具有记录学习者个人学习经历、学习偏好、学习习惯等特点和优势，有助于学习者彼此之间关系的生成和相互的联结，并使其可以从强扭的关系中解脱出来，更长久地维系和重构过去的强关系，因而有助于混合式学习共同体的生成。

三是研究思路创新。过去关于学习共同体的研究视野多局限在教学场域之内，把学校、班级等各种组织视作构建学习共同体的基础，把构建学习共同体、提高学习成效视作最终目标。本书将学习共同体视作强关系构建的过程，既然是强关系，即便课程结束、班级解散、学生毕业，学习共同体仍然存在，依旧持续发挥极大的影响，而这种关系也不是静态的，而是动态发展的。为此，对学习共同体的研究更应该关注其形成和未来的持续构建过程，而不仅仅是形成过程，学习共同体建构的最终目标是面向未来的，它将为成员提供终身的学习支架，并伴随成员的发展而共同生长。

第一章
混合式学习共同体构建的理论基础

第一节　沃勒斯坦的世界体系论

一、世界体系论的基本要点

世界体系论是由美国纽约州立大学的著名社会学家、历史学家、国际政治经济学家和新马克思主义理论的代表人物伊曼纽尔·沃勒斯坦（Immanuel Wallerstein）在依附论（Dependency Approach）的基础上，于《现代世界体系》（*The Modern World-System*）一书中率先提出来的。在这本书中，沃勒斯坦以世界整体变化为出发点，在依附论以"中心—外围"为视野的整体主义框架上，对马克思主义的资本积累理论、康德拉杰夫的经济长波理论、布罗代尔的年鉴学派长时段大范围的历史研究方法进行了综合性吸收，① 运用系统分析方法，把社会学、历史学、经济学、政治学等多种学科结合在一起，从整体角度审视世界资本主义体系，向人们提供了认识当代世界历史的新视角。②

---

① 胡键. 从个体的资本到世界联系的体系——关于马克思恩格斯世界体系理论的研究 [J]. 社会科学，2013（10）：4–16.

② 程同顺. 沃勒斯坦的世界体系论 [J]. 教学与研究，1999（6）：62–67.

沃勒斯坦的世界体系论的基本要点主要包括以下几个部分：

（一）世界体系是一个社会体系

沃勒斯坦将世界体系视作一个社会体系，认为其具有范围、结构、成员集团、合理规则和凝聚力。由于有这些特点，世界是一个物质经济实体，其内部可以在劳动分工的基础上自给自足，并且还拥有多种不同的文化。[①]无论是发达国家，还是不发达国家，都只是世界体系的发展变化在各个组成部分上的具体反映。[②]

在沃勒斯坦看来，人类的部族、种族、民族乃至国家，都是在相互联系而不是在孤立中演化和发展的，所以通过联系，总是会形成一定的"世界性体系"。而现代世界作为一个整体，它所具有的现代特征，和各地区卷入现代资本主义的方式、过程、在现代世界中所处的地位及其所具有的现代特征等，所有这些都必须放在世界体系中来理解。

既然是体系，就必然有联系的纽带。沃勒斯坦提出，现代以前的世界经济体是以政治体系为纽带的，所以结构都极不稳定，要么转变为帝国，要么会走向解体，而只有现代世界体系是一个以经济为纽带的社会体系，它存在了500年却没有成为帝国。这是因为资本主义作为一种经济模式，正建立在这种事实之上，即：经济因素比任何政治实体所能完全控制的范围更大，并能够在该领域内发挥作用。[③]

为此，沃勒斯坦以是否存在单一的政治体系为标准，将世界体系划分为"世界帝国"和"世界经济（体）"两种。世界帝国是由单一的政治体系所控制的，而世界经济（体）的各部分则以经济为基本联系，因文化联系或者政治安排，甚至联盟结构而得到加强，所以它是一个由经济、政治、文化三个基本维度所构成的复合体，其中经济是基本的、决定性的因素。[④]

---

① 伊曼纽尔·沃勒斯坦. 现代世界体系（第一卷）[M]. 罗荣渠，等译. 北京：高等教育出版社，1998：460-461.
② 程同顺. 沃勒斯坦的世界体系论 [J]. 教学与研究，1999（6）：62-67.
③ 伊曼纽尔·沃勒斯坦. 现代世界体系（第一卷）[M]. 罗荣渠，等译. 北京：高等教育出版社，1998：461-462.
④ 刘志明. 依附论和世界体系论述评 [J]. 开放导报，2010（2）：68-72.

因此，沃勒斯坦的世界体系主要是以经济为主要纽带，综合政治和文化的因素而共同构建起来的。

（二）世界体系具有"中心—半边缘—边缘"的结构特征

不同于依附论的"中心—外围"观，沃勒斯坦的现代世界体系由"中心区域""半边缘区域""边缘区域"三个核心结构要件构成。中心区域控制了有利的贸易通道，在世界市场中占据垄断地位，它们采用"雇佣劳动和自我经营"，利用边缘区域的原材料和廉价劳动力生产高附加值产品，向边缘区域销售。边缘区域主要提供廉价的劳动力、基本的原材料和低附加值的初级产品，并提供产品销售市场。半边缘区域介于两者之间，它采用"分成制"①，一方面受中心区域控制，另一方面又可部分地控制边缘区域，起着"安全阀"的作用。

"中心区域""半边缘区域""边缘区域"这三种经济角色是由不同的"劳动分工"所决定的。沃勒斯坦详细解释道，由于资本主义世界经济体是建立在以全世界范围内的劳动分工的基础之上的，世界经济体中的不同区域（中心区域、半边缘区域和边缘区域）在分工中会承担不同的经济角色，并在此基础上发展出不同的阶级结构，采取不同的劳动控制方式，进而导致它们从世界经济体系中的获利也就不平等。此外，政治行为最初产生于国家结构之内，这些国家在世界经济体中的作用不同，结构不同，也就形成了不同的分工。② 世界体系从本质上说，就是具有广泛劳动分工的实体，其分工不仅是功能上的，而且是地理上的。各项经济任务的区域分布并非均匀地分布于整个世界体系之中，这个世界体系也从来就不是匀质的。

沃勒斯坦还解释了中心区域和边缘区域是如何形成的。他认为，在一个世界经济体中，对各个集团形成有效政治压力的主要是地区的、民族的国家结构，趋同的文化往往倾向于为各主要集团的利益服务，而加强压力

---

① 伊曼纽尔·沃勒斯坦. 现代世界体系（第一卷）[M]. 罗荣渠，等译. 北京：高等教育出版社，1998：99.

② 伊曼纽尔·沃勒斯坦. 现代世界体系（第一卷）[M]. 罗荣渠，等译. 北京：高等教育出版社，1998：194.

则是为了创造"文化—民族"的同一性。在世界经济体中占优势的中心区域国家中，一个强有力的国家机器的创立，总伴随着一种具有同一性的民族文化的出现，这一现象被沃勒斯坦称为"一体化"。它既可以作为一种机制，保护世界体系内已出现的差异，又可以为维持这些悬殊作一种观念形态上的掩饰和辩护。这样，世界经济体就划分为中心区域和边缘区域。① 最终，世界经济体形成一种格局，处于中心区域的国家结构比较强，而在边缘区域则相对弱些。② 这些边缘区域包括根本不存在的国家（指处于殖民地状态）和自立程度很低的国家（指处于新殖民地状态）。根据一系列的衡量标准，例如各种经济活动的复杂性、国家机器的实力以及文化的完整性等，在中心区域和边缘区域之间还存在着半边缘区域。在这些半边缘区域中，有些在某个世界经济体内曾经属于早期类型的中心区域，还有些过去属于边缘区域，后来则上升为半边缘区域。可以说，它们是不断扩张的世界经济体中地缘政治不断变化的结果。③

（三）世界体系处于不断的发展变化之中

世界体系形成之后其结构并非一成不变，它始终处于变动之中。这是因为一个世界经济体的范围大小取决于技术发展的状况，特别是该世界经济体范围内的交通运输和通信技术的发展状况。由于技术是始终不断变化的，而且并不总是能够得到改善，所以世界经济体的范围经常处于变动过程之中。④ 这就使得世界体系具有生命的周期性。沃勒斯坦认为，由分工以及分工所带来的中心区域、半边缘区域和边缘区域是世界体系的空间表现，而周期则是世界体系的时间表现。现有的资本主义世界体系就是一个停滞

---

① 伊曼纽尔·沃勒斯坦. 现代世界体系（第一卷）[M]. 罗荣渠，等译. 北京：高等教育出版社，1998：462 - 463.
② 伊曼纽尔·沃勒斯坦. 现代世界体系（第一卷）[M]. 罗荣渠，等译. 北京：高等教育出版社，1998：470.
③ 伊曼纽尔·沃勒斯坦. 现代世界体系（第一卷）[M]. 罗荣渠，等译. 北京：高等教育出版社，1998：463.
④ 伊曼纽尔·沃勒斯坦. 现代世界体系（第一卷）[M]. 罗荣渠，等译. 北京：高等教育出版社，1998：462.

和扩张交替的过程。

由于具有生命周期，世界体系具有了"有机体"的特征。在它的生命周期中，世界体系的特征在某些方面可能会发生变化，但在另一些方面则会保持稳定。人们会根据该世界体系运行的内在逻辑，判定处于不同时期的世界体系的结构是强还是弱。① 其生命力则主要由各种力量，包括聚合的力量和分裂的潜能所构成。

从长远的历史来看，在世界体系内，优秀分子的循环出现很可能是不可避免的，这就意味着，在一定时期中，某个占统治地位的国家迟早会被另外的国家所取代。于是，这个世纪的外部区域，可能会变成下一个世纪的边缘区域，或者半边缘区域；中心国家也可能会变成半边缘国家，半边缘国家可能会变成边缘国家。② 所以，核心和边缘不是固定的，他们的形成和发展彼此相连，并在世界体系的形成过程中不断被调整，调整的情况则主要视资本积累的速度和程度。③

（四）边缘区域只能在世界体系内寻找发展路径

虽然和依附论一样，世界体系论也认为中心区域和边缘区域由于剥削和被剥削存在着不可调和的矛盾，但它却并不认为边缘区域可以脱离中心区域而单独获得自身的发展。在沃勒斯坦看来，资本主义已经构成一个完整的全球体系，各种形式的政治体制都成为这个全球体系的一部分。即便是处于边缘区域的社会主义国家，也必须遵循资本主义世界经济的运行规律，不可能摆脱世界资本主义体系，成为独立的体系。

这也就是说，边缘区域无论在哪个方面都不可能与一个互动的世界脱钩，它只能努力把整个世界作为分析单位，在世界体系的历史当中寻找发

---

① 伊曼纽尔·沃勒斯坦. 现代世界体系（第一卷）［M］. 罗荣渠，等译. 北京：高等教育出版社，1998：460.

② 伊曼纽尔·沃勒斯坦. 现代世界体系（第一卷）［M］. 罗荣渠，等译. 北京：高等教育出版社，1998：464.

③ 王正毅. 世界体系与国家兴衰［M］. 北京：北京大学出版社，2006：93.

展的路径。①

在沃勒斯坦这里，边缘国家可选择的道路只有两条：一是采取追赶型的方式，在资本主义世界体系的内部，由边缘逐渐上升为中心，但这样不仅不会削弱世界体系，反而会强化它；二是采取世界革命的方式，即"反体系运动"，全面否定世界资本主义体系，但它不是谋求某一个国家的转变，而是通过民族解放运动和社会主义运动，从整体上把资本主义世界体系变为社会主义世界体系。②

二、世界体系论对混合式学习共同体构建的启示

要构建混合式学习共同体，必须先分析线上加线下的混合式学习共同体究竟是怎样的一种学习关系网络结构。世界体系论作为一种宏观理论，其关注点虽然是各个国家和地区在全球资本主义经济体系中所占据的位置，以及彼此之间的经济、政治、文化等诸多关系，但其分析问题的框架模式对我们理解混合式学习共同体的结构以及建立结构假设不无裨益。

（一）混合式学习共同体是一个社会体系

如何看待学习共同体，存在不同的角度、不同的层面，这是各种学习共同体的定义都不足以互相说服、彼此纷争的原因。例如赵健认为，学习共同体实际上涉及三个层面的研究：一个微观层面的实习场研究，它聚焦于学习活动系统的设计和学习者对该系统的有效参与；一个是中观层面的实践共同体研究，它聚焦于共同体中的意义协商和身份建构的机制，以及其社会结构和文化特征；另一个是宏观层面的学习型社会研究，它聚焦于推进学习型社会的发展，和在这一过程中，整个社会文化及相关的观念、政策的取向为个体社会成员的学习成长提供和谐有力的环境支持。③ 在传统

---

① 张康之，张桐．"世界体系论"的"中心—边缘"概念考察［J］．中国人民大学学报，2015（2）：80-89.

② 程同顺．沃勒斯坦的世界体系论［J］．教学与研究，1999（6）：62-67.

③ 赵健．学习共同体——关于学习的社会文化分析［D］．上海：华东师范大学，2005：87-88.

条件下，上述的三个层面虽然存在关联，但彼此之间的关联是弱化的，相互影响是间断的，且极不稳定，很容易被隔断。[①] 伴随着网络社会的到来，各个层面的学习共同体更为紧密地联系在一起，实现了相互介入，因而，对混合式学习共同体的研究已经无法再完全限定在一个实体教学区域内。网络时代的混合式学习共同体已经成为一个整体，共同体成员在学习过程中很难不再受到教学场域以外相关组织与人员的影响。混合式学习共同体所具有的特征，也只有放在整体的社会体系中才能进行理解。

按照是否存在单一的权力体系为标准，我们也可以将学习共同体划分为传统型学习共同体和混合式学习共同体。[②] 传统型学习共同体主要是以权力或权威为纽带构建起来的，[③] 它有着相对单一的权力体系。在班级中，这个权力源自教师；在学校中，这个权力源自校长；在社会中，这个权力源自行政领导。要构建传统型学习共同体，权力的拥有者可以巧妙地运用手中的权力，将各个要素整合起来。但由于"人走茶凉"，构建出来的学习共同体并不太稳定。混合式学习共同体是一个以知识交互为主要纽带构建的社会体系，它在知识的获取和交流过程中生成权力（或权威）影响纽带和精神文化纽带，使之成为一个由知识交互、权力（或权威）影响、精神文化三个基本维度构成的复合体，其中知识交互是基本的、决定性因素，它比传统的单一的权力纽带能影响的范围更大，影响也更为深远。

（二）混合式学习共同体具有"中心—半中心—边缘—外围"的结构特征

沃勒斯坦的世界体系论将现代世界体系划分为"中心—半边缘—边缘"

---

① 例如一些学校采用全封闭式教学，通过严格的全天候管理监控，将外部世界对学校的影响降到最低。一些班级教室门口专门设有手机袋，要求所有学生进教室后立即上缴个人手机和所有电子通信工具。这些都是隔断外界关联的一种手段，不过其成效值得怀疑。

② 后面第三章我们将介绍，网络学习共同体由于难以构建成员之间的强关系，只能被视作是一种学习型组织或者学习型群体，而不能被视作为学习共同体。

③ 彼得·布劳（Peter M. Blau）等人曾论述过，传统型权威，特别是其初级形式，常常限于部落、村庄与城市这样的小单元。在这些环境中，秩序的维持常常依靠暴力。参见彼得·布劳，马歇尔·梅耶. 社会中的科层制 [M]. 马戎，等译. 上海：学林出版社，2001：69.

三个部分，是将依附论的"外围"进行了分割。在他看来，由于资本主义体系已经迈向全球化，外围区域已经不同程度地纳入这个世界体系中来。根据程度的不同，他对"外围"作了"半边缘区域"（可以说"半中心区域"）和"边缘区域"的划分。

　　"中心—半中心—边缘"的划分方式对教育学中的学习共同体理论产生了明显的影响。例如，加拿大多伦多大学安大略教育研究院、美国波士顿学院研究员卡特琳·比莱扎伊克（Katerine Bielaczyc）和美国西北大学、波士顿学院教育学研究教授阿兰·柯林斯（Allan Collins）在对课堂中的学习共同体进行研究时，就采用了"中心性—边缘性"的分析框架。他们提出，在学习共同体中，"中心角色"倾向于指那些达到或者超过基本水平的人，他们是那些对合作活动和共同体知识作出最直接贡献的人，但处于边缘角色的学生的贡献也是有价值的。在他们看来，中心性和边缘性是依赖于情境的，某些学生可能在某个时间段里有较多的东西贡献，所以学生的中心性会随着时间推移而变化。对所有共同体成员来说机会都是存在的，无论何种程度的参与都是可能的。[①] 日本教育学会所做的调查结果也表明，无论是教学的改进还是教师的成长，以教师自身的实践场——课堂为中心，形成了一种同心圆结构。[②]

　　在本研究中，我们认为学习共同体可以分为"中心区域""半中心区域""边缘区域""外围区域"。在四类区域中，"中心区域""半中心区域""边缘区域"同处于教学场域之内，而"外围区域"在教学场域之外。根据是否能对教学场域产生直接影响，"外围区域"又可以进一步细分为"影响区域"和"局外区域"。

　　"中心区域""半中心区域""边缘区域""外围区域"的划分是由不同的关系强弱所决定的。与传统型学习共同体主要是依靠职位或身份地位构

① 卡特琳·比莱扎伊克，阿兰·柯林斯. 课堂中的学习共同体：对教育实践的概念重建[M] //查尔斯·M. 赖格卢斯. 教学设计的理论与模型：教学理论的新范式（第2卷）. 裴新宁，等译. 北京：高等教育出版社，2011：335.

② 佐藤学. 学校的挑战：创建学习共同体 [M]. 钟启泉，译. 上海：华东师范大学出版社，2010：51.

建成员的交互模式不同，混合式学习共同体倾向于通过价值认同来构建成员的交互模式，之所以一些成员能够身处中心区域，缘于他们能够提供为学习共同体成员所认同的更高价值。

"中心—半中心区域""边缘—外围区域"共同构成宏观层面的学习共同体。即便是完全进入网络社会，在教学过程中，也不可能所有人都足以嵌入某个教学场域中来（虽然如果某个身处影响区域的个体愿意，他可以利用各种手段和途径，主动进入教学场域中，成为教学活动的边缘参与者），至于在教学场域内，所有成员也同样有活动分工，并据此扮演各种角色。在学习共同体中，人们所扮演的角色及受到共同体其他成员的尊重的程度决定了他们的身份认同，① 其分布也并非匀质的。

（三）混合式学习共同体处于不断发展变化之中

与现代世界体系类似，混合式学习共同体的结构也不是一成不变的，它始终处于不断发展变化之中。沃勒斯坦在世界体系论中提出的空间表现和时间表现可以同样运用于学习共同体中。但与世界体系论不同的地方在于，混合式学习共同体的范围大小并不是由通信技术的发展情况决定的，而是由情感和知识可以直接进行交互的范围所决定。例如，一个宇航员在外太空看到地球是圆的（这是知识），但除非该宇航员通过网络连线进入教学场域内，与学习者现场互动，展示地球的形状，否则学习者只能从课本或其他信息载体中获取"地球是圆的"的信息，该宇航员就身处学习共同体之外的局外区域。由于学习共同体内的每个个体获取知识的速率和进度不同，与其他成员合作的广度、频度和深度也不同，共同体内部的成员位置会有所调整。

和沃勒斯坦的现代世界体系一样，混合式学习共同体也有生命周期，在其生命周期中，一些成员的位置会发生变化。一些原来处于边缘区域的教学场域内未能融入的个体，即边缘成员，可能随着自己观念、情感、态度、行为、能力的改变，逐渐进入半中心区域甚至中心区域，成为边缘性

---

① 吉恩·莱夫，埃蒂安·温格. 情景学习：合法的边缘性参与 [M]. 王文静，译. 上海：华东师范大学出版社，2004：54－59.

学习参与者甚至积极的学习参与者，乃至建立以自己为核心的学习共同体。还有一些原来处于中心区域的学习积极分子也可能随着怠惰、懒散、放纵、冷淡和颓废，逐步滑落到半中心区域或边缘区域，成为边缘性学习参与者甚至边缘成员。

（四）混合式学习共同体的成员可在体系内寻找个人发展路径

在沃勒斯坦这里，现代世界体系的中心区域、半边缘区域和边缘区域彼此之间是剥削、压迫的关系，其内部充满了矛盾和斗争。更严重的是，身处边缘区域的国家和地区无法与这样一个互动的世界脱钩。但正如希尔弗（Beverly J. Silver）等人所批评的，从跨国阶级的角度看，资本各阶层的内部矛盾只是问题的一个方面，而另一个方面是，跨国资本的出现也加强了世界劳动人民的国际团结。①

很显然，混合式学习共同体内部的发展变化并不是主要通过矛盾和斗争的方式进行的。处于边缘区域的共同体成员可以借助共同体内其他成员和影响区域内的力量，努力提升自身的价值，通过积极参与共同体内的学习活动，与学习共同体内其他成员逐步构建起强关系，成为彼此的学伴，实现个人更好的发展。完美的混合式学习共同体应该是一个凭借情感而构建的，使原来处于边缘区域的成员不断向半中心区域、中心区域流动的，充满了向心力、聚合力、共同向前发展的组织。

第二节　奥尔森的集体行动理论

一、集体行动理论的基本要点

集体行动理论是美国著名经济学家和社会学家曼瑟尔·奥尔森（Mancur Olson）在《集体行动的逻辑》（*The Logic of Collective Action*）一书

---

① 贝弗里·J. 希尔弗. 劳工的力量：1870 年以来的工人运动与全球化 ［M］. 张璐，译. 北京：社会科学文献出版社，2009：224.

中提出来的。该书被视作公共选择理论的奠基性作品。在这本书中，奥尔森将传统理性人作为集体行动的逻辑假设，以集体行动的内在矛盾揭示利益集团的特质，在此基础上分析了政府权力对经济繁荣的影响情况。①

奥尔森的集体行动理论的基本要点主要包括以下几个部分：

（一）个体的自利不必然实现集体利益

奥尔森的集体行动理论是在批判传统集团理论的基础上确立起来的。传统的集团理论认为，人们之所以会成立集团，是因为个体可以通过它来实现其"共同利益"。但奥尔森却认为，对于一个大集团而言，即便是集团内部所有的成员意见都完全一致，集团也不会通过成员自发的理性行动组织起来，实现集团的共同目标。因为社会压力和社会激励只有在小集团中才起作用，这些小集团的规模不大，成员之间会有面对面的接触。②

在奥尔森看来，虽然个人可以被视作理性的，但一个集团能否在没有被强制或外界诱因的条件下为自己提供集体物品，却在很大程度上取决于集团内个体的数量。因为集团越大，集团中任何一个人就越不可能为集团利益作出贡献。③ 奥尔森论述道，大型集团或潜在集团一般都不会自愿采取行动来强化其共同利益，集团越大，个体成员就越不可能去增进它的共同利益，而小集团之所以能够做到为自己提供集体物品，可能仅仅是因为集体物品对个体成员产生了吸引。④

根据集团的开放程度，奥尔森专门区分出了"排外集团"和"相容集团"。他认为一个集团是排外的还是相容的，取决于集团寻求的目标的本质，而不是成员的性质。"排外集团"和"相容集团"内的个体之间的关系是完全不同的。集团规模越小，一个成员的行为就越容易影响其他成员，

---

① 沈荣华，何瑞文. 奥尔森的集体行动逻辑［J］. 黑龙江社会科学，2014（2）：49－53.

② 曼瑟尔·奥尔森. 集体行动的逻辑［M］. 陈郁，等译. 上海：上海人民出版社，1995：70－71.

③ 曼瑟尔·奥尔森. 集体行动的逻辑［M］. 陈郁，等译. 上海：上海人民出版社，1995：37.

④ 曼瑟尔·奥尔森. 集体行动的逻辑［M］. 陈郁，等译. 上海：上海人民出版社，1995：30.

所以排外集团希望其他成员越少越好，唯恐他们会把他赶出这一产业。而在相容集团中，个体不大会以拒不参加集体行动来获取更多收益。①

（二）个体是否参与集体行动取决于理性分析与选择

集体行动理论假设每个人都是理性的，他们会遵循"成本—利益"原则分析自己在行动中所能获得的纯收益，并由此作出选择。正是基于这一假设，奥尔森解释了大集团难以为共同利益采取集体行动的原因：尽管集团的全体成员都对获得共同利益有兴趣，但他们却并不希望更多地付出自己的个人成本。每个人都希望别人付出全部成本，因为在大集团中，不管他自己是否分担了必须付出的成本，他总能得到集团所提供的利益。② 由于这种"搭便车"现象（free-rider problem）的存在，在自愿参加的任何集团中，一旦成员对边际成本的分担超过了他们对边际收益的分享，在集团最优水平达到之前，他们就会停止寻求集体物品。③

集团越大，付出成本以增进集团公共利益的人获得的集团总收益的比例也就越小，有利于集团的行动所得到的报酬也就越少，而任何一个个体，或集团中成员的任何（绝对）小子集能获得的总收益份额越小，他们从集体物品中获得的收益就越不足以抵消他们为集体物品所支出的成本，所以，集团成员的数量越多，组织成本也就越高，在获得任何集体物品前需要跨越的障碍也就越大。④ 此外，由于在大集团中，每个成员都微不足道，他们的个人行为也不会产生什么决定性影响，因为不管怎么样，不服从者的行动都不大可能是具有决定性的。在大集团中，成员不可能彼此都认识，即使一个成员没有为集团利益作出什么牺牲，它的社会地位一般也不会受到

---

① 曼瑟尔·奥尔森. 集体行动的逻辑 ［M］. 陈郁，等译. 上海：上海人民出版社，1995：32 – 35.

② 曼瑟尔·奥尔森. 集体行动的逻辑 ［M］. 陈郁，等译. 上海：上海人民出版社，1995：18.

③ 曼瑟尔·奥尔森. 集体行动的逻辑 ［M］. 陈郁，等译. 上海：上海人民出版社，1995：26.

④ 曼瑟尔·奥尔森. 集体行动的逻辑 ［M］. 陈郁，等译. 上海：上海人民出版社，1995：40.

影响，所以他们也就越缺乏动力去采取行动。

至于小集团何以能够导致集体行动，奥尔森是这样解释的：集团规模小，成员之间的相互影响也就越大，因此个体间的关系相当重要。而日常的观察揭示出，大多数人都很看重他们和朋友、熟人之间的友谊，并且很看重自己的社会地位、个人声望和自尊。① 所以在小集团中，成员之间彼此熟知，关系也非常密切②，他们为集体利益的付出能够产生直接影响，在地位、声望、名誉等方面可以获得明显的回报。

综上可知，大集团集体行动的困难和小集团集体行动的高效都源于集团成员的理性分析，他们依照自身情境的不同，作出了完全不同的选择。

（三）大集团的集体行动要靠"选择性诱因"

集体行动理论并不认为大集团完全不具备集体行动的能力，只是在完全自然的情况下，大集团的集体行动难以发生而已。在奥尔森看来，大集团行动的实现只能通过有选择性地面对特定的个体进行激励，而不是像集体物品那样，对整个集团成员不加区别。奥尔森解释道，普通人并不大愿意为他喜欢的政党作出重大牺牲，因为他们的政党取得胜利所能提供的实际上是一种集体物品，但如果政党以公务员的形式对那些有个人政治抱负的成员提供特殊利益，情况就完全不一样了。这就是通过"选择性诱因"采取激励的办法，它的本质是对个人加以区别对待：不服从的个人受到排斥，而合作者则被邀请参加特权小集团。③

奥尔森将大集团称作"潜在"集团，它们有采取行动的潜在力量或能

---

① 曼瑟尔·奥尔森. 集体行动的逻辑 [M]. 陈郁，等译. 上海：上海人民出版社，1995：71.

② 约翰·詹姆斯曾通过观察行人、运动场上的人、购物者之间的 7405 次非正式互动以及各种工作场景中的 1458 人，发现在非正式互动和工作互动中，71％ 发生在 2 人之间，21％ 发生在 3 人之间，6％ 发生在 4 人之间，仅 2％ 发生在 5 人以上。可见人数越少，关系越密切，人们也倾向于在较小的圈子内发生互动。德国的齐美尔（Georg Simmel）对群体的量进行研究时也发现，秘密总是只能在高层等级中的每两个成员之间谈论。但是两人群体却是最不稳定的群体，任何一个成员的退出都会导致群体解散。

③ 曼瑟尔·奥尔森. 集体行动的逻辑 [M]. 陈郁，等译. 上海：上海人民出版社，1995：71.

力，而这一力量要展现出来，只有通过"选择性激励"才能实现。因为只有当集团很小，或者他们恰巧具有"选择性激励"的独立源头时，他们才会组织起来，或采取行动来实现其目标。①

因此，大集团的集体行动需要一个基本假设前提，那就是其成员对集体物品的兴趣程度很不平均，而且它所希望获得的集体物品与成本相比极具价值（在一定的供给水平上），那么相比其他拥有相同数量成员的集团，它们会更有可能为自己提供集体物品。②

综上所述，大集团如果要能够进行集体行动，就必须提供"选择性诱因"。因为集团越大就越需要协议和组织，子集中的人会和集团中的其他人一起讨价还价，直到成本被广泛分配。③ 这个时候，在大集团内通过诱因来组建相对较小的集团——"特权"集团和"中介"集团就很有必要，因为他们在行动上具有更大的有效性。④ 为此，奥尔森以工会为例作了分析，他说，未经组织的工厂不可能创建一个大工会，即使他们意识到了强制的必要性也是如此，因为他们必须首先组织起来，然后才能建立一个组织，以施行工会的政策。但是小工会则无须强制就可以出现，它可以决定为了保证生存并增加其势力，使会员制成为强制性的制度。这就是说，大工会的成立都是先建立了一个小工会，然后通过不断地开放，吸纳越来越多的人进来才构成的。而为了保证扩大后的工会具有集体行动的能力，原来的小工会成员必须作为骨干群体，也就是"特权"集团在大工会中存在，成员能够获得加入这个小的"特权"集团的机会，这就是"选择性诱因"。

---

① 曼瑟尔·奥尔森. 集体行动的逻辑［M］. 陈郁，等译. 上海：上海人民出版社，1995：192.

② 曼瑟尔·奥尔森. 集体行动的逻辑［M］. 陈郁，等译. 上海：上海人民出版社，1995：37.

③ 曼瑟尔·奥尔森. 集体行动的逻辑［M］. 陈郁，等译. 上海：上海人民出版社，1995：38.

④ 曼瑟尔·奥尔森. 集体行动的逻辑［M］. 陈郁，等译. 上海：上海人民出版社，1995：64.

二、集体行动理论对混合式学习共同体构建的启示

尽管集体行动理论招致了不少的批评，比如它将个体主义凌驾于一切之上，过于强调个人利益，而无视制度和文化的重要性。[①] 但作为一种影响巨大的理论体系，它为我们研究混合式学习共同体的构建提供了一种参照视角。

（一）个体学习行为并不必然导致混合式学习共同体的形成

过去我们在进行学习共同体相关研究时存在一个基本假设，那就是个体对学习行为普遍具有极高的意愿，且乐于从事合作性学习行动，因而构建学习共同体只需要组织管理人员（例如教师、校长等）耐心加以引导，即能成形。但事实上，个体的行为是多元化的，价值追求也各不相同，即便是群体中所有成员都有着强烈的学习意愿，也并不必然导致学习共同体的形成。这在网络时代体现得尤为明显，MOOC 课程的低通过率足以说明，如果成员众多，成员之间的差异过大，不能建立有效的学习合作关系，那么学习成效也会十分有限。[②]

由于"搭便车"行为的存在，群体成员数量越多，混合式学习共同体就越难以在自然条件下形成，个体的学习行为就越可能是单独发生的，或者是在规模很小的初级群体内发生。同理，初级群体是否具有开放性，也取决于群体的发展目标，而不是成员的个人性质。如果初级群体的发展必须与外界联系在一起，甚至息息相关，这个学习型群体更有可能是开放的，它会在开放中不断吸纳新成员加入，逐渐转变成为规模较大的学习型次级群体；而如果初级群体的发展可以做到与外界隔离，并且这种隔离有助于增强初级群体内成员之间的情感关系时，或者初级群体与外部参照群体处于恶性竞争过程中时，这个群体则更有可能是封闭的。封闭的初级群体可

---

① 杨光斌. 奥尔森集体行动理论的贡献与误区——一种新制度主义的解读 [J]. 教学与研究，2006（1）：64 –71.

② 姜蔺，韩锡斌，程建钢. MOOCs 学习者特征及学习效果分析研究 [J]. 中国电化教育，2013（11）：54 –59.

以自成体系，它可以被视作微观层面的学习共同体，其成员数量非常有限，活动聚焦于学习本身，并保持着高效的学习合作，① 但这种混合式学习共同体与外部成员只保持着较弱的联系。而在教学场域内，只有形成了开放式的学习初级群体，才有可能在此基础上形成规模更大、成员更多、关系更加复杂的混合式学习共同体。

（二）个体在何种程度上参与学习共同体取决于其理性分析

根据集体行动理论，我们也可以假设每一位学习者都是"理性人"，他们会根据"成本—利益"原则来分析在合作学习过程中的个人所付出的成本与得到的收益，并由此作出"积极参与"、"边缘参与"还是"冷眼旁观"的选择。这对于我们理解学习共同体的应该如何构建，以及为什么学习共同体的主体部分会划分出"中心区域""半中心区域""边缘区域"极为关键。

受现实条件的制约，我国教师常常必须面对大班额的课堂教学，为完成教学任务，教师不得不将重心偏向于集中讲授，忽视了学生的个体差异，更难以在学习上做到因材施教。② 这导致在教学场域中，合作学习难以发生，学习共同体始终无法形成。比如在对教师专业学习共同体的研究中，吴洪富、范春梅发现，之所以我国专业学习共同体对于教学发展所起的作用甚微，主要原因就在于，专业学习共同体规模过大，组织松散随意，成员普遍存在着搭便车心理，存在着竞争而非合作的心态。③ 所以，要实现真正的合作学习，必须构建起强关系的学习初级群体。

初级群体的成员数量非常有限，彼此之间存在着直接的、经常的、面

① 在霍桑实验中，研究者发现小集团成员资格不仅影响了成员的自发行为，还能影响工人的工作绩效，成员会遵循该小集团在车间范围内的非正式行为规范，工人们自发地产生这些规范，以监控他们自身的生产效率。转引自马汀·奇达夫，蔡文彬. 社会网络与组织［M］. 王凤彬，朱超威，等译. 北京：中国人民大学出版社，2007：51.

② 卜玉华. 我国课堂教学改革的现实基础、困局与突破路径［J］. 教育研究，2016（3）：110－118.

③ 吴洪富，范春梅. 重塑高校教师专业学习共同体，走出教学发展的集体行动困境［J］. 高教探索，2017（3）：113－117.

对面的互动，每个成员在群体都扮演着多重角色，成员之间的交往富有感情且难以替代，群体内的成员形成了强关系，其群体整合度较高，因而能够在步调上保持一致，采取合作学习的行动。由于初级群体成员之间具有深厚的情谊，其成员在合作学习中的积极参与，能够影响和带动其他成员进行配合，借此提升该成员在群体中的地位、声望、名誉和影响力，所以其合作学习行动是高效的。为此，要建立混合式学习共同体，必须建立强关系的学习初级群体，以此影响和带动群体中合作学习的产生。

（三）混合式学习共同体内部的成员关系必然是强弱有别的

传统的学习共同体理论认为，学习共同体内部成员在学习过程中是平等参与、交流对话、合作学习、共同发展的关系，故而倾向于将学习共同体成员在共同体中的地位视作是完全等同的、匀质分布的，他们之间不存在权威，也是平等互利的关系。① 但事实上，学习共同体的成员之间的平等是参与学习机会的平等，也就是共同体只保障佐藤学所言的"学习权"，它不等于没有核心重要成员，每个成员在学习共同体中所发挥作用也是均等的。

典型的社会网络的核心特点在于它有"小世界"特征，我国国情更是决定了绝大多数教学场域内的学习者人数众多，这导致了大面积的合作学习行为难以自发产生。要真正在教学场域内实现合作学习的集体行动，必须考虑建立分层的小规模团体与监督制度，采用多样性的选择激励方法，创新学习共同体的组织方式，这也就是实施"选择性激励"。② 通过在教学场域内构建"特权"集团和"中介"集团，组建在合作学习行动方面更为高效的小群体——初级群体，实现教学场域内普遍的合作学习行为。奥尔森所称的这个大集团内建立的"特权"集团和"中介"集团就是教学场域内谈及的"中心区域"和"半中心区域"。

---

① 刘燕飞. 组织行为学视角下合作学习共同体研究［D］. 济南：山东师范大学，2016：69.
② 吴洪富，范春梅. 重塑高校教师专业学习共同体，走出教学发展的集体行动困境［J］. 高教探索，2017（3）：113－117.

在学习共同体中，"中心区域"是最为关键的区域。因为这个区域是开放的还是封闭的，成员之间的关系是竞争的还是合作的，教育者在其中是否发挥了作用，发挥了怎样的作用，这些将决定学习共同体是否能够形成，以及未来发展的整体走向。作为教育者的教师，必须有意识地在教学场域内与一些学习者构建强关系，只有通过发展强关系，才可以有力地进行学习上的引导（缺乏教师的有力引导，学习行为通常难以发生，或者是低效的①），并帮助中心区域的成员在半中心区域发挥合作学习的引领和示范作用，形成"以点带面"的格局，构建起学习共同体。所以，混合式学习共同体内部的各成员之间的关系必然会有强弱上的差别，要保障成员众多的教学场域内的合作学习能够发生，成员之间的关系不会、也不可能是完全等同的。

第三节　柯林斯的互动仪式链理论

一、互动仪式链理论的基本要点

互动仪式链理论是著名社会学家、美国宾夕法尼亚大学社会学教授兰德尔·柯林斯（Randall Collins）在其名著《互动仪式链》（*Interaction ritual chains*）一书中提出来的。柯林斯在古典社会学家涂尔干和戈夫曼等人的仪式理论的基础上，综合了符号互动论、拟剧理论、常人方法论、社会建构论和情感社会学以及有关的社会心理学理论，构建了互动仪式市场模型与理性行为的目标，采用"情感能量"来联系个人行动与社会团结，将微观社会学与宏观社会学结合在一起。

---

① 参见保罗·基尔希纳，约翰·斯维勒，理查德·克拉克. 为什么"少教不教"不管用——建构教学、发现教学、问题教学、体验教学与探究教学失败析因 [J]. 钟丽佳，盛群力，译. 开放教育研究，2015，21（2）：16－29.

柯林斯的互动仪式链理论的基本观点主要包括以下几个部分：

（一）情境结构是微观社会学的研究对象

互动仪式和互动仪式链理论首先是关于情境的理论。柯林斯认为社会学的研究对象包括从微观到宏观的一切社会现象，其中微观现象是基础，它的研究对象是情境结构及其动力学。由于人们的一切互动都发生在特定的情境之中，在这种情境内，人们之间的互动仪式就成了一切社会学研究的基点。个体既拥有以往互动情境的积淀，又是每一新情境的组成部分，它成了一种成分，而不是决定要素，因为情境是一种自然形成的产物。① 柯林斯所说的微观情境并不是指单个的人，而是由个人交互所形成的社会关联网络，考虑到每一个人都生活于局部环境中，我们关于世界的一切看法和所积累的一切素材都来自这种情境，人类社会的全部历史就都是由情境所构成的。②

换言之，社会是个体在情境中的互动所构成，个体通过不断延伸和拓展的互动仪式链构成了整个宏观社会，它是在时间上经由具体情境中的个人与个人的不断接触而伸展出来的。当人们通过越来越多的互动，构成越来越大的社会关系网络时，社会空间也就会越来越大，最终就形成了宏观社会。而各类宏观的社会现象都可以被看作由一层层的微观情境所构成，互动仪式链就是社会结构的基础。柯林斯论述道，集体行动是互为主体性形成的标志，因为集体的关注能够提高共有情感表达，而共有情感又会进一步增强集体行动和互为主体性的感受。③ 所以，互动仪式链理论关注的由不同群体实际形成的情感团结，社会结构可以被看作接近于一种互动情境链，它是根据每个人的情感能量，并加以分层的一种持续进行的过程。④

（二）只有亲身参与仪式才能构建群体团结

构建群体团结需要情感能量，它只能通过个体亲身参与仪式才能获得，

---

① 兰德尔·柯林斯. 互动仪式链 [M]. 林聚任，等译. 北京：商务印书馆，2012：20－22.

② 林聚任. 译者前言 [M] //兰德尔·柯林斯. 互动仪式链. 林聚任，等译. 北京：商务印书馆，2012：Ⅲ－Ⅳ.

③ 兰德尔·柯林斯. 互动仪式链 [M]. 林聚任，等译. 北京：商务印书馆，2012：62－63.

④ 兰德尔·柯林斯. 互动仪式链 [M]. 林聚任，等译. 北京：商务印书馆，2012：3.

情境对他们有无吸引力，就取决于互动仪式是否能够成功地提供情感能量。① 这样的互动仪式的核心是一个过程，只有那些发展出共同关注的焦点，彼此感应到对方身体的微观节奏与情感的仪式才是成功的、能产生情感能量的互动仪式。它有四种主要的组成要素或起始条件：有两个或两个以上的人聚集在同一场所，并且能够通过身体在场而相互影响；场所对局外人设定了界限，参与者知道谁参加，谁被排除在外；人们的注意力集中在共同对象或活动上，并通过相互传达知道了关注的焦点；人们能分享共同的情绪或者情感体验。这些要素彼此反馈，其中第三项和第四项还相互强化。②

成功的互动仪式会产生四种主要的结果：一是构建群体团结，生成一种拥有成员身份的感觉；二是产生个体情感能量，有一种采取行动时拥有自信、兴高采烈、充满力量、满腔热忱、主动进取的感觉；三是形成代表群体的符号，即涂尔干所说的"神圣物"标志或其他代表物（形象化图标、文字、姿势）；四是营造道德感，尊重群体符号，防止受到违背者的侵害。③但如果互动仪式不成功，就会产生"失败的仪式""空洞的仪式""强迫的仪式"，它们消耗而不是创造情感能量。多次参加强迫性仪式会使个体产生厌烦，甚至形成一种不爱交际的个性。④

虽然并不是所有的仪式都能构建群体团结，但柯林斯认为，只有亲身参与仪式才能进行成功的会话。因为成功的会话是一个有节奏的连续过程，会话者之间的话语交替具有最小的时间间隔，且彼此话语有最低程度的重叠。他还发现，决定一个会话际遇的主要因素有三个：一是每个人的文化/符号资源和情感资源的不平等程度；二是社会密度的大小；三是人们进行互动时可选择对象的数量。柯林斯特别强调，虽然现代社会拥有了远距离的交流方式，但亲身参与仪式仍是重要的，因为没有亲身到场，就难以表

① 兰德尔·柯林斯. 互动仪式链［M］. 林聚任，等译. 北京：商务印书馆，2012：74.
② 兰德尔·柯林斯. 互动仪式链［M］. 林聚任，等译. 北京：商务印书馆，2012：78 - 79.
③ 兰德尔·柯林斯. 互动仪式链［M］. 林聚任，等译. 北京：商务印书馆，2012：79.
④ 兰德尔·柯林斯. 互动仪式链［M］. 林聚任，等译. 北京：商务印书馆，2012：84 - 86.

示对群体的参与，也难以确定一个人的群体成员身份，参与者也不能体验到全部的情感投入。① 因为人类越是通过远程媒介、以强度较低的互动仪式来开展互动，人们就越是会觉得缺少团结感，也就越是缺乏对共同符号的尊重。而人类最强烈的快乐则源于全身心地投入同步进行的社会互动中。②

（三）互动仪式市场存在着竞争、成本和选择

在柯林斯看来，虽然人类是"感情的俘虏"，但人们对于情感却是理性的，他们必须持续不断地在互动中寻求平衡，才会产生积极的情感能量。③ 通过"情感能量"和成员身份符号资本的交换，互动仪式将呈现市场化特征：每个人通过其所拥有的际遇机会与资源、地位的交换来吸引对方加入互动仪式，而在非物质的、情感的以及符号的行为中也是根据成本收益的最大化原则进行互动的。

柯林斯提出，互动仪式市场主要存在两类交换：情感能量交换和符号/文化资本交换。情感能量是长期稳定的情感体验的集聚和累积，它是在人们的长期的互动活动中永续流转、传承和联结的，具有长期稳定性。情感能量是互动仪式中重要的驱动力，它在群体成员间的传递，不仅强化成员间身份认同，更是凝聚群体成员的巨大力量。互动仪式能够促成将短期的情感转化成稳定连续的情感，因而人们乐于通过参与仪式获得更多的情感能量。此外，互动仪式市场中还存在符号/文化资本的交换，它是群体在互动仪式中集中关注的项目。因为所有的文化项目都位于符号唤起的连续统中，承载着从高到低不同程度的成员身份意义，拥有丰富的成员身份符号更有利于促进后续的互动仪式。④ 文化/符号资本由以往交谈记忆、语言风格、知识专长、决策特权以及接受荣誉的权利等组成，它之所以能够用于交换，源于人们倾向于获得当前可以得到的、强度最高的互动仪式的互动；

---

① 兰德尔·柯林斯. 互动仪式链［M］. 林聚任，等译. 北京：商务印书馆，2012：88.
② 兰德尔·柯林斯. 互动仪式链［M］. 林聚任，等译. 北京：商务印书馆，2012：98－103.
③ 林聚任. 译者前言［M］//兰德尔·柯林斯. 互动仪式链. 林聚任，等译. 北京：商务印书馆，2012：Ⅶ.
④ 兰德尔·柯林斯. 互动仪式链［M］. 林聚任，等译. 北京：商务印书馆，2012：214.

即获得相对于其当前资本而言，最高的情感能量回报。① 找到与自己符号资本相近或平等的对象进行互动，更能让人获得舒适愉悦的互动情境与情感满足。

二、互动仪式链理论对混合式学习共同体构建的启示

互动仪式链理论被认为是西方社会学理论新发展的重要成果。其关注的重点在情境，而不是认知建构，也不是通过灌输意识，使共享的情感和主体间的关注洗刷个体的过程，主张用仪式创造文化符号，从微观具体层面解释社会结构如何形成、变迁的问题，② 揭示了混合式学习共同体结构的形成原理，具有较大的启示意义。

（一）创设情境是构建混合式学习共同体的首要问题

互动仪式链理论在教育领域产生的重要影响之一，就是它使教育界关注到现实身边的情境对学习的影响是至关重要的。苌庆辉曾经以大学德育工作为例，阐述了互动仪式链理论对德育工作的启示。他说，国家核心价值观念的构建、学校精神的传承等都必须要落实到学生与学生之间、学生与教师之间的互动中来。只有学生接受了价值观念，并带着这种价值观在社会互动中不断扩大自己的互动仪式链，它才能够被更大的"圈子"所认同和接受，成为人们自觉遵守的习惯和常规，最终形成社会风气。③

互动仪式链理论提示我们，无论是宏观层面的学习共同体，还是中观层面的学习共同体，都是以微观层面的学习共同体作为基础的。要研究混合式学习共同体的构建，就必须首先研究教学场域内初级群体的构建过程，特别是在教学情境中成员之间的学习交流互动模式，这是研究混合式学习共同体的重要基点。我们必须注意到，在成员的交流互动过程中，每一个

---

① 林聚任．译者前言［M］//兰德尔·柯林斯．互动仪式链．林聚任，等译．北京：商务印书馆，2012：IX.

② 林聚任．译者前言［M］//兰德尔·柯林斯．互动仪式链．林聚任，等译．北京：商务印书馆，2012：XII.

③ 苌庆辉．德育互动的重构：互动仪式链理论对大学德育的启示［J］．现代教育科学，2011（4）：5 – 7.

个体既拥有以往互动情境的积淀，又是每一新情境的组成部分，并在互动过程中联结成为新的学习关系网络体系。因而，以互动仪式链理论的视角来看学习共同体，它就是一个在教学场域内成员关系不断动态生成，在共同构建、共同分享中获得共同生长的学习关系网络体系。至于中观层面和宏观层面的学习共同体，都可以被视作一层层不断拓展的微观情境所构成，来自局部际遇所形成的链条——互动仪式链是构建更广大层面的学习共同体的基础。这样，我们就可以立足于微观的教学情境来分析教学场域内的初级群体是如何在互动中构建起来的，特别是成员之间的共有情感何以产生，又何以增强集体活动和互为主体性的感受，依此增强成员的情感能量，促进群体的情感团结。

（二）鼓励参与以促成混合式学习共同体的内部团结

要从群体中获取情感能量，个体必须参与群体内的互动，并在互动过程中获得其个人的身份认同。魏戈、陈向明在对全国 7 个省（市）的实习教师进行实证分析中发现，实习教师对其身份的认同与指导教师的互动有着显著的相关性，[①] 验证了互动仪式链理论在解释社会互动与身份认同方面的有效性。因而，鼓励参与学习交流互动就成为构建混合式学习共同体的基础条件。

按照柯林斯的逻辑表述，要在教学场域内形成互动仪式，就必须满足四个基本条件：一是个体必须能够在教学场域内聚集，做到身体在场且产生教学交互作用；二是教学场域内外的界限必须非常清晰；三是所有个体的关注点必须聚合在一起；四是人们能够分享自己的情绪或者情感体验。

柯林斯对"身体必须在场"的强调，实际上等于将纯粹的网络学习共同体排斥在外，因为缺乏面对面的交流互动的群体难以构建深层次的互动关系，它只会被视作一种成员关系松散的群体，而非成员关系联系紧密的共同体。

---

① 魏戈，陈向明. 社会互动与身份认同——基于全国 7 个省（市）实习教师的实证研究 [J]. 教育学报，2015（8）：55 – 66.

此外，要形成成功的互动仪式也是不容易的，一旦对话交流不成功，参与者的情感投入不够，就会变成"失败的仪式"，或者是仪式缺乏目标，组织混乱，成员草草敷衍，都无法实现群体内部的团结。而这个时候，如果教学场域内的组织管理者（比如教师）强迫教学场域内的所有个体必须参与仪式，使其变成"强迫的仪式"，它甚至可能会消耗情感能量，让个体产生逆反心理，不但无法促成团结，还会造成矛盾和冲突。

要鼓励个体参与教学场域内的学习互动，教学场域内的组织管理者（比如教师）需要有意识地寻找或创设所有成员的关注焦点[①]，并创造尽可能多的会话际遇，甚至主动充当成员之间会话的中介，帮助个体构建群体中的身份。由于线上加线下的混合式学习共同体能够结合线上远距离交流和线下面对面交流的长处，在创造会话际遇方面具有长时段、多样化、综合性的优势，从而可以更有效地促成共同体内成员之间的积极参与和团结合作，使学习共同体能够更快形成。这即是混合式教学法何以能够获得最佳学习效果的主要原因。

（三）参与混合式学习共同体的程度取决于自主选择

如果我们将教学场域视作一个互动仪式市场的话，根据柯林斯的互动仪式链理论，每一个个体都会根据自己所拥有的际遇机会与资源和地位，按照成本收益最大化原则，试图与他人发生交换行为。交换的内容是情感能量和符号资本。

情感能量是在长期积极的共同教学交流实践中逐渐凝聚起来的，故而在教学场域内表现积极、乐于参与互动实践的学生会拥有更多的情感能量，也就拥有了更多可以用于交换的资源。它可以成功地解释张洪波等人的研究结果，即学习共同体的构建与班级形成的"社会网络"关系状况有关，学习者之所以在选择学习同伴时，更多考虑"人际交往能力""个人品质"

---

① 在绪论讲述的故事中，罗恩老师以轻松的话题开始每天的授课，这种教学方法就是在主动寻找或创设所有成员关注焦点。

"个人影响力"等因素，而较少考虑"学习成绩"等因素，① 其主要原因就在于前者具有更多的情感能量。

与情感能量交换的是符号资本。在初始群体内，教学场域内的学习者均无可以用于交换的符号资本，当作为成员的身份地位确定以后，通过赋予某些个体以更高的身份、地位和名望，他们可以来交换情感能量。而那些被赋予更高身份、地位和名望的个体则成为混合式学习共同体中的重要成员，他们要么处于"中心"区域，要么是"半中心"区域中的核心成员。

情感能量与符号资本的频繁交换，能加深成员之间的联结，并最终形成学习共同体。但不是所有的教学场域内的个体都会参与交换，由于在多大程度上参与仪式取决于个体的理性选择，如果出现"失败的仪式"或"空洞的仪式"这种情况，许多个体都可能会选择游离于互动仪式之外，成为"边缘"区域的边缘性学习参与者，对互动仪式保持着较低的参与度。要构建混合式学习共同体，教学场域内的组织管理者（比如教师）就不能采用强迫的方式，将这些边缘性学习参与者拽入互动仪式市场，那样就会出现"强迫性的仪式"，反而削弱了对方的情感能量。可行的方式有两种：一种是教师放低姿态，通过鼓励使边缘性学习参与者置于聚光灯下，努力创造以符号资本换取对方的情感能量；另一种是准确地判定这些边缘性参与者的关注焦点，吸引他们与其他成员频繁交流互动，从而获得和积累更多的情感能量。

由于是否参与混合式学习共同体取决于个体的自主选择，交换并不是必然发生的，一些个体可能身处教学场域内，但无论组织者采用何种方式，也无法动员其参与学习交流，因而学习共同体并不会因为有一位优秀的教师就必然发生。

---

① 张红波，徐福荫. 基于社会网络视角的学习共同体构建与相关因素分析 ［J］. 电化教育研究，2016，282（10）：70-76.

第四节　吉登斯的结构化理论

一、结构化理论的基本要点

结构化理论是英国著名社会学家、伦敦经济学院前院长、剑桥大学社会学教授、当代西方社会理论界最重要的思想家之一的安东尼·吉登斯（Anthony Giddens）在其名著《社会的构成：结构化理论大纲》（*The Constitution of Society：Outline of the Theory of Structuration*）一书中提出来的。结构化理论试图克服传统的客观主义与主观主义、整体论与个体论、宏观与微观、决定论与唯意志论之间的二元对立，采用结构二重性来说明个人与社会之间的互动关系和结构化特点。

吉登斯的结构化理论的基本要点主要包括以下几个部分：

（一）社会结构具有"二重性"特征

结构化理论认为，以社会行动的生产和再生产为根基的规则和资源同时也是系统再生产的媒介，吉登斯称之为"结构二重性"。[①] 吉登斯认为，社会结构并非一个维度，它既是社会实践建构的结果，又是社会实践进行的条件与中介；它并非静态的实体，而应该被看作动态的"结构化"过程；它并不具备实体性特征，只是借助人类实践，展现出"结构性"特征而已。结构是存在于时空之外的，通过人的反复行动在时空里呈现出来，行动者在利用结构的特质时，改变或再生产了这个结构。[②] 在行动者的行动过程中，结构（规则和资源）不断被纳入，通过循环往复的实践不断被重构，

---

① 安东尼·吉登斯. 社会的构成：结构化理论大纲 [M]. 李康，李猛，译. 北京：生活·读书·新知三联书店，1998：81−82.

② 黄娟. 吉登斯社会理论体系及其内在逻辑 [J]. 南京政治学院学报，2008，142（6）：31−34.

而行动者在行动过程中也会利用社会情境中所包含的规则和资源，使行动成为可能。①

在行动中，结构的影响是通过行动的反思性监控进行的。这是日常行动的惯有特性，它不仅涉及个体自身的行为，还涉及他人的行为。行动者不仅始终监控着自己的活动流，还期望他人也如此监控着自身。② 因此，组织结构必须通过个人的身体在场聚集才能不断再生。聚集意味着可以通过共同在场，完成对行为共同的反思性监控，亲密无间、协调一致的情境特征对这种监控过程起到了决定性的作用。③

结构化的过程其实也是在社会互动中个体的社会关系形成并重塑的过程。吉登斯提出，考察社会关系要同时考虑到横向的组合向度和纵向的聚合向度。前者是社会关系在时空里的模式化，它包含了处于具体情境中的实践再生产，后者是指不断重复体现在这种再生产中的某种"结构化方式"的虚拟秩序。④ 吉登斯认为，所有社会互动都是情境定位的互动，也就是说互动发生在具体时空情境中。我们可以把它理解为断断续续但例行发生的日常接触，会逐渐消逝在时空中，又能在不同的时空领域持续不断地重构。

（二）结构与行动相互联系，彼此依赖，长期共存

通过"结构二重性"的概念，吉登斯揭示了微观的个人行动框架与宏观的社会结构框架之间的互构机制，确立了一种实践视野上的反思方法，从而消解了传统理论中的二元对立，回归到中介和统一。⑤

吉登斯强调，结构是在个人的实践活动中被不断塑造出来的，再复杂

---

① 黄旭东，田启波. 结构化理论：吉登斯现代社会变迁思想的理论基础 ［J］. 兰州学刊，2009（6）：114 – 116.

② 安东尼·吉登斯. 社会的构成：结构化理论大纲 ［M］. 李康，李猛，译. 北京：生活·读书·新知三联书店，1998：65.

③ 安东尼·吉登斯. 社会的构成：结构化理论大纲 ［M］. 李康，李猛，译. 北京：生活·读书·新知三联书店，1998：146.

④ 安东尼·吉登斯. 社会的构成：结构化理论大纲 ［M］. 李康，李猛，译. 北京：生活·读书·新知三联书店，1998：79.

⑤ 王远. 论吉登斯结构化理论建构的创新综合模式 ［J］. 社会科学战线，2012（5）：255 – 257.

的社会组织形式，也是由日常生活中的例行常规所构成。个体是在具体的互动情境下，与那些共同在场的其他人进行日常接触。由于制度形式的固定性不能脱离或外在于日常生活的接触而独自存在，它本身其实是蕴含于日常接触之中的，而日常接触中所具有的转瞬即逝的特性正充分体现了日常生活延续的时间性和所有结构化过程的偶然性。[1] 与此同时，日常生活中又蕴含着某种本体性安全，它体现为在可以预见的例行活动中，行动者在控制自己身体方面具有某种自主性。[2] 由于身体在行动流中的活动直接关系到本体性安全或"信任"，行动者在沿着日常生活路径前进的同时，会保持着人格的连续性，而社会制度却只有在它的持续再生产中才能体现出自己的本质。[3] 因此，结构与行动是相互紧密联系着的，他们彼此依赖，长期共存。

（三）结构既具有使动性又具有制约性

在吉登斯看来，结构与行动是相互紧密联系着的，结构是个体行动的结果，同时又影响和塑造着个体行动。吉登斯认定，社会系统兼具使动性和制约性两个结构性特征，社会科学中不存在独特的"结构性解释"这样的实体，所有的说明都至少会牵涉到行动者运用理性的、有目的的行为，而这种行为与行动者所身处的社会情境和物质情境的制约性、使动性特征相互关联。

把社会跨越时空的延伸与"封闭"作为问题来研究，这是结构化理论的一项主要特征。跨越时空的制度"延展"中的再生产循环，指的是反馈到其来源的过程所具有的，极其清晰的确定"轨迹"，不管这种反馈是否受到行动者的反思性监控。约束的制约性是在某一特定的情境或情境类型下，

---

① 安东尼·吉登斯. 社会的构成：结构化理论大纲［M］. 李康，李猛，译. 北京：生活·读书·新知三联书店，1998：144.

② 安东尼·吉登斯. 社会的构成：结构化理论大纲［M］. 李康，李猛，译. 北京：生活·读书·新知三联书店，1998：120.

③ 安东尼·吉登斯. 社会的构成：结构化理论大纲［M］. 李康，李猛，译. 北京：生活·读书·新知三联书店，1998：133－140.

对一个或者一群行动者的选择余地有所限制。① 由于社会整合必定与同一在场情境中的互动有关，该情境总是承载着互动的主要情境。② 为此，情境"封闭"就产生了差异性的结构。吉登斯强调，如果说世界经济体系具有自身的中心，城市也具有自身的中心，那么个体行动者的日常生活轨迹也同样具有中心。中心与边缘的区别常常会与时间上的持久性联系在一起。已经确立自身地位的人或局内人可以采取各种不同形式的社会封闭手段，借以保持他们与其他人之间的距离，而其他人则被看作低下的人或局外人。

能够进入共同情境的个体，必然要受到相应的约束和制约，但这种约束和制约又促成了使动性。吉登斯特别举例说明，无论是哪种语言，都预先假定了一系列受框架和规则支配的特征，约束着思维以及行动，而语言的学习过程又对认知和活动构成特定的限制。也正因为如此，语言学习的过程大大扩展了个体的认知能力和实践能力。所以，结构对处于结构中的个体的作用包含两个方面：一方面，它使成员的能力扩大了，由于掌握了更多的组织资源，成员在行动中具有更大的自由度；而另一方面，它又约束着成员必须得按照相应的组织内部规则行事。

二、结构化理论对混合式学习共同体构建的启示

从吉登斯的结构化理论出发，我们可以认为，个体、群体和关系是互为主体、相互建构的，其中的关系具有"关系性"特征，它表示事物是由不同的节点（包括个人、集体、社会结构、制度、文化、意识形态等）的联系而构成，所以，理解社会现象的产生就不得不关注一种动态过程，即节点之间的互动关系。③ 这对于我们探讨和分析混合式学习共同体的结构特点非常有帮助。

---

① 安东尼·吉登斯. 社会的构成：结构化理论大纲 [M]. 李康，李猛，译. 北京：生活·读书·新知三联书店，1998：280-298.

② 安东尼·吉登斯. 社会的构成：结构化理论大纲 [M]. 李康，李猛，译. 北京：生活·读书·新知三联书店，1998：238-239.

③ 曾国权. "关系"动态过程理论框架的建构 [J]. 社会，2011，31（4）：96-115.

（一）混合式学习共同体是一个不断被重构的关系体系

基于吉登斯的结构化理论，我们可以认为，混合式学习共同体的结构具有"二重性"特征：一方面，它是全体成员在实践过程中建构出来的；另一方面，它又是成员在构建实践进行的条件和中介。混合式学习共同体并非一个物质实体，之所以它能够为我们所感知，源于成员在长期的学习交互中反复呈现出来的学习行动实践，正是在每一位成员的实践行动过程中，成员关系不断得以巩固、强化和发展。

混合式学习共同体的建构是在成员在场的条件下发生的，在共同的教学场域内，成员的学习行动具有"反思性监控"的特征：个体成员既在学习行动中不断监控着自己的学习活动流，同时也在其他在场成员的监控下控制着自己的学习活动流，任何偏离"惯习"的行为都会被注意，并可能产生两方面的影响：一是在监控下，偏离行为得以及时调整，延续过去的混合式学习共同体内的成员关系结构；二是偏离行为持续，并形成新的"惯习"，从而改变混合式学习共同体内的成员关系结构。正是在反思性监控中，混合式学习共同体延续着成员之间的学习交流互动，并不断巩固、强化和发展成员之间的社会关系，使混合式学习共同体持续被重塑。

（二）混合式学习共同体中的结构与成员是相互建构的

从吉登斯结构化理论的角度来分析混合式学习共同体，我们同样可以认为，混合式学习共同体作为一种社会组织，其结构也是由日常生活中的例行常规构成的，是成员在日常的学习活动中、在共同的教学场域内，与共同在场者进行日常的学习交流互动过程中共同构建的。因而，混合式学习共同体的结构与其成员不仅是密不可分，其本身也是成员共同建构的结果，缺乏成员的学习交流互动的建构行动，混合式学习共同体将无以产生。

与之同时，混合式学习共同体成员的学习交流互动行为也被其结构所影响。因为所有的学习交流互动行为都不可能是在"真空"中发生的，它必须建立在过去的行为模式（也可以称为"惯习"）之上。这种行为模式是在过去的建构中产生，并形成经验加以固化，成员在学习交流互动过程中将其延续下来，在关系构建中得以再现的。所以，没有原来的结构，也就不存在个体之间彼此的关系，只有形成了混合式学习共同体，才会有混合式学习共同体的成员，否则，即便我们组建了班级或学习小组，那也不过只是单独的个体在同一时空的聚集而已，这种情况正是前面定义的"初始群体"。

（三）混合式学习共同体结构既制约又促进着成员发展

从吉登斯运用结构化理论对结构进行分析的过程，我们能够推导出下述结论：混合式学习共同体的结构在其成员的学习过程中起着类似于"学习支架"的作用。一方面，学习支架的选择范围不可能是无限的，它制约了学习者可以达到的高度，学习者只能在一定范围内选择学习支架，只能按照其规律和特点使用学习支架；另一方面，学习支架提升了学习者的能力，正是在学习支架的辅助下，学习者的最近发展区不断向上延伸和拓展，实现了成员的发展。

由于共同在场的情境要承载互动的主要情境，深度学习往往发生在最近发展区内具有高度重叠的学习者群体中，在初始群体内那些最近发展区与其他学生重叠面较小或者无重叠的学习者就会从心理上被排除在情境之外，成为虽然身体在场，却形同"局外人"般行动自由的边缘性学习参与者。而如果要构建教学场域内的混合式学习共同体，需要处于中心区域或者半中心区域的成员保持开放，以共同在场为契机，影响这些边缘性学习参与者参与共同协调一致的学习行动，一起建构共同的学习最近发展区，将之纳入共同体结构中，实现共同发展。尽管也有人认为，例如戴维·乔纳森（David H. Jonassen）等人提出，学习共同体的概念是个理想，没有人完全实现过它。[①] 但事物总在运行，学习共同体从来也不是静态不变的，保持开放、兼容的共同体结构，使更多的人在团结合作中获得共同发展，这正是我们构建学习共同体的目标。

---

① 戴维·乔纳森，简·豪兰，乔伊·摩尔，等. 学会用技术解决问题——一个建构主义的视角［M］. 任友群，等译. 2版. 北京：教育科学出版社，2007：138.

第二章
基于网络空间的混合式学习共同体的概念内涵

第一节 基于网络空间的混合式学习共同体的概念阐释

一、共同体

（一）共同体的本质

"共同体"这个概念是德国著名社会学家斐迪南·滕尼斯（Ferdinand Tonnies）在其所著的《共同体与社会：纯粹社会学的基本概念》一书中最先提出来的。在这本书中，滕尼斯将"共同体"描述为建立在情绪或感情基础之上的人群组合，它有三种类型：血缘共同体、地缘共同体和精神共同体。血缘共同体是依据血缘关系构建起来的，它作为行为的统一休，伴随着居住区域的扩大，逐渐发展和分离为地缘共同体。地缘共同体的直接表现是人们居住在一起，共享生活中的方方面面，在彼此生活的深度嵌入下，成员有着相同或相似的价值观和行为模式，能够对外采取一致的社会行动，而在相同的方向上和相同的意向上纯粹的相互作用和支配的地缘共同体又可以发展为精神共同体。精神共同体是在友谊的基础上构建起来的，它在同从前的各种共同体的结合之中，可以被理解为真正的人的和最高形式的共同体。①

在滕尼斯之后，"共同体"渐渐成了一个热门词汇，小到家庭、邻里，大到国家、民族乃至全世界，都常常被冠以"共同体"的名称，以至于埃里克·霍布斯鲍姆（Eric Hobsbawm）说，"共同体"一词不会比最近几十年来更为不加区别地、空泛地得到使用了。② 潘洪建在谈到学习共同体时，也专门提出学习共同体有多种类型、层次和范围，既有小组层次的，也有班级、年级层面的，还有学校、学区层面的，甚至还包括虚拟的网络学习共同体。但这些所谓的"学习共同体"，是否都可以被称作"学习共同体"，其实是值得商榷的。因为究竟什么才是"学习共同体"，一直以来都没有一个特定的界说。③

有些人如涂尔干会认为滕尼斯的共同体应该类似于他在《社会分工论》中谈到的"机械团结的社会"形态；但有意思的是，滕尼斯本人在《共同体与社会》一书中将"共同体"理解为一种生机勃勃的有机体，而认为"社会"应该被理解为一种机械的聚合和人工制品。④

此外，也有人认为"共同体"有实体和虚拟之分。譬如按照本尼迪克特·安德森（Benedict Anderson）的说法，所有比面对面接触的原始村落更大的一切共同体都是想象的，区别只在于他们被想象的方式。我们之所以能够有这种想象，缘于交流工具（印刷术）、普及教育和内政构造等方面的强制推行，使文化趋于同质化。安德森还特别举例说明：每一位参与享受圣餐者都非常清楚地知道他所奉行的这套仪式同时也在被数以千计（或数以百万计）他完全不认识的其他人履行着。印刷制品的普及使越来越多的人用深刻的新方式对他们自身进行思考，并将其与他人联系起来。⑤ 换句话

---

① 斐迪南·滕尼斯. 共同体与社会：纯粹社会学的基本概念［M］. 林荣远，译. 北京：商务印书馆，1999：65.

② HOBSBAWM E. The age of extremes［M］. London：Michael Joseph，1994：428.

③ 潘洪建. "学习共同体"相关概念辨析［J］. 教育科学研究，2013（8）：12 – 16.

④ 斐迪南·滕尼斯. 共同体与社会：纯粹社会学的基本概念［M］. 林荣远，译. 北京：商务印书馆，1999：53.

⑤ 本尼迪克特·安德森. 想象的共同体：民族主义的起源与散布［M］. 吴叡人，译. 上海：上海人民出版社，2016：31 – 33.

说，安德森认为"共同体"有两类：一类是实体的、面对面长期交流的人群所形成的规模较小的共同体；另一类则是通过同一个媒介、以集体的共同想象形成的规模较大的共同体。

正如赵健在《学习共同体——关于学习的社会文化分析》中所言，当我们在知识时代憧憬着学习共同体能够为知识创新和人的发展开辟一个全新的空间，并尝试着在相关的领域中建构这种理想的社会单元时，却很难找到合适的操作指南，所有关于学习共同体的描述和实践的关照，都只是更多地为我们提供一种修辞性的语言信息，告诉我们学习共同体应该是怎样的形态。换言之，上述这些对"共同体"的概念解读，均未抓住它的本质，而只是对其现象的描述。但上述的描述都拥有一个共同的假设，即：共同体成员之间拥有一种共同的情感关系，这种情感关系被所有人自愿接受，并在内心里深度认同。其区别仅仅在于这种共同的情感关系源自何处。

在滕尼斯的《共同体与社会：纯粹社会学的基本概念》一书中，我们能够找到他给出的答案。滕尼斯称：通过积极的关系形成族群，只要能够被理解为统一地对内和对外发挥作用的人或物，它就可称为一种结合。关系本身即结合，它或被理解为现实的和有机的生命——这就是共同体的本质，或被理解为思想的和机械的形态——这就是社会的概念。一切亲密、秘密、单纯的共同生活，都可以被理解为在共同体中的生活。虽然在一般意义上，也可以说有一个包括整个人类的共同体，就像教会所希望的那样，但人类社会常常被理解为相互独立的个人的一种纯粹的并存。共同体是持久的和真正的共同生活，社会只不过是一种暂时的和表面的共同生活。① 这即是说，由于没有构建人与人之间的紧密联系，人类社会并不能称为共同体。

对于上述的说法，后来的学者都表示了认同。例如埃蒂安·温格（Etienne Wenger）等人说，共同体是这样一组人，他们有着共同经历，共同

---

① 斐迪南·滕尼斯. 共同体与社会：纯粹社会学的基本概念 [M]. 林荣远，译. 北京：商务印书馆，1999：52–53.

学习，进行有规律的互动以及与他们领域相关的知识共享活动，它是学习的社会结构，其成员相互尊重、友好、信任，和共同体身份交织在一起，建立了能促进归属感的人际关系。① 所以，共同体与外界并不一定要有明显的社会界线，最关键的是要与社会联系起来——要通过参与共同体，给学习者一个社会中合法的角色（活动中具有真实意义的身份）或真实的任务。② 托马斯·本德（Thomas Bender）也认为，共同体涉及在受一定限制的社会空间或网络中的一组有限的人员，他们通过共享的理解和义务感而联结在一起，个人通过情感的或者情绪的纽带，而不是个体自我利益的感知，紧密联系在一起。③ 托马斯·萨乔万尼（Thomas J. Sergiovanni）则特别强调，在共同体的学校中，社会关系才是核心要素，这是通过承诺、理念、意向、价值观、情感、信念等，实现学校共同体中教师之间的彼此联结而最终形成的。④ 这里的联结就是关系。李洪修等人将学习共同体视作"成员各方在共同愿景的指引下，在平等的基础上彼此互相交流沟通，共享资源而形成的关系网络"，强调要建立共享的教学愿景、平等互信的交往关系、多元化的沟通网络等，实际上也是欲建构一种成员之间的强关系。⑤ 杰弗里·凯恩（Geoffrey Caine）等人也曾特别强调，在任何共同体中，一个关键的因素就是成员之间的关系以及如何构建他们之间的关系。⑥ 所以，在持久的共同生活中形成的亲密无间的强关系才是共同体的本质。

强关系意味着共同体成员之间始终保持着密切交流，在多个场合呈现出相互深度嵌入的状态。由血缘、地缘和趣缘构建的群体，也只有成功构

---

① WENGER E, MCDERMOTT R, SNYDER W. Cultivating communities of practice：a guide to managing knowledge [M]. Boston：Harvard Bussiness School Press, 2002：38.

② 吉恩·莱夫，埃蒂安·温格. 情景学习：合法的边缘性参与 [M]. 王文静，译. 上海：华东师范大学出版社，2004：译者序4.

③ BENDER T. Community and social change in America [M]. Baltimore, MD：John Hopkins University Press, 1982：7.

④ SERGIOVANNI T. Organizations or communities? Changing the metaphor changes the theory [J]. Educational administration quarterly, 1994, 30 (2)：214 – 226.

⑤ 李洪修，张晓娟. 大学"学习共同体"的实践困境 [J]. 江苏高教，2015 (5)：46 – 49.

⑥ CAINE G, CAINE R. Strengthening and enriching your professional learning community：the art of learning together [M]. Alexandria：ASCD, 2010：3.

建了成员之间的强关系，才能被称为"血缘共同体""地缘共同体""精神共同体"。反之，即便是拥有先赋的血缘联系，却缺乏彼此之间的强关系，这样的组织不能被称为"共同体"。正如邹佳青所言，即便是先赋的父子关系，也是需要一定的人类法律行为和生理行为作为前提的，同样离不开人际交流和接触，离不开人的主观认识及由此产生的行为，因而它也是一个需要从无到有去建立的关系。①

共同体并不一定只是小群体。正如本尼迪克特·安德森所言，它也可以是想象的，但这种想象同样需要实践来支撑，也就是需要在集体行动中去建构，而不是自然形成的。交流工具（印刷术）、普及教育和内政构造等方面的强制推行等，都源于组织权力在实践中的成功运用，而这种运用同样源于强关系——组织与组织之间的强关系和组织与个人之间的强关系。我们不妨以安德森所举的教会集体仪式为例：之所以各地教会都举行着同一仪式，正是源于各地教会与教廷之间保持着强关系，而各地教会与教众也保持着强关系。"车同轨，书同文"的实现，与各地和中央之间的强关系构建密不可分，而一旦这种关系减弱，伴随而来的就是相互影响力的减弱，此时，即便存在一位所有人名义上共尊的周天子，也无力改变各诸侯国分崩离析、相互攻伐的现实。这样我们就可以理解，所谓的"人类命运共同体"，并非所有单个的人彼此联系而构建起来的，它是人类所构建的组织（如国家）与组织之间通过构建彼此之间的强关系而形成的。

综上所述，共同体的本质是成员在密切的交往互动过程中构建起来的强关系网络体系。从微观层面上来看，它是个体间构建的强关系初级群体；从中观层面来看，它是个体与组织构建的强关系次级群体；从宏观层面来看，它是组织间构建的强关系网络体系。

（二）共同体的基本特征

将"共同体"视作一种强关系网络体系，这意味着它既需要成员之间

---

① 邹佳青. 华人社会中的社会关系网络——社会网络中的中等关系与本土化解释 [J]. 当代青年研究，2003（4）：45 – 49.

的实体生活区域的重叠，又可以在一定程度上脱离实体生活区域。吉登斯在《现代性的后果》一书中强调的"脱域"①，即从原来的生活形式中"抽出"，通过时间和空间的重组，重构原有情境。这种在"脱域"和"重嵌"中不断强化原有关系的过程正是共同体的构建过程；反之，在"脱域"和"重嵌"中，原有关系逐渐走向疏离的过程则是共同体的解体过程。因而，共同体不是静态的、不变的，而是动态发展的，它的持续生成有赖于其基本特征在持续的行动中不断被确认。这些特征②可以归纳为五点。

1. 联系紧密

共同体既然是一种成员构建的强关系网络体系，成员（它既可以是个人，也可以是单位组织）之间必然有经常性的、紧密的联系交往。正如齐格蒙特·鲍曼（Zygmunt Bauman）所说，没有一个人类聚合体会被体验为"共同体"，除非它是从它们的兴衰历程中（这个兴衰历程共同经历了漫长的历史，甚至更长的频繁和密切的交互作用）被"紧密结合起来的"，它就是"紧密结合的共同体"。③ 紧密结合就意味着共同体中的成员并不是完全自由的，他们之间相互影响，而且这种影响十分强烈。正如滕尼斯所言，在历史和文化里是没有个人主义的，除非它派生于共同体，且仍旧因此受到制约，或者它创造并支撑着社会。共同体的生活是相互占有和共同享受共同的财产，而占有和享受的意志就是保护和捍卫的意志。④ 正是这种紧密的联系，使共同体的成员维持着彼此的强关系，并在维持过程中不断重塑

---

① 安东尼·吉登斯. 现代性的后果［M］. 田禾，译. 南京：译林出版社，2011：18.

② 在有的研究中，共同体的特征还包括共同的目标。例如张志旻等人认为，共同目标、身份认同和归属感是共同体的基本特征，是共同体赖以生存的基本要素。（参见张志旻，赵世奎，任之光，等. 共同体的界定、内涵及其生成——共同体研究综述［J］. 科学学与科学技术管理，2010（10）：14-20.）但共同体的成员是否拥有共同目标？这是一个问题。譬如自然形成的、以血缘关系为纽带的村落，也就是滕尼斯从最初意义上谈到的自然的共同体，我们很难认为所有人是将生活作为其共同目标的。因此，本研究并未将"共同的目标"列为共同体的特征之一。虽然共同体并不一定有共同的目标，但学习共同体却是有共同的学习愿景或目标的，只是这个目标是在构建学习共同体的过程中共同产生的。

③ 齐格蒙特·鲍曼. 共同体：在一个不确定的世界中寻找安全［M］. 欧阳景根，译. 南京：江苏人民出版社，2003：56.

④ 斐迪南·滕尼斯. 共同体与社会：纯粹社会学的基本概念［M］. 林荣远，译. 北京：商务印书馆，1999：76.

紧密的联系，形成了一个内部持续再生的强关系网络体系。

2. 身份认同

共同体的成员身份并不是先赋的，而是在共同体内的共同行动中被自己和其他共同体成员所共同赋予的，这个成为共同体成员的过程就是身份被认同的过程。共同体之所以能够在集体行动中不断被重塑，源于共同体成员在内心对共同体产生了身份认同。正如吴叡人在《想象的共同体》的导读中谈到的，"想象的共同体"并不是虚构的共同体，它也不是政客们操纵人民的幻影，而是一种与历史文化变迁相关的，根植于人类深层意识的心理建构。① 正是由于这种心理建构，个体自视为共同体成员，并表现出共同体成员应有的社会行动，这种内心对共同体所属成员的身份认同，就成了共同体之所以存在的一个关键性因素。共同体也因此被视作"身份的家园"②。"共同体"这个词语之所以在多个场合、层次和范围被大量使用，正源于当今社会飞快的生活和工作节奏造成个体缺乏足够固定的身份，进而产生心理上的失落感。因此，佐克·杨（Jock Young）专门强调："正是由于共同体瓦解了，身份认同才被创造出来。"③ 要能够做到身份认同，个体不仅要在共同体的整个互动过程中能够表现出自己所声称的各种能力，还需在互动的一瞬间就表现出这种能力。④ 为此，学习成为必需。身份认同不是一次性的，它是一个永无止境、永远也不会完成的过程，这即是说，每个成员都必须保持这种状态以实现诺言（或者更为准确地说，是保持实现诺言的可信性）。⑤ 这就要积极参与共同体内的集体行动，并按照共同的规则行事，以符合自己和其他成员的期待。

---

① 吴叡人. 认同的重量：《想象的共同体》导读 [M] //本尼迪克特·安德森. 想象的共同体：民族主义的起源与散布. 吴叡人，译. 上海：上海人民出版社，2016：17.

② WENGER E. Community of practice: learning, meaning, and identity [M]. London: Cambridge University Press, 1998：252.

③ YOUNG J. The exclusive society [M]. London: Sage, 1999：164.

④ 欧文·戈夫曼. 日常生活中的自我呈现 [M]. 冯钢，译. 北京：北京大学出版社，2008：25.

⑤ 齐格蒙特·鲍曼. 共同体：在一个不确定的世界中寻找安全 [M]. 欧阳景根，译. 南京：江苏人民出版社，2003：77.

3. 感受安全

大家向往共同体的其中一个重要原因是人们对安全的心理需要。提供安全的环境，让学习者在交互和分享的时候可以获得安全感，有助于建立学习共同体内共同目标和价值。① 学习共同体的一个关键特征就是共同体的成员不仅仅一起合作，而且通过各种途径相互支持、相互信赖。在学习共同体中，促进积极的相互信赖和共同信赖对个体乃至整个共同体来说都非常重要。② 在共同体的内部，人们之间的交流是全面的、经常的，它将"外界"的零星信号置于不利的地位。③ 对某些人而言，"共同体"可能意味着隔绝和隔离，它象征着防护墙和被守卫的大门。如果按照这种理解，共同体就意味着内部趋于相同性，而"相同性"又意味着"他者"的不存在，尤其是不存在这样一个仅仅是因为差异，就有可能做出令人意想不到的事情，又或者是出现一个制造恶作剧的、难以对付的异类他者。④ 但共同体并不意味着完全的隔离，按照鲍曼的说法，隔离区反而意味着共同体的不可能。因为安全感只是不同文化间进行对话的必要条件，它是与世隔绝、门墙紧闭的共同体的敌人。若没有可使它们普遍受益且强化人们之间和睦交流的可能性，形成共同体的可能性将微乎其微。⑤ 故而，在共同体内部，虽然成员之间能够感受到安全，但这种安全是为了促进更大程度上的开放，而不是反过来导致内外之间的隔阂。正如鲍曼所说，如果说这个世界上还存在共同体的话，那么它只有可能是且必须是一个用相互之间共同的关心一起编织起来的共同体，是一个由人的平等权利和根据这一权利而行动的

---

① GULDBERG K, PIKINGTON R. A community of practice approach to the development of non-traditional learners networked learning [J]. Journal of computer assisted learning, 2006, 22 (3): 159 - 171.

② HILL J. 学习共同体——创建联结的理论基础 [M] //戴维·H. 乔纳森. 学习环境的理论基础（第2版）. 徐世猛，李洁，周小勇，译. 上海：华东师范大学出版社，2015：290.

③ 齐格蒙特·鲍曼. 共同体：在一个不确定的世界中寻找安全 [M]. 欧阳景根，译. 南京：江苏人民出版社，2003：9.

④ 齐格蒙特·鲍曼. 共同体：在一个不确定的世界中寻找安全 [M]. 欧阳景根，译. 南京：江苏人民出版社，2003：139 - 141.

⑤ 齐格蒙特·鲍曼. 共同体：在一个不确定的世界中寻找安全 [M]. 欧阳景根，译. 南京：江苏人民出版社，2003：176 - 177.

平等能力的关注与责任一起编织起来的共同体。它在彼此相容的基础上获得安全，而绝不是通过采取排外的手段，以饮鸩止渴的方式排除异己，获得安全。

4. 交往预期

交往预期是期待实现的交往，它将决定着谁和谁将趋于形成共同体。滕尼斯在谈到共同体成员关系的时候专门提到，一切社会关系，从根本上讲，都是建立在可能的和实际提供的偿付的平衡之上的。共同体成员之间之所以能够构建强关系，就源于彼此在交往互动中找到了一种相对平衡。这种平衡不一定都是即时性的，也可能是在延时中获得的。成功的共同体成员之间不仅仅存在着交往互动，更重要的是还存在着对未来更进一步持续交往的共同预期。为了实现在前一次基础上更深度的交往，成员不断地调整着自己的行为，使共同体成员在行动中趋于一致。交往预期并不是必然存在的，因为对谁合适、谁又不合适于同化的这个结论，是由占统治地位的多数，而不是由被统治的少数得出来的。统治又比其他任何东西都更意味着，一旦不再满意，他们就可以自由地改变自己的决定，它将成为被统治者境遇中持续不确定性的源泉。① 只有在那些在进行交往时和交往后，彼此都能产生进一步深度交往预期的成员，才会有机会形成共同体。

5. 共同规则

共同体的形成依赖于形成所有成员共有的理解，而不是共识，它先于所有的一致和分歧。这个共有的理解，源于所有成员共同的经历，以及在这种共同经历中所形成的、彼此都能理解的"言外之意"。它之所以能产生，是因为在共同体成员的关系构建中会形成一种所有成员都认同的共同规则或共有仪式。按照滕尼斯的说法：一切根据一种共同体关系的意义、在其中和对于它所具有的某一种意义的东西，即它的法，法会作为若干结

---

① 齐格蒙特·鲍曼. 共同体：在一个不确定的世界中寻找安全 [M]. 欧阳景根，译. 南京：江苏人民出版社，2003：115.

合在一起的人的真正的和基本的意志而受到共同尊重。因为人们之间的默认一致是建立关系密切、相互认识的基础之上的，其中某个人直接参与另一个人的生活，在情境制约下大家同甘共苦，并反过来强化了彼此同甘共苦的倾向时，它就会产生。因此，结构和经验的相似性越大，本性、性格、思想越具有相同的性质，越能够相互协调，默认一致的可然率就越高。① 这种规则并不一定是显性的，它也有可能是默会的。哈罗德·加芬克尔（Harold Garfinkel）大量的裂变实验足以证明这一点。规则存在于成员的共同意识之中。按滕尼斯的话说，在关于共同体的成员的意志方面也拥有它自己的法，甚至于后者只要是作为它的成员，就只许可作为那个有机体的整个实质的饰变和放射物。正是通过这种共同体中默会的共同规则，从行军纵队到蜂群，从课堂到互联网和学习软件，与计算机游戏从来就没有什么不同，无论剩下什么管理，都意味着是间接的、婉转的，通过诱惑实现的操控，它是一种远程管理。② 即便成员离开了共同体的场域，在孤立的日常生活行为中仍然能够被感知得到。创建成员参与的共同基础，特别是为成员交互制定的基本共同规则是非常重要的，它能促进成员之间良好关系的建立，是成员交换彼此信念、价值观、知识和技能的基础。

（三）初始群体与共同体

初始群体是由两个或两个以上的人所组成、彼此之间互不关联但具有同一资格身份，存在着共同互动和交往预期的社会群体。它是为了研究的方便，运用韦伯的"理想类型分析法"而创立的概念。本书中的初始群体是群体成员之间彼此关系尚未建立（也就是无关系），群体正处于早期初始混沌状态，需要经过一段时间社会交往才能够形成成员之间彼此有关联的社会群体。

---

① 斐迪南·滕尼斯. 共同体与社会——纯粹社会学的基本概念［M］. 林荣远，译. 北京：商务印书馆，1999：72.

② 齐格蒙特·鲍曼. 共同体：在一个不确定的世界中寻找安全［M］. 欧阳景根，译. 南京：江苏人民出版社，2003：160.

设立"初始群体"这个概念是为了更好地考察群体成员之间彼此关系构建的过程。在理想类型中，"初始群体"和"共同体"可以被视作社会群体的形成过程中的两极：在初始群体中，成员之间彼此为无关系；而在共同体中，成员之间彼此为强关系。通过将群体划分为不同的阶段，群体将不再被视作固定、成熟的理想模型，而是一个逐渐地、缓慢地构建起来的组织。

初始群体在教育系统比在社会中更容易找到类似的模型。每一次新生入学，每一次新班开课，班级学生都可被视作初始群体。随着学习的进行，教师都能发现从初始群体到群体的迅速发展变化。随着时间的推移，有些初始群体形成群体后彼此之间关系又开始弱化，甚至最后隐匿消失，还有些初始群体成员之间则可能会不断强化彼此关系，最后转变为正式群体或非正式群体，甚至形成共同体。

在社会系统中，许多组织在新成员进入之前就已经形成，新成员只需要考虑如何融入和在多大程度上融入原群体组织中，成为其合格的一员。初始群体则不同，其组织以前并不存在，所有的初始群体成员都是新人，彼此之间互不熟悉，需要经过一段时间磨合才能建立起情感和认同关系，而这样的磨合来自在群体形成过程中成员共同的实践经历。在教育系统中，学习共同体成员关系的形成源于特定的教学场域，而教师的课程教学则在其中发挥或大或小、或正面或负面的作用和影响。正是这种影响使初始群体发生了分化，构建起群体成员之间强弱不同的社会关系。

从研究问题出发，为了更好地探寻学习共同体成员学习关系构建的过程，本书中设定的初始群体是异质性较高、独立性较强、自由度较大的大学生①。

---

① 大学生群体的家庭背景、地域分布和文化背景相对其他群体而言更具多样性。此外，大学生已经成年（部分大一新生虽然从生理年龄上讲并未满 18 周岁，但这些学生从年龄上说离 18 周岁并不远，且未成年比例不大），已经离家学习，在经济上、生活上、心理上都有一定的独立自主性，基本上都已经拥有了智能手机，日常上网也极少受到干预，因此是较为理想的研究对象。

（四）共同体内的成员强关系与强扭的关系

共同体内的成员之间是强关系，但强关系并不等于强扭的关系，两者之间有着显著的区别。根据美国社会学家马克·格兰诺维特（Mark Granovetter）关于强关系的定义，它是通过双方在关系联结上所花的时间、情感投入程度、亲密程度（相互信任）以及互惠性服务等的综合因素来考量的，这种关系联结的建立是双向互构的，而强扭的关系则是单方面的。

1. 关系的开放性

从关系的开放性来考量，强关系虽然存在一定的封闭性（构建强关系需要一个较长时间的过程，因而不是任意两人都能够轻易构建强关系），但这种关系并非完全封闭的。随着关系联结的增强，个体将相互嵌入对方的关系网，构建起更广泛的关系联结，从而形成更大范围的关系网络。[1] 例如下图中甲和乙为强关系，甲和丙、乙和丁为强关系，则甲和丁、丙和乙之间也会倾向于构建彼此之间的弱关系，这种弱关系也可能逐渐发展为强关系，从而扩大了原有的关系网络。

强扭的关系由于是单方面的行为，被迫的一方会拒绝对方进入自己的关系网络。例如下图中戊强迫己建立强关系，与戊保持强关系的庚也会倾向于和己建立弱关系，但己会拒绝，并保持自己的强关系网络为封闭状态，比如除非有其他因素作为变量介入，否则辛将不会与戊建立关系联结。

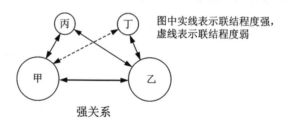

图中实线表示联结程度强，虚线表示联结程度弱

强关系

图 2 - 1　强关系

---

[1]　在凝聚力标准下，如果两个关系人之间是强关系，他们就是重复的关系人。强关系意味着缺乏结构洞，如果你与其中任何一个有接触，你就可以轻而易举地接近另一个，因此提供相同的网络利益。参见罗纳德·伯特. 结构洞：竞争的社会结构［M］. 任敏，李璐，林虹，译. 上海：格致出版社，2017：19.

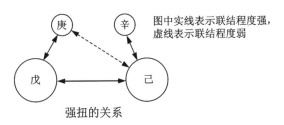

图 2 - 2　强扭的关系

2. 关系的选择性

强关系的构建是双方志愿进行选择的结果，因而双方的选择自由度较大。在传统条件下，强关系的构建多是在较小的实体物理空间范围内，关系人的活动区域高度重叠，社会地位或者相差不大，又或者是地位高者主动调低自己的社会地位，在话语交流和共同实践中体现平等精神，进而构建起来的。网络空间跨越地域的优势增大了关系联结对象的可选择范围，个体即便在有限的实体物理空间内也可以通过脱域实现与另一空间个体的有效联结，进行交流互动，它有效扩大了个体的活动范围，增加了关系人的选择自由度。

强扭的关系则是单向构建的，关系双方的地位落差较大。强制的一方主要通过构建他人对自己的人身依附而对其产生影响，试图以控制对方活动范围的方式提高共同活动区域的占比，因而关系的构建是消耗而不是增加情感能量。在强扭的关系中，知识主要是由强制方向被迫方单向传递，由于难以形成话语共同体，共同的实践是低效的。在强扭的关系中，被迫的一方由于被限制了选择的自由，其内心主要是抗拒的。这种抗拒最突出的表现就是，个体在实体物理空间中和网络虚拟空间中构建的关系网呈现出明显的分离特征，现实生活中互动交往频繁的对象在网络虚拟空间中却很少交互。①

---

① 一些学生沉迷于上网，在一定程度上可以理解为其在现实生活中陷入了强扭的关系中无法自拔，所以期待能够通过网络手段脱离在实体物理空间中被控制的情境，找回自己在关系构建上的自由度。

3. 关系的互构性

强关系是由关系人双向互构的，遵循的是友爱关系①模式。关系人在社会互动过程中保持着长时间的交换与合作，以实现彼此之间的互利共赢。随着互动的频度渐增，关系人之间的共同话语、共同实践和共同知识范围也将不断扩大，使关系人之间的联结强度也不断增加。

强扭的关系则是单向构筑的，它遵循的是固定关系模式。该关系的维系虽然也可能是长时段的，但关系人之间几乎没有交换，合作也是低效的，在关系人长期的社会互动过程中，更多呈现出来的是一方的强制和另一方的顺从或抗拒，即便参加共同的集体仪式，也属于强迫性的仪式，双方的关系联结十分脆弱，很容易绷断。

二、学习共同体

（一）学习共同体的概念

长期以来，学习共同体概念都缺乏特定的界说，也没有一个统一的定义。目前有关学习共同体的概念大致可以归为两大类：一类是将其视作一种学习环境或范式。例如尚吕克·侬曦（Jean-Luc Nancy）将其视作是对未来学校的美好向往与理想状态；郑葳等人认为学习共同体是一个系统的学习环境；万舒等人提出，学习共同体是由建构主义理论支撑的一种新型学习模式；钟志贤认为，学习共同体是为完成真实任务或问题，学习者与其他人相互依赖、探究、交流和协作的一种学习方式。另一类是将其视作为一种学习型群体（也称"学习型组织"，英文为"Learning Groups"）。例如马诺伊（William Malloy）认为学习共同体"其实就是学习型组织的术语改换"，它等同于学习型组织；肯恩（Kearns）认为学习共同体是因地理或其

---

① 翟学伟曾根据时间维度和空间维度，将人类社会交往关系分为四类：短时效性、低选择性的约定关系；短时效性、高选择性的松散关系；长时效性、低选择性的固定关系；长时效性、高选择性的友爱关系。参见翟学伟. 爱情与姻缘：两种亲密关系的模式比较——关系向度上的理想型解释［J］. 社会学研究，2017（2）：128-149.

他共同的兴趣联系在一起，通过积极的伙伴关系，满足成员学习需求的人群；薛焕玉认为学习共同体主要是指一个由学习者与助学者（包括教师、专家、辅导者和家长等）共同构成的团体；潘洪建认为，学习共同体是指在班级教育活动中，以共同愿景、价值和情感为基础，以真实任务为核心，师生、生生之间持续的、深层的合作和互动，共同成长、共同进步的学习组织与精神追求；廖旭梅提出学习共同体是一种以自愿为前提，以共同愿景为纽带，以参与、对话和合作为核心的学习型组织。鉴于上述论点，王黎明提出学习共同体应包含三个层次：第一是知识的共同体；第二是学习者的共同体；第三是文化的共同体。这是试图对学习共同体作出综合性的理解。

根据学习共同体所具备的几项基本要素：共同的愿景和学习目标、直接的交流合作、高度的情感认同、一致的精神追求①等，我们将"学习共同体"的概念定义为：成员之间有着直接的、长时间的学习交流合作，产生了高度的情感认同和一致的精神追求，并融会出共同的愿景和学习目标，在特定的教学场域内成员关系不断动态生成并具有多级差序，在共同构建、共同分享中，获得共同生长的学习型强关系网络体系。

（二）三个层面的学习共同体

学习共同体可以从微观、中观、宏观三个层面来进行研究。这三个层面虽然存在关联，但也有明显的区别。在微观上，它是个体之间构建的强关系学习初级群体；在中观上，它是个体与组织构建的强关系学习次级群体；在宏观上，它是组织之间构建的强关系学习网络体系。

---

① Bielaczyc 和 Collins 曾确定过学习共同体的四大特征：不同领域的专长得到鼓励和促进；目标是发展共同体的共同知识；强调学习如何学习及创建知识；核心是促进所学内容共享的机制和技术（to see BIELACZYC K, COLLINS A. Learning communities in classrooms：a reconceptualization of educational practice［M］//REIGELUTH C M. Instructional-design theories and models：a new paradigm of instructional theory. Mahwah，NJ：Lawrence Erlbaum Associates，1999：269 - 292.）。这四大特征可以在这些几项基本要素中得到反映：不同领域的专长得到鼓励和促进（直接的交流合作）；目标是发展共同体的共同知识（共同的愿景和学习目标）；强调学习如何学习及创建知识（一致的精神追求）；核心是促进所学内容共享的机制和技术（高度的情感认同）。

1. 微观层面的强关系学习初级群体

微观层面一般指的是个体层面。从这个层面上来说，学习共同体实质上是一个强关系学习初级群体，它拥有初级群体的特征：个体成员数量较少；个体成员之间有直接的、经常的、面对面的互动；每个人在群体中扮演多重角色；个体成员之间的交往富有感情；个体成员难以被替代；群体整合度较高；主要采用非正式手段进行控制；等等。①

微观层面的学习共同体个体成员之间的关系为强关系。由于个体成员之间有直接的、经常的、面对面的互动，初级群体个体成员的生活空间和信息资源都是高度重叠的，学习者相互介入，彼此熟悉、了解，每位个体成员的行为都会对其他个体成员产生直接的、明显的影响。微观层面的学习共同体的个体成员彼此之间的身份认同主要是个体认同，即深度认同对方的个人特性，而忽略其民族、阶级、所属的单位等。

微观层面的学习共同体与合作学习小组并非同一概念。它们之间的差别有四项：一是合作学习小组通常有清晰界定的小组边界和成员身份；学习共同体则没有明确的边界（这个"明确"是相对的，并不代表它没有边界，只是边缘与外围之间的界限不是那么清晰）、确定的人数（合作学习小组的人数往往是由教师确定，教学场域内每个合作学习小组人数大致相等），参与者也不必然同时在场（例如混合式学习共同体中的有些成员可能是在线参与）。二是合作学习小组一般作为一项学习形式出现，学习过程实质没有发生变化；学习共同体则通过学习改变了知识观、学习观，乃至学习的文化环境。三是合作学习小组关注的是学习者个人在合作学习中获得的在认知、态度等方面的成长；学习共同体则关注学习者个体在文化方面的成长和社会身份的重建。四是合作学习小组的学习者是短时间的交往，缺乏文化的连续性；学习共同体的学习者则是嵌入性的交往，他们拥有共同的成长轨迹。②

---

① 邓伟志. 社会学辞典［M］. 上海：上海辞书出版社，2009：53.
② 赵健. 学习共同体的建构［M］. 上海：上海教育出版社，2008：43 - 47.

2. 中观层面的强关系学习次级群体

中观层面一般被视作组织层面。从这个层面上来说，学习共同体是一个强关系的学习次级群体，它是人们基于学习目的，通过明确的规则而组织起来的群体。它拥有次级群体的特征：个体成员人数较多；互动频度较低；彼此之间主要不是依靠个体与个体之间的感情来维系；以规范作为群体控制的手段；等等。①

在中观层面的学习共同体中，个体成员与学习共同体之间是强关系，个体成员有着参与学习共同体集体活动的热情，也可能其参与的初级群体已经完全嵌入其中，故而与部分个体成员保持着强关系，而与学习共同体内的其他成员则保持着中关系②或者弱关系。中观层面的学习共同体的个体成员彼此之间的身份认同主要是成员认同，即认同对方为同一学习共同体的组织成员，依此确认彼此之间的关系和互动模式。

从理想类型而言，它应该包括三种形态：

第一种是在学习共同体内部，所有个体成员都形成了各自属于自己的强关系学习初级群体，与此同时，所有个体成员又与学习共同体保持着强关系，积极参加学习共同体内的集体学习活动，与初级群体外的其他个体成员保持着中关系。此时，学习共同体成为在所有强关系学习初级群体基础之上的叠层整合。这是最理想的一种学习共同体形态，我们可以将之称为"理想的学习共同体"。

第二种是所有个体成员均未在共同体内形成强关系的学习初级群体，但又与学习共同体这个组织保持着强关系，个体成员能够长期地、积极地参加学习共同体内的学习活动，却维持着个体成员之间彼此的中关系或者弱关系。这种形态情况有些特殊，因为大多数积极参加集体行动者，都会

①　邓伟志. 社会学辞典［M］. 上海：上海辞书出版社，2009：53 – 54.
②　中关系是邹佳青在格兰诺维特的强弱关系理论基础上发展出的概念，其强度介入强关系与弱关系之间。参见邹佳青. 华人社会中的社会关系网络——社会网络中的中等关系与本土化解释［J］. 当代青年研究，2003（4）：45 – 49.

在集体行动中与一同参加行动的同伴发展出更为密切的联系，并最终形成强关系学习初级群体，除非这种积极的参与是一种表面假象或者暂时现象（例如仅仅为了获得高分数），又或者是为与某些特定对象（例如个体成员中的领导、试图追求的异性等）形成强关系学习初级群体所做的准备，后两种情况都不能被视作真正的学习共同体。因为个体成员与共同体其他个体成员的交往预期是单向度的，且难以持续，一旦目的不能达到，关系联结会很容易断裂。许多研究中所提及的"网络学习共同体"① 即是这种形态。从严格意义上来说，它只有转变成为混合式学习共同体，实现个体成员之间彼此的深度嵌入，构建出强关系之后，才能称为真正的"学习共同体"，否则它实际上只是等同于"学习型群体"，而不能称为"共同体"。而如果一部分个体成员能够成功与其他个体成员发展出强关系学习初级群体，它就属于第三种形态。

第三种是部分个体成员在共同体内形成了强关系学习初级群体，但还有部分个体成员只与学习共同体这个组织保持着强关系，却没有与其他成员形成强关系学习初级群体。这种形态属于学习共同体的发展形态，只要学习共同体在持续活动，这些只与学习共同体保持着强关系的个体成员将趋于分途：要么最终也会形成强关系学习初级群体，要么在多次努力下仍无法融入，最终与学习共同体组织的强关系渐渐转化为弱关系，并逐渐被排除在学习共同体之外。这些个体被排除后，仍留在学习共同体中的个体

---

① 杰克逊和坦珀利主张在知识丰富和网状的世界中建立网络学习共同体（参见 JACKSON D, TEMPERLEY J. From professional learning community to networked learning community [M] //STOLL L, LOUIS K. Professional learning communities: divergence, depth and dilemmas. Berkshire, England: Open University Press, 2007: 45 - 62.），但如果要真的实现网络学习共同体，成员需要对网络高度信任，并且愿意在网络上投入大量的时间和精力，而这种投入除非通过成员见面影响到现实生活，否则在现实生活中又很难得到回报。这样的异质性大、流动性大的群体，从狭义上说，我们很难将之视为共同体，而从广义上说，它与群体的特征基本相同。王琦和富争在对英语教师在线合作的虚拟实践共同体案例的质与量进行分析后发现，教师的在线合作大多是社会性的而非认知性的。在社会性合作中公开交流次数最多，情感表达大于群体凝聚性。认知性合作中，话题探讨和思想整合次数最多，而话题定论次数最少。这类学习明显是低效的，其组织也是松散的，与其说它是学习共同体，不如说它是学习型群体更为合适。参见王琦，富争. 英语教师在线合作行为：一项基于虚拟实践共同体的案例研究 [J]. 外语电化教学，2011 (7): 28 - 33.

成员构建的组织就形成了第一种类型，即理想的学习共同体。所以，无论是哪一种结果，它都处于向理想的学习共同体转化之中，我们可以将它称为"转化的学习共同体"。

3. 宏观层面的强关系学习网络体系

宏观层面是指社会层面。学校从来就不是孤立的系统，也绝不是一个真空地带，它必然会与社会中的其他组织发生联系，譬如家庭、社区、教育主管机构、博物馆等公益组织、区域内的行业企业等，它们构成学校的外部环境，并对学校的教育教学产生影响。从宏观层面来谈学习共同体，它应该被视作基于共同挑战和核心利益而构建起来的，组织与组织之间通过长期互利共赢的合作而形成的强关系学习网络体系。这个体系主要是通过组织间合作构建起来的，组织成员与组织成员之间相互依存，形成强关系，但学习共同体内部组织成员中的个体只是作为组织的代表参加学习交流互动，不同组织中的个体之间形成弱关系，除非是受其他因素影响，譬如血缘或者共同的私人兴趣，否则不同组织的个体之间很难构建起微观层面的强关系学习初级群体。宏观层面的学习共同体的个体成员彼此之间的身份认同主要是组织认同，即认同对方为同一学习共同体的组织成员中的个体，且该个体能够在一定程度上代表学习共同体的组织成员，依此来确认个人之间的关系和互动模式。①

从上述三个层面来分析学习共同体，我们能够发现，这三个层面存在着一种嵌合关系，其中微观层面是基础，中观层面是主干，而从中观层面向外扩展，则构建成宏观层面的学习共同体。因而，我们研究的重点应该放在微观和中观层面的学习共同体的构建过程，宏观层面的影响也需要加以考虑。

---

① 在相互依赖的以及有着先前关系史的组织之间比较容易产生联结关系，这些联结常常嵌入组织的管理者或者所有者的个人关系中，组织间新的联结也是通过个人的接触而得以实现的。参见马汀·奇达夫，蔡文彬. 社会网络与组织［M］. 王凤彬，朱超威，等译. 北京：中国人民大学出版社，2007：100.

（三）学习共同体的结构与成员

学习共同体既然有三个层面，有多种形态，其呈现形式就不是固定的。它可以是正式组织，也可以是非正式组织。①

无论是哪一个层次，要构建学习共同体，直接的、长时间的学习交流合作都是必须满足的条件，因为学习共同体的所有特征都依此而产生。正是由于这种教学互动，最终在学习共同体成员之间构建起相对稳定的学习关系网络，故而佐藤学将学习共同体理解为通过"学习"而构筑的"情结"②。这种"情结"源于成员之间长期的社会互动（特别是教学互动）实践，是通过不同的强弱关系呈现出来的，因此，根据关系强弱的不同，学习共同体呈现出特有的差序格局。

1. 学习共同体的结构边界

学习共同体是成员之间构建起来的学习关系网络体系，它不能被完全限定在班级或是学校范围内（如班级学习共同体或学校学习共同体），也不能被视作是完全单纯同质的职业群体（如教师学习共同体）。在教学场域

---

① 在《"学习共同体"相关概念辨析》一文中，潘洪建曾对"学习共同体"和"学习型组织"进行过专门的比较。他认为两者有共同之处，但也有不同的理论追求和实践旨趣。例如，在目标追求上，学习型组织追求组织目标与组织绩效，学习共同体则更多地追求群体中的个人发展；在价值取向上，学习型组织受理性支配，追求效率，功利色彩浓厚，学习共同体则强调真实情境、彼此互动，具有更多理想成分和情感色彩；在建设途径上，学习型组织更强调团体学习、系统思考，学习共同体更多强调民主管理、共同协作；在组织层次上，学习型组织更多适用于班组、企业、公司、社会团体，学习共同体更多指特定的学生群体。（参见：潘洪建."学习共同体"相关概念辨析 [J]. 教育科学研究，2013（8）：12–16.）不过在该文的分析中，潘洪建实际上是将学习型组织视作正式组织，而事实上，它也完全有可能是非正式组织。例如 MOOC 学习过程中构建的网络学习者群体，它并非正式组织，但同样可以被视为是学习型组织。赵健认为"学习型组织"与"学习共同体"来自不同的研究领域。前者来源于系统动力学，它关注一个系统的学习，把过去的历史和经验与当前的行为作为一个整体来看待，视觉焦点在过去的行动，是正式规则、技术程序驱动的；后者来源于社会文化研究，关注学习者个体从新手逐渐成长为熟手的学习过程，重视学习者个体之间的意义协商和身份建构，视觉的焦点在当前的行动，历史和经验是当前意义协商的资源和支持，更多为文化和习俗所驱动。（参见：赵健. 学习共同体——关于学习的社会文化分析 [D]. 上海：华东师范大学，2005：94–95.）这显然是受彼得·圣吉《第五项修炼》一书的影响。在该书中，"学习型组织"（Learning Organization）是作为专有名词出现的，而在本研究中，学习型组织泛指以学习为主要目标的组织（Groups）。

② 佐藤学. 学习的快乐——走向对话 [M]. 钟启泉，译. 北京：教育科学出版社，2004：384.

内，它是一个不断动态生成的、多级差序的圆环。

传统科层制的、非人性化的"工场型学校"也是一个同心圆（见图2 - 3）。

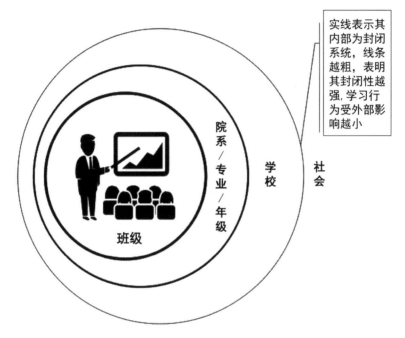

图 2 - 3　传统的学习型组织

学习共同体则不同。在教学场域内，学习共同体的每一位个体成员都以自己为圆心，依据不同的强弱关系，构建起多层级的"同心圆"架构，故而教师和学生都非学习共同体内固定的"中心"，在不同的教学环境、教学内容、教学方式下，每一个强关系学习初级群体都有可能成为学习共同体的中心。

虽然没有固定的中心，但在学习场域内却有不断被重塑的中心区域。作为主导者的教师，他（她）所构建的强关系学习初级群体就处于中心区域，而中心区域的学习者（也可以称"学习积极参与者"或者"核心成员"）与其他学习者（也可以称"学习边缘参与者"或者"半核心成员"）所构建的强关系学习初级群体则处于半中心区域。学习共同体的学习方向和动力都可以由中心区域来引导和生成。① 从中观层次来看，理想的学习共同体与教学场域是完全重合的，边缘区域不存在个体成员，所有的个体成员都形成了各自的强关系初级群体。而在教学场域外，学校与企业、家庭、社区、政府等组织（即"影响区域"）也会相互联系，形成范围更大的学习共同体，即宏观层面的学习共同体。（见图 2 - 4）

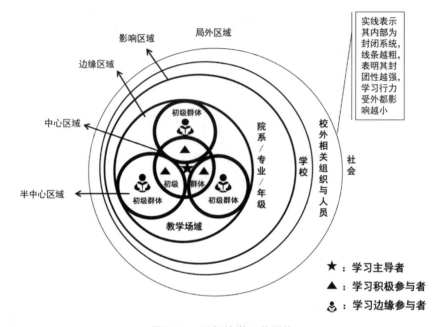

图 2 - 4　理想的学习共同体

在教学场域内，一旦形成"理想的学习共同体"，所有的个体成员就都被纳入到初级群体之中；但对于"转化的学习共同体"而言，在教学场域内，还存在着未被纳入强关系学习初级群体之中的个体成员，他们处于"边缘区域"（见图 2 - 5），是教学场域内的边缘成员。

① 如果没有积极主动的核心成员和半核心成员贯彻执行学习共同体内的规则，并对学习目标达成的过程施以管理，组织演变轨迹将丧失其目标牵引的动力，这样的网络俱乐部只会成为偶遇者的一个聚会场所，共同体也就不再存在。参见马汀·奇达夫，蔡文彬. 社会网络与组织 ［M］. 王凤彬，朱超威，等译. 北京：中国人民大学出版社，2007：123.

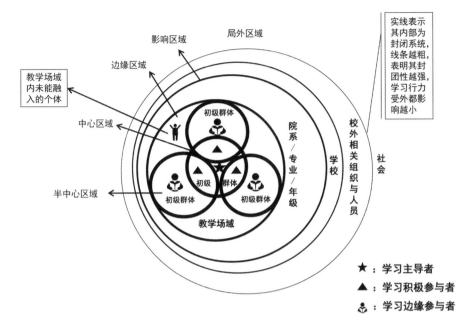

图 2 - 5　转化的学习共同体

将图 2 - 5 简化后，我们可以进一步厘清学习共同体结构的三个层级（见图 2 - 6）：一是教学场域内学习者建立的强关系学习初级群体（即图 2 - 4中所标识的初级群体圈）；二是教学场域内学习者构建的强关系学习次级群体（图 2 - 4 中是教学场域内所有初级群体）；三是能够对学习者产生影响的外群体（包括校内外的相关组织与人员，如院系、学校等）。对于学习共同体内的成员来说，圆环半径越大，学习互动交流的成本越高，彼此之间的关系越倾向于更疏远；反之，圆环半径越小，学习互动交流越频繁发生，关系越亲密。

网络社会的到来，在打破时空界限的同时，也对过去学习共同体的封闭体系造成了极大的冲击，使学习共同体转变为开放体系。① 网络空间的广泛使用，令教学场域不再局限于传统的班级教室，其区域范围更大，参与

---

① 封闭体系和开放体系是来源于热力学中的概念。在热力学中，与外界没有物质交换，但有能量交换的系统称为封闭系统；与外界既有物质交换，也有能量交换的系统称为开放系统；与外界既没有物质交换，也没有能量交换的称为孤立系统。在本研究中，笔者将与外界没有人员流动，只有信息流动的系统称为封闭系统；与外界既有人员流动，也有信息流动的系统称为开放系统。

学习的人员也更多，学习方式则更加灵活。

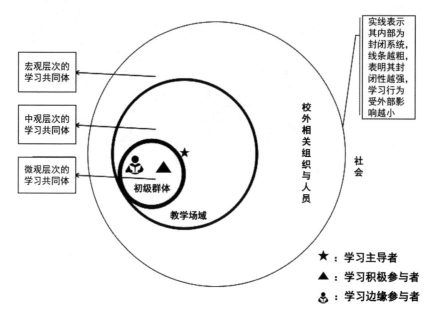

图 2－6　学习共同体

正如英国的齐格蒙特·鲍曼（Zygmunt Bauman）所言，"距离"这个曾经是共同体防御能力中最为可怕最难克服的东西，在网络时代失去了它的大多数意义。信息传输技术的出现，给共同理解的"自然而然性"以致命打击，信息流从物体的运输中获得了解放。当信息可以独立于它的载体，并以一种远超过甚至是以最先进的运输方式和速度传递，"内部"与"外部"之间的界限就再也无法划定，更别说是维持下去了。共同体将处于一种脆弱的、易受伤害的状态，它永远都需要警戒、强化和防御。[①]

"网络学习空间人人通"极大地拓宽了互动的可能性，它使每个学习参与者之间彼此交往的机会趋于无限，当然，这并不意味着交流范围也趋于无限。由于个体可投入交往成本的有限性，网络仅仅是扩充了可选项，但边界并未完全消失，原有的层级依然存在（见图 2－7）。

[①]　齐格蒙特·鲍曼. 共同体：在一个不确定的世界中寻找安全［M］. 欧阳景根，译. 南京：江苏人民出版社，2003：10－11.

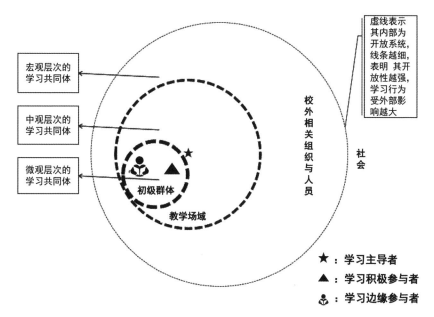

图2-7　"网络学习空间人人通"背景下的学习共同体

即便是到了完全的网络社会，学习共同体的成员关系也不会是匀质的：在微观的学习共同体内，个体成员之间保持学习上的强关系，与教学场域外的教学相关组织与人员，即影响区域中的成员保持着弱关系，而与教学场域内非自己所属初级群体的成员则介于两者之间，为中关系。

2. 学习共同体的组织成员

根据关系强弱，学习共同体分为三个层级，个体成员之外的学习共同体成员身份也可以分为三个类别（见图2-8）：强关系学习初级群体内的学习伙伴（内部成员之间为强关系）、强关系次级群体内的学习同伴（即教学场域内共同学习者，成员之间为中关系）、教学场域外相关组织人员（成员之间为弱关系）。但我们不能把教学场域内外理解为简单的一个嵌套在另一个之中，它们可能是重叠交叉的，相互妨碍或加强彼此的效果。①

----

① 杰西·洛佩兹，约翰·斯科特. 社会结构［M］. 允春喜，译. 长春：吉林人民出版社，2007：123.

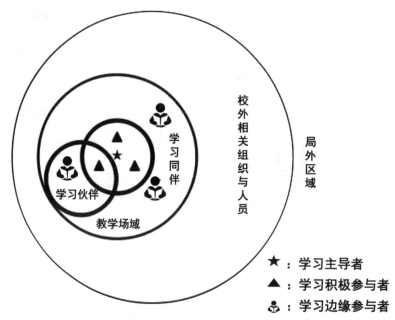

图 2 – 8　学习共同体内成员构成

　　传统学习共同体内组织成员难以脱域（dis-embedding）[1]，其社会角色基本上是固定的：教学场域限定在实体教学空间之内，如教室或"杏亭"之类的场所；学习主导者（核心成员）主要是教学场域内的授课教师；学习积极参与者（核心成员）主要是教学场域内的教学助理或学习骨干（组长）；学习边缘参与者主要是教学场域内的普通同学，他们可能与其他同学形成了学习伙伴的强关系（成为半核心成员），也可能还未与他人形成初级群体，彼此之间仅仅只是中关系（边缘成员）。理想的学习共同体的个体成员均拥有自己所属的初级群体，根据个体所在的位置，可以确定自己的学习伙伴、教学场域内的学习同伴、校内外相关组织人员的构成。

　　网络学习空间人人通后，组织成员的位置不再固定，随着身体在场和意识在场的分离、社会性身体与生物性身体的脱嵌，成员可以随意地进出，

---

　　① 脱域是安东尼·吉登斯在《现代性的后果》《第三条道路》等书中提到的一个概念，意指人们的社会关系和社会行为从他们所处的特定地域情景中脱离出来，跨越广阔的时空距离去重新组织社会关系。

也可以与外界的个体或共同体建立联盟，① 教学场域内的成员及其身份会呈现出复杂的多重性：教学场域不再限于实体教学空间，也可以是网络学习空间；学习主导者除授课教师外，教学助理和部分学生也都有可能成为临时的主导者；学习积极参与者除教学助理或学习骨干（组长）外，教育专家、行业专家、学习能手等社会人士都可能充当，进而在教学场域内获得自己的拥趸；学习边缘参与者除教学场域内构成强关系的小组同学之外，还有一些个体游离在教学场域内，却未与他人构建强关系的孤立个体（见图 2 - 9），在开放的拥有网络空间的教学场域内，出现这类"冷眼旁观"的个体几乎是不可避免的。

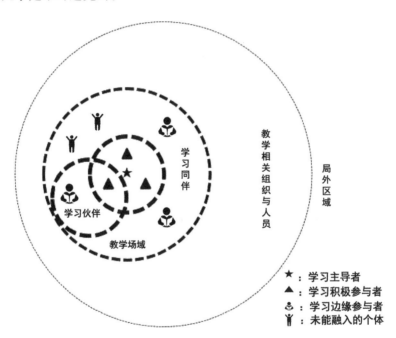

图 2 - 9　"网络学习空间人人通"背景下的学习共同体成员构成

（四）正式组织和非正式组织中的学习共同体

学习共同体具有很多类型，它既不能被完全限定在班级或是学校范围

---

① 戴维·乔纳森，简·豪兰，乔伊·摩尔，等. 学会用技术解决问题——一个建构主义的视角［M］. 任友群，等译. 2 版. 北京：教育科学出版社，2007：137.

内（如班级学习共同体或学校学习共同体），也不能被视作完全单纯同质的职业群体（如教师学习共同体），但几乎所有的学习共同体都可以根据其成员身份最初是由教学场域外嵌入（或教学场域本身赋予），还是由教学场域内构建，划分为两种不同的类型：正式组织中的学习共同体和非正式组织中的学习共同体。

学校学习共同体、年级学习共同体、班级学习共同体、小组学习共同体、课堂学习共同体、工作室学习共同体等都属于正式组织中的学习共同体。正式组织中的学习共同体成员数量是相对固定的，他们在初始群体中已经拥有了专属于该学习共同体的资格身份，有权参加学习共同体组织中的所有活动。这是由于正式组织中的学习共同体往往构建了一个制度环境，群体要服从"合法性"机制①，而不管这些形式和做法是否具有效率。这可能导致群体成员中出现资格身份、期待身份和公共身份不符的情况，例如某个班级的学生虽然按照规定必须上某节课，却对课程不感兴趣，想方设法逃课，也不愿意参与正常的课堂教学活动，成为教学场域内的边缘成员，未能融入学习共同体中来。但正式组织中的学习共同体构建也有其优势，那就是成员拥有最基本的共识，成员之间的交互成本较非正式组织中的学习共同体要低，这是因为成员均拥有先赋的资格身份，交互的信任和预期较为容易建立。所以从绪论"研究缘起"里描述的故事中，我们能发现，虽然最初安排同宿人员时具有很大的偶然性，住在一个宿舍的学员却总习惯于组合在一起，正源于其更低的交互成本。正式组织中的学习共同体大多数都处于由转化的学习共同体向理想的学习共同体发展的过程中。

专业学习共同体、同侪学习共同体、教师学习共同体、知识探究学习共同体等都属于非正式组织中的学习共同体。非正式组织中的学习共同体是其成员在长期的交流互动和共同实践中构建起来的，它创造了一个技术

---

① "合法性"机制是指那些诱使或迫使组织采纳具有合法性的组织结构和行为的观念力量。这里的"合法性"不仅仅指法律制度的作用，还包括了文化制度、观念制度、社会期待等制度环境对组织行为的影响，其基本思想是：社会法律制度、文化期待、观念制度等成为人们广为接受的社会事实后，就具有强大的约束力量，规范着人们的行为。参见周学光.组织社会学十讲 [M]．北京：社会科学文献出版社，2003：74－75．

环境，要求群体必须有效率，即按最大化原则组织活动。在非正式组织中的学习共同体中，期待身份和公共身份与成员身份不符的个体往往会在交流互动和共同实践中被排斥在学习共同体之外，例如某个教师虽然每次都参加了教师志愿者联盟，却只是观望，从不发言或与其他参与者交流，久而久之，要么本人会放弃，要么其他成员必然会剥夺其参与的资格身份。正式组织中的学习共同体的构建优势在于其目标较为单一，只有对目标高度认同且能够与其他成员成功合作者，才能够获得其成员身份，因而学习效率更高，学习共同体的维系更为持久，它更趋近于理想的学习共同体。

在理想情况下，正式组织中的学习共同体可以发展成为类似于非正式组织那样的、所有成员之间都彼此拥有高度认同的、有着长期高效的共同实践的、理想的学习共同体。此时，即便正式组织已经撤销（例如班级学生已经毕业），所有成员仍然维持着原来的学习共同体关系。同样，非正式组织中的学习共同体也可以通过约翰·迈耶（John Meyer）所说的"理性神话"① 的方式对非正式组织进行重新制度化设计，将之转变成为正式组织。

三、混合式学习共同体

（一）混合式学习共同体与混合式教学

混合式学习共同体属于学习共同体的一种，它是成员之间通过线上加线下的联系而构建的学习共同体。

混合式学习共同体是伴随着混合式教学而发展起来的，后者很可能将成为未来教学的主要方式。在实践中，线上加线下的混合式教学被大量采用，这并不仅仅是因为它是现代化的、适应未来网络生活的一种学习方式，更重要的是，无论是对于学生、教师还是管理者，混合式教学都具备一些

---

① 理性神话是指当作为共享观念的规范具有强大的约束力时，人们在制度设计中将不得不采取规范所认可的制度形式，因为这样的规范已经不再是人为的、刻意地制定出来的，而是以自然法则的形式，成了神话的东西，使人们在无意识中就会按照这种规范的要求进行设计。参见 MEYER J，BOWEN B. Institutionalized organizations：formal structure as myth and ceremony ［J］. American journal of sociology，1997，83（2）：340 – 363.

特殊的优势。具体表现在三个方面：

一是增加可接近性。混合式教学相对传统学习方式而言，教师与学生、学生与学生之间更易于接近，也更方便联系，因而能够提升学习的满意度和有效度，进而更有利于构建师生之间的关系。

二是可以改进学习。线上与线下的混合可以改进教学的结构性设计，可以提供更多的学习指导和启发，可以更方便地获取和评估学习行为，可以提供个性化的学习机会，可以通过社会交往增加接触面，可以限定完成任务的时间。

三是可以降低成本。在混合式教学过程中，学习者可以节省大量的交往时间、节约交通费用，在高效利用教学资源的同时有效降低教学成本。①

随着信息技术在教育教学中大量使用，混合式教学已经成为一股潮流。2016 年美国发布的《新媒体联盟地平线报告》（高等教育版）中提及，"混合式教学的广泛应用将是未来 1 至 2 年内极有可能影响高等教育变革的短期趋势之一"②，这是由于它结合了传统教学与信息化教学的优势，既可发挥教师在引导、启发、监控教学过程中的主导作用，又可充分体现学生的积极性、主动性和创造性，并使二者优势互补，获得最佳学习效果。③ 美国教育部 2010 年的一份报告审查了 50 项在线教育与传统面对面课程的比较研究，认为那些使用了网络进行教学的班级同学平均表现比传统面对面的班级同学更好，该报告还同时比较了混合式课程与在线课程的学习效果，发现混合式课程比单纯的线上课程在学习指导上具有更大的优势。④ 而这些优势在混合式学习共同体中都可以充分得以体现。

---

① STEIN J, GRAHAM C. Essentials for blended learning: a standards-based guide [M]. New York: Routledge, 2014: 14 – 17.

② JOHNSON L, BECKER S, CUMMINS M, et al. NMC horizon report: 2016 higher education edition [R]. Austin, Texas: The New Media Consortium, 2016.

③ 何克抗. 从 Blending Learning 看教育技术理论的新发展（上）[J]. 电化教育研究, 2004 (3): 1 – 6.

④ MEANS B, TOYAMA Y, MURPHY R, et al. Evaluation of evidence-based practices in online learning: a meta-analysis and review of online learning studies [DB/OL]. [2010 – 09 – 01]. https://www2. ed. gov/rschstat/eval/tech/evidence-based-practices/finalreport. pdf.

在今天，网络在人们的日常生活中已经发挥着越来越大的影响，这意味着，未来绝大多数人们的生活就是混合式的，实体物理空间和在线的活动与经验混合在一起，将成为生活的常态，也必将成为教育教学的常态。因此，伴随着网络社会的到来，传统的面对面教学极有可能将被未来的混合式教学所取代，而通过混合式教学所构建起来的学习共同体，必然是混合式学习共同体。混合式教学相对传统教学而言所具有的优势同时也正是混合式学习共同体相对传统学习共同体而言所具备的优势。

（二）混合式学习共同体与传统学习共同体

与传统学习共同体相比，混合式学习共同体增加了线上交流环节，使成员之间的交流不受时空限制。具体而言，它们之间的差异主要表现在以下三点：

1. 沟通交流的便利程度不同

传统学习共同体的形成往往需要成员长久地朝夕相处，在共享的情境下，历经多次面对面的沟通交流互动，才能做到对彼此之间的行动默契和深度理解。学习共同体内规则与共识的形成，都需要全体成员共同经历和长期磨合才能实现。通过组织共聚仪式来培养成员之间联系的纽带，这一过程不仅费时费力，更重要的是，参加的成员越多，群体规模越大，成员之间大范围的沟通也越困难。混合式学习共同体可以依托网络进行随时随地的互动交流，通过即时语音对话、在线图像视频，乃至全息立体投影等多种网络联结方式，跨越时空和地域的限制，从而使交流沟通更为便利。例如，网络空间不仅能够记录成员的学习经历，还能够在成员与他人互动时记录交流互动的内容，促进反思与元认知，提供持久、迭代的学习记录和体验，通过背景分析和话语分析了解对方真实想法，持续深化成员彼此之间的了解和认知。①

2. 活动区域的广阔程度不同

传统学习共同体无法与地域脱嵌，共同体成员的关联只能在一个狭小

---

① 段金菊，余胜泉. 学习科学视域下的 e-Learning 深度学习研究 ［J］. 远程教育杂志，2013（8）：43 – 51.

的地域范围内通过面对面交流实现，成员之间强关系的形成必须也只能依赖于成员活动区域的高度重叠。一旦成员纷纷离乡背井，远走他处，又或是某种原因之下不得不相隔离，即便彼此之间恋恋不舍，学习共同体也将难以存在。此后就算有机会再见面，也需要花费较多的时间和精力才能重构学习共同体。而混合式学习共同体则可以依托网络手段，不断延续成员之间跨地域的联系和交往，使成员之间的强关系具有更长的"保鲜期"，在成员重逢时，感情可以迅速升温，以最快速度恢复甚至超越过去的关系强度。

3. 关系确立的时间长度不同

传统学习共同体成员之间强关系的确立需要花费较长的时间。[①] 要构建学习共同体，需要成员彼此对对方的人生追求、知识背景、学历层次、学习习惯、学科偏好、预期目标、合作方式、运用手段等诸多方面都有较深的了解，并经过长时间的协调配合，实现多次成功的合作，才有可能实现。但混合式学习共同体的构建则不同，成员之间可以充分运用网络手段，在成员见面之前，通过"热身交流"，加深对彼此的了解和认知，在成员见面之后，通过跨时空的交流与沟通，实时了解对方的学习计划安排、学习进展情况和学习实践节奏，使彼此之间的学习配合更加高效。它将有效地提升成员在共同学习中的情感能量，大大缩短成员之间构建强关系所需的时间。

尽管混合式学习共同体与传统学习共同体之间存在差异，但这种差异并非本质上的，因为混合式学习共同体具备学习共同体的基本特征：成员联系紧密、彼此身份认同、能够感受安全、具备交往预期、拥有共同规则。不仅如此，混合式学习共同体覆盖了线上加线下的联系，因而成员关系更为紧密，共同的身份认同更为明显，成员通过频繁的分享安全感更高，互

---

① 即便是先赋的父母与子女关系，也不是子女一生下来就确定的，只有当子女成长到足够意识到父母关系的重要性，并愿意主动去构建强关系时，父母与子女之间的共同体才算真正构建起来。参见邹佳青. 华人社会中的社会关系网络——社会网络中的中等关系与本土化解释 [J]. 当代青年研究, 2003 (4)：45–49.

动交往更为便利，他们受共同规则的影响也更加强烈。

随着网络时代的到来，传统的学习共同体成员会逐渐开始采用网络手段来交流，以弥补传统交流方式的不足，突破面对面交流存在的时空限制，提升交流效率。所以，除非回到网络社会之前，否则传统的、只存在于面对面交流的学习共同体将逐渐消失，或最终转变成为线上加线下的混合式学习共同体。①

（三）混合式学习共同体与网络学习共同体

正如前所述，网络学习共同体并非真正的学习共同体，它应该被准确地称呼为"网络群体"，群体成员除非在现实生活中有长期共处，使彼此之间能够深度了解，否则其成员之间无法形成强关系。

这是由于以下五个因素决定的：

1. 网络人群的真实性无法保证

要构建学习共同体成员之间的强关系，需要成员之间保持高度信任。这种信任来源于对对方的人生追求、知识背景、学历层次等诸多方面的深度了解。单纯通过网络手段的交流，个体可以轻易作伪，在"前台区域"通过"印象管理"手段，只向对方呈现对自己有利的一面，而掩饰对自己不利的内容。虽然在真实场景下，人们的见面行为也会存在"印象管理"，但随着彼此关系的不断加深，每个人都会逐渐进入对方的"后台区域"②，

---

① 唐·兰迪·加里森（Donn Randy Garrison）在谈到混合式学习时说道，混合式学习这一专业术语也许将来会消失，因为大多数正式学习都将符合混合式学习的定义。由此我们也可以推断，未来的学习共同体也会是混合式学习共同体。参见唐·兰迪·加里森. 混合式学习［M］//丽塔·里奇. 教育交流与技术术语集. 来凤琪，等译. 上海：华东师范大学出版社，2017：25.

② "前台""后台""印象管理"的概念都源自欧文·戈夫曼（Erving Goffman）的拟剧理论（dramaturgical theory）。在戈夫曼的拟剧理论中，人们的活动被比作剧院里的演出。"前台"和"后台"都是对表演区域的一种划分，而人们的社会行为就是在表演。前台是表演中以一般的和固定的方式有规则地发生作用的地方，是为那些观察表演的人限定的情境。后台是为前台表演作准备的、不想让观众看到的地方，通过安全隔墙和通道与表扬场所相隔绝，它是观众不能进入的场所。在后台，表演者能够获得松弛、放下面具、不讲台词、摆脱前台角色。"印象管理"是指人们通过言语、姿态等表现，使他人对自己形成自己所希望的印象。戈夫曼的拟剧理论认为，在社会表演中，人们都非常关心和试图控制自己留给他人的印象，往往运用一些手段（外部设施和个人装扮）来装点门面，这个为别人制造"情境"，以希望给别人留下自己所期待的印象的过程，就被称作印象管理。引自邓伟志. 社会学辞典［M］. 上海：上海辞书出版社，2009：89–91.

了解更深层的内容。相比之下，单纯的网络交流无法使个体进入对方的"后台区域"，这就令所有的交往仅限于"前台"，呈现出来的也只是经过了对方"印象管理"的、有利于对方表演的前台互动。对方掩藏在表象之下的、真实的情况无法确认，因而其交往的真实性也就无法保证。由于网络交流没有面对面交谈的"带宽"，会遗失许多重要的交流线索，例如身体语言、语气、重音、语调、语速、停顿以及表达意思的其他重要线索，① 这会使双方的交往无法相互深度嵌入，只能维持基本的弱关系。

2. 地域脱嵌后的身份难以确认

网络群体实现了地域脱嵌，一方面，每个个体仍旧分散在自己的实体生活空间里生活、学习；另一方面，每个个体又通过网络聚集、联系，实现了真实身份与角色的分离。正是这种分离，增加了角色扮演的自由度，但其代价却是成员所扮演角色背后的真实身份无法得到确认。例如天真少女角色的扮演者可能是油腻大叔，哀怨少妇的扮演者可能是佝偻老妪。即便我们能够通过实名实像制度，要求所有成员遵守，但各种有利于个体的艺术加工仍然难以完全避免。在网络群体中，不仅他人的身份难以确认，自己的主要身份也常常会出现与扮演角色相背离的现象。一个虚拟世界中十分勇猛、充满冒险精神的人，在现实生活中可能表现得十分怯懦。除非这种虚拟世界中的特性能够在现实生活中表现出来，其在现实生活中怯懦者的主要身份不会发生变化。因而，网络群体中成员不确定的身份特点，决定了成员之间的关系只维持着基本的弱关系，即便增强互动频度和沟通密度，除非到彼此见面的地步，否则也难以形成强关系。

3. 随时退出的自由不保证安全

存在于虚拟世界中的网络群体相对实体空间中的真实群体而言，成员保持着高度的退出自由。由于技术影响，又或者是个人意愿的改变，成员可以轻易退出，除非这种退出影响到了其实体生活空间中的亲属、邻居、

---

① 戴维·乔纳森，简·豪兰，乔伊·摩尔，等. 学会用技术解决问题——一个建构主义的视角［M］. 任友群，等译. 2版. 北京：教育科学出版社，2007：87-88.

朋友等，否则一般不会对其现实生活产生严重的影响。这使网络群体几乎不可能通过强制让成员与群体之外的人群隔离开来，成员在受网络群体其他成员影响的同时，也还受着其他实体空间的真实群体或其他网络群体成员的影响。在这种多重影响之下，究竟什么才是主要影响，谁才是主要的影响者，每一个成员都可能有自己完全不同的判断。由于个体之间相互信赖的出现主要源于个体的成果将受到自己和他人行为的影响①，这种随时退出的自由使网络群体中的成员很难做到相互之间的高度信任，也很难使成员产生自己"完全从属"于该网络群体的感觉。这就是一些人虽然整日沉湎于网络虚拟世界，却仍然无法找到内心安全感的主要原因。

4. 成员之间交往预期不够强烈

网络群体成员在交往方面与实体空间中的群体成员交往的一个主要不同在于，前者拥有更大的交往面，因而拥有更多的对交往对象的选择自由。尽管这种选择有可能会受到一定程度的诱导，例如网络平台的优先推荐可能会影响到成员的选择，但个体成员依旧可以选择忽视这些优先推荐对象，而选择其他更中意的目标，选择的决定权始终在个体成员这里。实体空间中的真实群体则不同，在有限的地域内，可供个体成员选择的对象是有限的，成员会根据自己的成本和收益计算，寻找可以深度交往的对象，一旦达到平衡，强关系就能够迅速构建。由于网络群体机会成本较小，而可能的收益趋于无限，故而其成员会不断地进行更优尝试。由于无法知道对象的真实情况，网络群体成员对特定个体的交往预期远远没有真实群体成员那样强烈，建立的更多是短、平、快的联系，成员流动性极大，很少有长远交往的规划。

5. 破坏共同规则难以得到惩处

学习共同体的建立有赖于所有成员在长期的共同学习经历中所形成的共有理解，以及在这种理解之上建立的共同规则，它存在于成员的共同意

---

① JOHNSON D, JOHNSON R. An educational psychology success story: social interdependence theory and cooperative learning [J]. Educational Researcher, 2009, 38 (5): 365 – 379.

识之中，被视作学习共同体的重要标志之一。这种共同规则被视作是神圣的，它"之所以具有神圣性，是因为它就是集体情感的对象"。在传统的共同体中，破坏共同规则的代价极为高昂，"对集体情感的侵犯和触怒，使之变得暴戾恣睢，要为它所遭到的侵犯进行报复"①。但网络学习群体则不然，单纯的网络群体成员不会嵌入彼此的实体生活空间，因而成员退出成本极低，也无法形成元规范②，而元规范是提高和维持人群合作水平所必需的。这使得网络群体成员一旦破坏群体内的共同规则，除了强制退群（因为随时可以加入其他的网络群体，退出某个网群几乎不会对其本人产生实质影响），难以得到有效的惩处。与之相对应的是，维护共同规则的成本则较高，成员不仅要不断强调群体内的共同规则，还要自觉遵守共同规则，对破坏共同规则的成员除了劝说或"侵入"其个人的实体生活空间之内加以影响以外，几乎没有其他更有效的手段干扰或组织对方的破坏行动。这就是何以网络暴力的发生，往往都是通过影响当事人的现实生活，而不是仅仅通过网络这个唯一途径进行干涉的根本原因。

正如网上的虚拟夫妻不能被视作真正的夫妻，不能领取有效的结婚证一样，虚拟的网络学习共同体也不能被视作真正的学习共同体，即便成员有一段较长时间的合作学习经历，但由于缺乏深度嵌入的交往，成员之间无法构建起强关系，只能被视作一种通过网络在线合作的学习型群体或者学习型组织。除非成员在现实生活中见面，否则很难将这样一个身份标签带到自己的现实生活中来。毕竟某人可以用某学校的学生作为自己现实生活中的永久身份标签，向所有陌生人展示自己，但几乎没有人会用参加某大规模在线课程学习的学生作为自己的永久个人身份标签，即便是在短期展示中出现了这个标签，对象也是特定的，比如有着相同的学习背景和经

---

① 爱弥儿·涂尔干. 宗教生活的基本形式 [M]. 渠敬东，汲喆，译. 北京：商务印书馆，2011：566.

② 元规范是指该规范不仅是要惩罚那些违背规范的人，还要惩罚那些没有惩罚违背规范者的人。参见罗伯特·阿克塞尔罗德. 合作的复杂性——基于参与者竞争与合作的模型 [M] 梁捷，等译. 上海：上海人民出版社，2017：44.

历的他人，① 又或者是带着为该网络课程做宣传的目的。随着个体的成长和成熟，大多数人开始渐渐拒绝添加网上偶遇的陌生人为好友，除非双方存在着进一步深度交往的预期，满怀着形成混合式学习共同体的希望。因此，虚拟的网络学习共同体只是网友想象中的学习共同体，它并非真实存在。否则，我们也可以将人类社会想象成一个共同体，谈不上去建构它的问题了。

由上所述，我们认为，网络学习共同体要么只是一种联系松散的学习型网络群体，要么就必然会从网络交往转化为经常见面后的、在实体空间有着真实交往的混合式学习共同体。② 至于马琳·斯卡德玛利亚（Marlene Scardamlia）和卡拉·贝瑞特（Carl Bereiter）所说的，通过电子邮件、即时消息、聊天室和博客等技术形成的与社会紧密整合的学习共同体，③ 从实质上说只是通过网络手段补充的，将传统的学习共同体发展而形成的混合式学习共同体而已。玛格丽特·玛丽·瑞尔（Margaret Mary Riel）就直言，它不能取代会面，这些体验也不能取代面对面接触，它们只是提供了另一种增加联系和产生真实结果的社会交换形式。④ 安德鲁·沃德（Andrew Ward）等人也说，即便如三维学习环境或宽带视频会议等可能提供了增强功能，

① 珍妮弗·伦德奎斯特（Jennifer Lundquist）在探讨种族、性别、教育共同塑造互联网约会异性间的相互作用时发现，无论是对男性还是对女性伴侣的搜索行为中，种族同质性都占据主导地位，教育并不能调节这种偏好。很显然，人们更倾向于在网络上结交与自己背景和经历类似的网友。参见 LUNDQUIST J. Mate selection in cyberspace：the intersection of race, gender, and education [J]. American journal of sociology, 2013, 119 (1)：183 –215.

② 查尔斯·格雷厄姆（Charles R. Graham）在对混合式学习环境中的学习者进行分析时发现，有些研究证据表明，混合式学习环境中的学习者更加注重面对面交流，但同时也有其他研究发现，面对面交流可能是不必要的。（参见 GRAHAM C. Blended learning systems：definition, current trends, and future directions [M] // CURTIS J B, CHARLES R G, JAY C, et al. handbook of blended learning：global perspectives, local designs. San Francisco, CA：Pfeiffer Publishing, 2006：3 – 21.）很显然，其中的差别就在于，前者与其他学习者有建立混合式学习共同体的期待，而后者却只希望与其他学习者维持松散的工具性关系。

③ SCARDAMLIA M, BEREITER C. Computer support for knowledge-building communities [M] // Timothy Koschmann. CSCL：Theory and practice of an emerging paradigm. New Jersey：Lawrence Erlbaum Associates, 1996：249 –268.

④ 转引自戴维·乔纳森，简·豪兰，乔伊·摩尔，等. 学会用技术解决问题——一个建构主义的视角 [M]. 任友群，等译. 2 版. 北京：教育科学出版社，2007：93.

但网络教育也应该只是补充，而不能取代面对面教育。①

所以，在网络社会，无论是传统学习共同体还是网络学习共同体（实质是网络群体），随着成员之间相互联系的加强，最终都将转变成为混合式学习共同体。而混合式学习共同体根据互动交流的主要形式可以分为两种：以线下交往为主、线上交往为辅的混合式学习共同体（即"实主网辅模式"的混合式学习共同体）和以线上交往为主、线下交往为辅的混合式学习共同体（即"网主实辅模式"的混合式学习共同体）。这两者之间并非泾渭分明，有可能仅仅是根据时空条件变化而侧重不同。

四、基于网络空间的混合式学习共同体

（一）网络学习空间及其功能与作用

1. 网络学习空间的概念

网络学习空间（Cyber Learning Space）并不是一个新词。早在 20 世纪末，珍妮·麦卡蒂（Jeanne E. McCarty）就在美国马里兰大学针对非裔人群做过基于网络空间构建交互式的线上网络学习共同体的研究②；在国内，王广新是比较早提到网络学习空间的学者，在一篇名为《网络环境下学习空间的特征分析》的文章中，他从物理空间和人际交往空间两个方面，探讨了网络环境下学习空间的基本特征，并且论述了网络学习空间调控和优化的原则及方法。③

2012 年 9 月 5 日，时任国务院副总理的刘延东在全国教育信息化工作电视电话会议上提出，在"十二五"期间，要建设"三通两平台"，即"宽带网络校校通、优质资源班班通、网络学习空间人人通"和"教育资源公共服务平台""教育管理公共服务平台"，并认为这是当前教育信息化建设

---

① WARD A. Prosser. Reflections on cyberspace as the new "wired world of education" ［J］. Educational technology and society, 2011, 14（1）: 169 – 178.

② MCCARTY J. Cyberjunctions: Building learning communities in cyberspace ［J］. Journal of experiential education, 1999, 22（2）: 74 – 79.

③ 王广新. 网络环境下学习空间的特征分析 ［J］. 电化教育研究, 2000（2）: 58 – 62.

的核心目标与标志工程。① 从此，"人人通"的"网络学习空间"开始成为热门词汇。

截至 2018 年 1 月 24 日，在知网上以"网络学习空间"为关键词，可以搜到 700 多篇论文文献，其中 2017 年一年就有 212 篇。但上述研究在谈到"网络学习空间"时，其概念含义却并不一致。

对"网络学习空间人人通"中的"网络学习空间"是怎样的空间，学术界长期存在着多种界定。例如：杨现民等人将网络学习空间分为广义和狭义两类。胡永斌等人则将之分为教学资源型、直播教学型、学习社区型、角色扮演型、课程服务型五类。而在有的研究中，QQ 空间或"QQ 空间 + 360 云盘"也被视为"网络学习空间"。② 就其内涵而言，目前无论是学术界还是实践领域也未形成统一认识。③

本书所提到的网络空间是指满足"人人通"要求的网络学习空间。根据 2016 年 6 月教育部印发的《教育信息化"十三五"规划》中对"网络学习空间"功能的描述，空间要集成网络教学、资源推送、学籍管理、学习生涯记录等功能，能够实现师生教与学的过程、实践经历记录的空间呈现，能够对学习情况进行大数据采集和分析，④ "网络学习空间"可定义为：基于开放式的云计算架构，由机构专门为学习设计的，以学习者为中心，个人可终身使用的实名制网络虚拟空间。⑤ 基于网络空间的混合式学习共同体是在"网络学习空间人人通"的背景下，基于这样的网络学习空间而构建起来的线上加线下的混合式学习共同体。

---

① 刘延东. 把握机遇，加快推进，开创教育信息化工作新局面——在全国教育信息化工作电视电话会议上的讲话［EB/OL］.（2012 – 09 – 05）［2018 – 01 – 22］. http：//www. moe. gov. cn/publicfiles/business/htmlfiles/moe/s3342/201211/144240. html.

② 谢泉峰. 实现"人人通"的"网络学习空间"是什么［J］. 中国电化教育，2017（2）：64 – 68.

③ 杨现民，赵鑫硕，刘雅馨，等. 网络学习空间的发展：内涵、阶段与建议［J］. 中国电化教育，2016（4）：30 – 36.

④ 教育部. 教育部关于印发《教育信息化"十三五"规划》的通知［EB/OL］.（2016 – 06 – 21）［2023 – 05 – 20］. http：//www. edu. cn/xxh/focus/zc/201606/t20160621_ 1417428. shtml.

⑤ 谢泉峰. 实现"人人通"的"网络学习空间"是什么［J］. 中国电化教育，2017（2）：64 – 68.

2. 网络学习空间的功能

一个人的态度是无法被观察的，而必须根据他的行为来推断。由于行动可以直接被观察，并像其他科学数据一样被记录下来，所以通过研究一个人的行动来了解这个人，似乎是明智之举。① 运用网络学习空间教学虽然也属于信息化教学，但与网络教学的不同之处在于，网络学习空间能够记录学习者本人的各种学习交流数据，能够建立、增进和深化基于课程学习行为之上的学习者之间的人际关系，通过分享彼此的文化背景、教育状况、同伴关系、兴趣爱好、工作经历等信息，构建基于网络学习空间的课程学习的人际交往圈，形成共同的学习经历。② 它甚至还可以对上述这些内容进行智能化分析和智慧化管理，从而发挥出独特的优势作用。

一个理想的网络学习空间，它的主要功能有六种。

（1）个人展示功能

通过本人授权，网络学习空间可以将个人的背景情况、性格特征、兴趣爱好、学习动态、人际交往等内容向外展示，甚至可以通过各种页面的装饰设计，对个人网络学习空间内"展厅"中的内容进行美化和装饰，以凸显自己的学习目标、学习内容、学习喜好、学习品性、学习习惯和学习方式。在此基础上，每个人都可以进行网络教学，使"人人为我师，我为人人师"得以实现。

（2）资源汇聚功能

通过简单操作，网络学习空间可以将网络上的各类优质教育资源和学习资源通过一键分享、转载、保存、记录，将这些资源分类汇聚在自己个人网络学习空间相应的栏目内，方便学习资源的创建、修改、分类、发布、分享、收集、保存、管理和运用，实现网络优质资源应用的最大化。

（3）信息管理功能

网络学习空间的结构是半开放的，可以作为个人的学籍档案，所有资

---

① 威廉·富特·怀特. 街角社会——一个意大利人贫民区的社会结构［M］. 黄育馥，译. 北京：商务印书馆，2005：352.

② 谢泉峰，段怡. 网络空间课程生成性教学资源建设的方向、内容与基本策略［J］. 中国教育信息化，2016（16）：69−71.

料在线永久保存，同时依照个体意愿，也可以建立栏目并对栏目分类进行操作，对自己本人网络学习空间内和发布的信息进行批量或单个的管理，如设置权限、定时推送、资源排序、删除修改、查找替换、学习提醒等。

（4）互动交流功能

通过自主选择，网络学习空间可以文字、音频、视频、投影等多种形式双向或多向传输数字信号，实现即时或延时的互动交流，并能够对交流方式进行管理，例如有选择屏蔽、单向屏蔽或多向屏蔽特定的信息，以及在线记录交流内容和交流过程，实现学习痕迹的网络呈现。

（5）数据分析功能

通过对学习者在线记录的学习过程、实践经历等相关数据进行有效联结，网络学习空间可以实现数据统计、数据分析、数据挖掘①和数据管理，找寻各种数据之间的联系，运用大数据测算各个因素之间的关联性和影响度，进行个人学习的横向比较和纵向比较。

（6）智能推送功能

通过系统设定，网络学习空间既可以立足于管理层面，智能推送相关学习信息，方便学习者进行在线选课、课前预习、课后作业、习题自测、学习互评、拓展阅读等活动，帮助学习者养成自主管理、自主学习、自主服务的良好习惯，还可以立足于学习层面，分析每个网络学习空间中的学习行为，了解个体的人生规划、择业倾向、知识层次、学习偏好，习惯养成等相关信息，智能推送适合个人的学习项目、学习课程、学习资源、学习方式和学习同伴，帮助学习者制定长远的人生学习规划。

2. 网络学习空间的作用

满足上述功能的网络学习空间具有智能化和智慧化的特点，其可以发挥的主要作用包括：

（1）提供个人学习服务

网络学习空间可以根据个人网络学习空间中建设的教学项目、教学计

---

① 利用数据挖掘技术可以精确无误地追溯和映射网络交流留下的数字踪迹，并对其进行研究。参见约翰·斯科特. 社会网络分析法［M］. 刘军，译. 重庆：重庆大学出版社，2016：87.

划、教学资源、教学内容、教学进度、教学评价等，通过大数据分析，智能分析和调节学习者的学习安排情况，引导学习者一步步完成学习任务，并勇于向更高层次的学习发起挑战。

（2）提供机构运营支持

网络学习空间能够进行横向和纵向的数据收集，向机构推送同类教学的热门资源、优质资源、关联资源、最新资源等，向个人提供名师课程推荐、辅导教师推荐、优秀资源推荐、学习方法推荐、学习同伴推荐、测试习题推荐、实习实践推荐、仿真实训推荐、招聘岗位推荐等多种信息，促进学习共同体的形成，提升机构运营的成效。

（3）提供社会公共服务

网络学习空间允许发布相关信息，通过建设网络课程、分解教学资源、汇总成功案例、提供学习工具、构筑学习群体、专家在线答疑以及网上学习辅导等多种方式，为个体提供个性化、有针对性的学习服务，共筑学习型社区，形成宏观层面的学习共同体。

因此，就个人层面而言，网络学习空间是记录个人学习和工作的终身电子档案；从机构层面而言，其不仅能够以智能推送等数据联结方式解决信息孤岛问题，而且能够通过提供社会公共服务，成为综合运用信息技术进行教育教学改革的有效载体。

（二）网络学习空间和网络学习平台

网络学习空间虽然运作于网络学习平台之上，但它与单纯的网络学习平台还是有差异的。有观点认为网络学习空间应该是一个完整的空间应用系统，它可以提供学生空间、教师空间、管理空间等，并且学生可以在这个系统中实现选课、预习、练习、测试、实验、协作、讨论、作业等学习活动，教师可以在系统中实现在线备课、辅导、教学、研修等教研活动。[①] 这种解读实际上是混合了网络学习空间和网络学习平台的功能，而两者之间实际上还是有明显区别的。

---

① 雍文静. 职业教育网络学习空间中的学生学习满意度实证研究 [J]. 中国电化教育，2018 (4)：66–71.

1. 是否拥有独立空间

网络学习空间是一个为用户个人所拥有的独立空间，即一个单独的逻辑储存单元。"拥有"的意思是说，每位用户都有自己的唯一账号，支持本人建立、收集、管理和运用各类资源，它不是通常意义下"支持学习发生的虚拟空间"①，而是每一位用户都可以充分彰显自己的个性，依照自己的兴趣和认知策略对其个人拥有的空间进行自主设计。因此，用户是在利用这个空间"记录""分析""管理"学习，而不是简单地"参与"学习。网络学习空间的用户也不局限于师生，学校管理者、企业行业专家、学生家长和监护人等涉及教育教学相关的各方人士都可以成为空间用户，这个拥有众多"网络学习空间"的平台等同于一个每个人都具有相同的"空间网友"身份、结构上呈扁平状的数字化虚拟社区。师生建设相同的空间，改变了过去固化的师生不平等关系，师师之间、师生之间和生生之间会出现基于"网友"角色的竞争，相互启发、彼此促进，师生平等成为现实。② 有了结构相同的独立空间，师生的个人影响力就不再基于身份，而是能力，传统"教"与"学"的关系得以颠覆。这就是师生拥有"获取信息的平等地位"，"教与学、教与教、学与学"出现全面互动。③

相比之下，网络教学平台上的用户仅仅只是平台的使用者，并不拥有独立的个人空间，不能体现学习者在学习过程中的个性差异和学习支持，也无法满足个性化学习的需要。④ 虽然学生可以在这个系统中实现选课、预习、练习、测试、实验、协作、讨论、作业等学习活动，但这些活动只在平台上留有痕迹，用户是在参与平台教学过程，而非记录和管理自己的学习。

---

① 贺斌，薛耀锋. 网络学习空间的建构——教育信息化思维与实践的变革 [J]. 开放教育研究，2013 (4)：84-95.

② 谢泉峰. 实现"人人通"的"网络学习空间"是什么 [J]. 中国电化教育，2017 (2)：64-68.

③ 教育部. 教育部关于印发《教育信息化"十三五"规划》的通知 [EB/OL]. (2016-06-21) [2023-05-20]. http://www.edu.cn/xxh/focus/zc/201606/t20160621_1417428.shtml.

④ 尹睿，刘路莎，张梦叶. 国外百门大规模开放在线课程设计与开发特征的内容分析：课程视角 [J]. 电化教育研究，2015 (12)：30-37.

2. 是否实名终身使用

网络学习空间必须能够实名终身使用。教育部印发的《教育信息化"十三五"规划》中特别明确提出，要"推进实名制网络学习空间的建设与应用"，空间要具备学籍管理的功能。① 采用实名制将使学生充分考虑个人言论可能带来的后果，进而更加理性、现实地表达意见。② 它可以使消息来源更可靠，引导用户自律意识，干预和限制不法分子恶意行为。③ 实名是开放和共享的保障，而这里的开放和共享不仅要指向各类人员（如教师、学生、学校管理人员、家长、行业专家、空间好友等），也指向各类资源（如视频、教案、讲义、习题等预设资源和协商、会话、沟通、交流等生成性资源），还指向教学的其他要素（如学习的时间、地点、形式等）。由于采用实名制，且可以供用户终身使用，教育管理部门可以依托网络学习空间进行学籍管理，使之成为每个学习者终身的学习档案，完整记录学习者的学习成长全过程。所以它是基于学习者个人设计的空间，充分体现了"以人为本"的内涵。④

相比之下，网络学习平台的注册多是匿名的，用户也多是短期使用，学生毕业离校，平台即与学生分离。且个人学习和成长的全过程在平台上并无专门记录，难以进行终身的、长时段的数据挖掘、统计分析和行动研究。

3. 是否拥有固定角色

网络学习空间的用户可以扮演多重角色。在教育教学过程中，那些基于自己的网络学习空间向其他"空间网友"传播知识、技能等相关信息者扮演的是教师的角色，而接受这些信息并参与交流讨论者扮演的是学生的

---

① 教育部. 教育部关于印发《教育信息化"十三五"规划》的通知 [EB/OL]. （2016 – 06 – 21）［2023 – 05 – 20］. http://www.edu.cn/xxh/focus/zc/201606/t20160621_1417428.shtml.

② 虞鑫，王义鹏. 社会网络环境下的大学生公开意见表达影响因素研究 [J]. 中国青年研究，2014（10）：97 – 104.

③ 马永春. 论微博的弊端及规制——实名制下微博使用的积极意义 [J]. 西南民族大学学报（人文社会科学版），2012（9）：167 – 170.

④ 谢泉峰. 实现"人人通"的"网络学习空间"是什么 [J]. 中国电化教育，2017（2）：64 – 68.

角色。由于所有用户都拥有功能相同的网络学习空间，它将现实生活中的师生角色转变成为平等的"空间网友"角色，此时现实生活中的教师和学生在网络学习空间都不再拥有唯一身份，双向选择之下，师生关系也会随之发生重大变化。教师要教会学生基于网络学习空间来学习，就必须转变自身诲人不倦的灌输者的角色，成为学生获取资源的领航者、自主学习的辅导者、解构重构的指引者、教学过程的组织者、课程文化的营造者和探讨交流的推动者，使学生成为学习的真正主体。人人都建设网络学习空间，教学资源也不再局限于传统的课本、教案，变为由教师、学生、行业专家等共建的信息资源库中攫取，各种教学媒体也不再是传统教学条件下教师施教的工具，而是成为学生自主学习的工具，从而实现教学模式的创新。①

相比之下，网络学习平台的用户角色往往是固定的。现实生活中的师生角色与网络学习平台上的师生角色大多高度重合，教师基于网络学习平台对学生的线上学习进行组织、管理和评价，实际上等于利用网络学习平台将线下的学习模式复制到线上，师生之间的地位落差更加难以弥平。

4. 是否能够人人使用

网络学习空间虽然是专为学习者设计的，但这里的学习者并不局限于学生，在"人人皆学、处处能学、时时可学"的学习型社会中，包括学校教师、学生家长、企业专家、公司员工等，人人都可以是学习者。这就意味着，网络学习空间要拥有海量用户，可以进行基于大数据分析的智能管理。人人使用空间，即人人都通过上传和下载，在空间记录自己的学习轨迹，参与资源建设。通过大量的交流互动，资源得以共享、共生，一些非预期的、再生的、内源性的、现实性的生成性资源在空间中留存下来，成为教学资源的重要组成部分。它使教育资源，特别是基于大数据构建的生成性资源成为具有生命力的流动智慧，体现了应用知识管理来指导教育资源建设的思路。依托大量用户，网络学习空间可以持续采集学习者的学习

---

① 谢泉峰. 实现"人人通"的"网络学习空间"是什么［J］. 中国电化教育，2017（2）：64 - 68.

行为数据，在智能分析的基础上提出个性化、有针对性的学习建议。这将使学习行为记录走向精细化，既可以用于精准分析学习资源质量，优化资源设计与开发；又可以帮助学生以此对自己某段时期的学习进行分析，实现适应性学习和自我导向学习。①

相比之下，网络学习平台的使用者主要只有教师和学生，用户群体同质性较高，即便可以实现在线备课授课、家校互动、网络研修、指导学生学习等活动，其参与者的范围还是有限的。

综上所述，采用实名制、专门用于学习的个人网络空间都可以被视为网络学习空间，而 MOOC、智慧职教等则是网络学习平台。

（三）基于网络空间的混合式学习共同体成员聚合模式

混合式学习共同体最初可能是由指派（例如，实体课堂）或自我选择（例如，虚拟网络学习空间）发起的，② 进而形成了以线下为主和线上为主两种学习共同体的形式。根据互动交流的主要形式，混合式学习共同体也可以分为两种聚合模式。

1. 实主网辅模式

个体生活在同一个实体教学区域（比如学校）内，通过学习交流互动共同聚合在一起，彼此产生进一步深度合作学习的情感预期，进而在网络空间平台构建线上的联系，在网络空间中实现相互展示，以深化彼此之间的了解和认识，并利用网络空间可跨越时空的优势，保持长期的、频繁的沟通，实现在学习行动上较大程度的协调与配合。通过这种长期的、频繁的沟通，巩固和维持相互之间的学习伙伴关系。

在此种聚合模式中，网络空间起到的是辅助学习的作用。它对空间平台的功能配置和智能化水平要求不高，因而可以通过异构平台或多种平台共用（譬如用 QQ、微信或某种学习智能软件平台）来构建混合式学习共同

---

① 谢泉峰．实现"人人通"的"网络学习空间"是什么［J］．中国电化教育，2017（2）：64－68．

② 戴维·乔纳森，简·豪兰，乔伊·摩尔，等．学会用技术解决问题——一个建构主义的视角［M］．任友群，等译．2 版．北京：教育科学出版社，2007：86．

体。在辅助学习过程中，网络空间能够发挥三个方面的特征：一是可以促进反思与元认知，提供持久的、迭代的学习记录和体验；二是及时提供学习支架，对学习进行有效的引导；三是提供个人管理权限，促进学习者在学习投入、认知投入和情感投入实现最大化，培养批判性思维，推动概念的转变。①

以线下交往为主、线上交往为辅，这并不意味着线下的、面对面交流的时间多过线上交往的时间，② 只是由于成员实体生活空间的地域限制（他们的实体生活空间在较大程度上重合），成员的选择受到一定程度的限制，为了增进彼此的学习合作，利用线上的沟通交流来加强在实体教学区域内的学习成效而已。一旦成员的实体生活空间分离（譬如长期分居两地），共同体有可能走向解体，又或者转化成为第二种聚合模式。

2. 网主实辅模式

个体生活在不同的实体教学区域（比如相隔较远的学校、社区），可通过网络平台推荐、他人推荐、偶然相遇等方式在网络空间平台上获得"对话性空间"，通过线上的话语交流，产生出情感能量，历经多次线上的学习交流合作与沟通探讨，不断深化彼此之间的情感联系。在经过一段时间对彼此的生活环境、家庭背景、性别年龄、知识层次、职业岗位、兴趣爱好等进行熟悉、了解之后，通过网友见面的方式聚合在实体生活空间内，以寻求进一步深化彼此关系的可能性。见面会造成两种可能的结果：一是符合彼此情感预期，成本收益达到均衡状态，此后彼此保持一定的见面频度，逐渐构建起混合式学习共同体；二是发现心理落差较大，选择维持原有的

---

① 段金菊，余胜泉. 学习科学视域下的 e-Learning 深度学习研究［J］. 远程教育杂志，2013（8）：43 – 51.

② 吴江等人通过对武汉大学公选课上 229 个学生的人际关系数据和学生基本信息进行分析时发现，学习社区的参与者存在三种互动模式，线上互动、线下互动和线下到线上的互动，其中线上互动是主要方式。这是基于交流时间来考量的，它并不意味着学生在学习方面以线上的交流为主，一旦公选课授课结束，学生是否还会继续就公选课的学习内容保持相当程度的学习合作，这是值得怀疑的，所以学生大量进行线上交流主要源于其便利性，它是为线下的学习服务的。参见：吴江，陈君，金妙. 混合式协作学习情境下的交互模式演化研究［J］. 远程教育杂志，2016（1）：61 – 68.

网络群体交往模式，甚至因情感能量的减弱，网络群体解体。

在此种聚合模式中，网络空间起着关键性的作用。它对网络空间平台的功能配置和智能化水平要求较高（除非个体成员在某个领域中已经确立了相当的声望，彼此仰慕已久），混合式学习共同体的构建需要基于同一个网络空间平台进行，该平台不仅要满足学习记录、交流互动等基本功能，而且还必须具有大数据统计与分析、智能推送等功能。[①] 因而，满足"人人通"要求的"网络学习空间"不能等同于一般的网络空间，它不仅需要能够实名开放共享，聚合大量的优质资源，通过自主管理和设计，记录、分析和管理学习；更重要的是，它必须拥有海量的用户基于空间进行长期的教学交流活动，并能够通过大数据手段进行横向和纵向的分析，为每一位学习者提供个性化的学习指导建议和参考意见，推送适合每一位学习者的发展目标、课程体系、课程项目、课程内容、学习方式、评价方式等，以及可能的学习同伴，供其自主选择。

第二节 基于网络空间的混合式学习共同体的构成要素

基于网络空间的混合式学习共同体的构成要素主要包括学习情境、身份主体和学习资源三个部分。学习情境是建构混合式学习共同体的基础，所有的混合式学习共同体都是在特定的学习情境中构建起来的；身份主体是建构混合式学习共同体的主体，成员在构建混合式学习共同体过程中确立自己在共同体内的身份；学习资源是建构混合式学习共同体的客体，它是共同体成员在构建混合式学习共同体过程中交互的媒介和产物。这三项构成要素在混合式学习共同体的形成过程中彼此影响，共生共长，相互促进。

---

① 谢泉峰. 实现"人人通"的"网络学习空间"是什么 [J]. 中国电化教育，2017（2）：64－68.

一、学习情境

学习情境可以被视作与所学内容相适切的、包含问题的生活事件，它的目的是帮助学习者更有效地学习知识。① 学习型课程首先就必须是情境性的，因为这是共同体的特征。② 建构基于网络空间的混合式学习共同体，学习情境是其必须满足的首要要素。

学习情境并非静态的存在空间，它是在塑造学习者学习行动的过程中被不断塑造的，使空间得以形成的正是这种多种运动之间的关系。③ 由于学习情境是构建学习实践的基础，同时也正是在学习实践中，学习情境不断加以构建，才最终使其成为一种带有仪式感的心理存在。在混合式教学条件下呈现出来的学习情境既可以是观念上的、想象中的，又可以是现实内的；既可以是虚拟情境，也可以是真实情境；既可以是学校或课堂中的学习情境，又可以是社会的、日常生活中的学习情境。④

学习情境对学习的影响主要是通过影响共同体成员所感知的社会临场感的程度来实现的，增强的社会临场感能够为课程教学打下坚实的基础，因为它能促发教学中的交互，但反过来，经常参与社会交互却并不一定表示拥有极高的社会临场感。社会临场感并非自然而然产生，它主要受三个维度作用：社会情境、在线交互和交互性。只要促进以上三个维度，就可以影响社会临场感。⑤ 根据影响学习的客观因素不同，我们将学习情境划分为实体教学空间情境、网络学习空间情境和成员互动关系情境⑥，这三者在

① 赵蒙成. 学习情境的本质与创设策略 [J]. 课程·教材·教法, 2005 (11)：21-25.
② 吉恩·莱夫, 埃蒂安·温格. 情景学习：合法的边缘性参与 [M]. 王文静, 译. 上海：华东师范大学出版社, 2004：45.
③ 罗伯·希尔兹. 空间问题：文化拓扑学和社会空间化 [M]. 谢文娟, 张顺生, 译. 南京：江苏凤凰教育出版社, 2017：25.
④ 王文静. 基于情境认知与学习的教学模式研究 [D]. 上海：华东师范大学, 2002：21.
⑤ TU C H, Marina Stock Mcisaac. The relationship of social presence and interaction in online classes [J]. American journal of distance education, 2002, 16 (3)：131-150.
⑥ 从严格意义上来说，成员互动关系情境既可以是实体教学空间情境的一部分，也可以是网络学习空间情境的一部分。之所以把它单独列为一项，主要是源于一般情况下我们谈到实体教学空间情境和网络学习空间情境时都是指有形的部分，而成员互动关系情境是无形的，所以单独列出来加以强调和分析。

构建基于网络空间的混合式学习共同体过程中相互影响，且不能完全分离。

（一）实体教学空间情境

实体教学空间情境是以一个实体教学空间（比如教室）作为促发学习行为的主要背景因素，通过限定区域范围，在一定程度上将学习情境与外界隔离开来，以控制学习者身体的方式使其顺从或自觉遵从，并与其他在场者进行学习交流互动，最终实现彼此之间建立关系的目的。

实体教学空间情境主要通过限制接触方式来影响个体行为。吉登斯就论述说，所有的社会生活都发生在交织的关系之中，也都是通过交织的关系而得以构成，身体和环境的物理性质不可避免会赋予社会生活一种序列性，并限制个人与一定空间距离之外的"不在场"的他人的接触方式。[①] 在前网络社会，实体教学空间在构建学习共同体方面所起的关键性作用是无可争议的。例如项军就提出，在建设共同体社区的研究中，关键不应该是"共同体社区是否存在"的问题，而应该是存在"什么样的共同体社区"。换言之，只要群体在一定地区长期共同生活，总能形成共同体。[②] 按照这种逻辑，学习共同体的构建就简化成了学习情境的构建。然而，以塑造实体教学空间的方式来构建共同体的实证结果恐并不像项军所言那么乐观，在聚合的人群中，彼此的关系也可能是极为冷漠、相互怀疑甚至是充满矛盾的。桂勇等人通过对现有的实证研究进行分析后就发现，当代城市社区中邻里之间互动减少，居民缺乏紧密的社会联系与经济联系，已不是传统意义上的共同体。[③] 因而，实体教学空间对身体的限制并不必然促进学习共同体的形成，实体教学空间情境的创设还需要考虑个体对情境的感知和接受程度，以及社会关系的构建情况。就如文军等人所言，从空间的思想谱系来看，空间就是一个社会关系的重组与再生产的过程，是一个具有生成性

---

① 安东尼·吉登斯. 社会的构成：结构化理论大纲［M］. 李康，李猛，译. 北京：生活·读书·新知三联书店，1998：223.
② 项军. 城市"社区性"量表构建研究［J］. 社会，2011（1）：131–158.
③ 桂勇，黄荣贵. 城市社区：共同体还是"互不相关的邻里"［J］. 华中师范大学学报（人文社会科学版），2006（6）：36–42.

的、社会秩序实践性的建构过程，是一个具有行动能力的活的实践空间。①
这就是说，实体教学情境可以分为两个部分，一个是客观的物理情境，一
个是主观的心理情境，两者相辅相成。而这两个部分中，客观的物理情境
先于心理情境而存在，随着学习者在对物理情境的感知中产生了心理反应，
并进一步在学习实践中重构，才形成对学习情境的综合感知，并以此构建
彼此之间的关系。滕尼斯在《共同体与社会：纯粹社会学的基本概念》中
也说，联系存在于一切按本质受到真正的、人的聪明才智所制约的活动之
中，学会有部分是自己的经验，还有一部分是模仿，特别是在接受指点和
教导：必须如何做，必须做什么，才是正确的，才是善的，哪些东西和哪
些行为才是有益的和宝贵的。② 换言之，在共同体的构建过程中，物理情境
起关键性的制约作用，因为它可以影响心理情境。但上述的这些分析，并
不意味着通过构建实体教学空间就一定能够产生个体之间的强关系。

　　对于如何产生个体之间的关系，欧文·戈夫曼显然有不同的看法。在
《日常生活的自我呈现》一书中，他探讨了实体空间是如何凭借制度化的责
任约束和利益诱惑，规定行动者的角色结构和类型，以及行动者如何在情
境互动中扮演自身角色，进而影响区域化的社会情境的生产。按照戈夫曼
的拟剧理论的逻辑，实体教学空间可以被视作通过角色赋予，使个体进入
前台，按照其本人对该角色的理解和事先定好的剧本进行角色扮演的过
程。③ 这样，实体教学空间的物理情境就只不过是一个单纯的仅供个体进行
表演的舞台而已，它只是一个背景性因素。在这个舞台上，即便是人与人
之间的关系也是事先设定好的，按照"剧本"的要求建构出来的，所以学
习共同体构建也就变成了师生按照教学要求和教学安排，按照既定的教学
进度，于实体教学空间内扮演出来的。这里关键性的因素不再是实体教学

---

① 文军，黄锐. "空间"的思想谱系与理想图景：一种开放性实践空间的建构 [J]. 社会学
研究，2012（2）：35–59.
② 斐迪南·滕尼斯. 共同体与社会：纯粹社会学的基本概念 [M]. 林荣远，译. 北京：商务
印书馆，1999：160.
③ 欧文·戈夫曼. 日常生活中的自我呈现 [M]. 黄爱华，冯钢，译. 杭州：浙江人民出版
社，1989：23.

空间情境如何，而是"剧本"，也就是课程标准和大家的行为期望是如何要求的。实体教学空间仅仅是根据这个要求来催生教学实践和在教学实践中产生师生关系而已。

不过对于戈夫曼的解释，有人不认同。他们提出，实体教学空间情境应该被视作是在学习实践过程中不断感知到的物理空间和心理空间的总和。例如亨利·列斐伏尔（Henri Lefebvre）就认为，空间生产是社会空间的空间生产，它包容一切世界观和实践活动，是透过意象和象征而被直接生活出来的社会关系。社会空间实际上是具有若干权力关系的空间，它们构成各自不同的场域，产生类似的实践和性情系统，最后构成不同的阶级惯习和品位。① 从这个角度来看，实体教学空间情境实际上是一个实践空间，一方面它包含了心理预期，另一方面又在行动上受到物理空间的限制，最终在学习实践中表现出不同的实践行为，他们构成自己的学习层次、学习习惯等，并依此与其他个体产生不同的社会关系。文军等人也认为，亲历空间、身体空间、关系空间都是紧密相关的，身体实践与亲历空间的关系是在关系空间中建构，而关系空间就存在于亲历空间中，又与身体空间交织在一起。所以，实践空间表现为身体实践在亲历空间中对社会世界重新排列而建构出来的各种关系空间。②

以此种方式来解读，实体教学空间情境就是一个在实践中裹挟了时间和物理空间，并由此产生心理认同的关系空间。正如熊和平等人所言，从表面上看，实体教学空间情境是由讲台、黑板、课桌等基本教学物件构成，但它暗含着课堂教学人际关系模式，其空间性体现为物件所规制的空间关系，一是物与物的关系，二是人与人的关系，而物与物的关系又规定了人与人的关系。③

---

① 转引自文军，黄锐. "空间"的思想谱系与理想图景：一种开放性实践空间的建构 [J]. 社会学研究，2012（2）：35-59.

② 文军，黄锐. "空间"的思想谱系与理想图景：一种开放性实践空间的建构 [J]. 社会学研究，2012（2）：35-59.

③ 熊和平，王硕. 教室空间的建构及其对课堂教学改革的启示 [J]. 教育发展研究，2017（Z2）：25-30.

熊和平等人的论述在实证中得到了一定的验证。例如山姆·霍恩（Sam Van Horne）等人对美国爱荷华大学的 TILE（Transform Interact Learning Engage）环境进行评价时发现，学生对环境的积极反馈与课程材料和环境的匹配度是正相关，并认为圆形课桌能够方便学生之间的交流与合作。① 罗伯特·亨肖（Robert G. Henshaw）等人研究了装备可旋转桌椅的学习空间，发现教师会减少位于前方讲台位置的时间，能促进社会性交互，有助于讲授式教学、讨论、合作学习三种教学方式之间的相互转换。② 许亚峰等人的研究表明，通过改变传统教室，构建以"学习为中心"的教学空间，能有效促进学生参与和社会性交互，从而促进学生学习。③

但也有研究表明，通过物与物的关系来影响人与人的关系，效果并不是绝对的。例如王周秀等人用准实验研究，探索了椭圆形布局、桌椅可以自由拼接和移动的实体教学空间对比传统的"秧田式"布局的实体教学空间内的教学行为，发现前者对课堂结构和教师教学风格不会产生显著影响，但对教师的讲授频数、学生与同伴讨论的频数有显著正向影响。他们认为，具备可拼接的六边形课桌、灵活的空间布局、无线网络和投影技术、笔记本电脑、交互式电子白板、网络教学平台等特征的学习空间能起到促进学生之间的社会性交互、提升课堂中的技术使用比例等积极效果，但同时学生也更容易分心。④ 这与国外的一些实证研究结果保持着一致。例如耶胡迪·朱蒂·多丽（Yehudit Judy Dori）等人就发现，TEAL（Technology Enabled Active Learning）环境能够促进学生之间以及师生之间的社会性交互，其知识保持度也较传统型教室中学习的学生更佳，学习效果更好，但

---

① HORNE S, MURNIATI C, GAFFNEY J, et al. Promoting active learning in technology-infused TILE classrooms at the University of Iowa [J]. Journal of learning spaces, 2012, 2 (1).

② HENSHAW R, EDWARDS P, BAGLEY E. Use of swivel desks and aisle space to promote interaction in mid-sized college classrooms [J]. Journal of learning spaces, 2011, 1 (1).

③ 许亚峰，塔卫刚. 学习空间对学生学习的影响研究 [J]. 远程教育杂志，2014 (5)：82 - 89.

④ 王周秀，许亚峰. 学习空间影响教学行为的实证研究 [J]. 电化教育研究，2015 (4)：95 -102.

有些学生会在学习空间中显得无所适从。① 米里·巴拉克（Miri Barak）等人甚至在研究中发现，这种装备了多种设备的大教室对学生的学习行为和结果也可能会产生消极影响，例如在学习空间中存在的大量的技术设备容易使学生在课堂中分心。② 鲁迪·谢（Ruey S. Shieh）通过长时段纵向研究发现，与传统教室比较，学习空间虽然在投入使用初期可以促进学生学习，但随着时间推移，其影响有逐渐弱化的趋势。③ 这也就是说，随着师生对实体教学空间情境日渐熟悉，新鲜感褪去后，实体教学空间对学习行为的影响将会明显下降。

按照涂尔干的说法，"一个社会，并非单纯由组成它的大量个体，这些个体所占有的土地、所使用的东西，以及所采取的行动构成的，最重要的，是社会对自身所形成的观念"④。事实上，即便是不改变实体教学空间的设置，由于教学的理念不同，师生之间的互动模式和关系构建也可能是完全不同的。例如时维金等人在研究中发现，初中体育教师的课堂站位分布在自然条件下的呈现是多元化的，并在空间结构上表现出"核心—边缘"特征。他们提出，体育教师应保持并适度加强自身的"核心"站位，利用有限的"核心—边缘"站位，实现无限的师生互动价值。⑤ 这与前面罗伯特·亨肖所说的要减少教师在前方讲台站位时间，推动讲授式教学、讨论、合作学习三种教学方式的相互转换的思路似乎完全相反。

正如前面所指出的，学习情境只是学习实践的基础，它可能会对混合

---

① DORI Y, BELCHER J. How does technology-enabled active learning affect undergraduate students' understanding of electromagnetism concepts? [J]. Journal of the learning sciences, 2005, 14 (2): 243 – 279.

② BARAK M, LIPSON A, LERMAN S. Wireless laptops as means for promoting active learning in large lecture halls [J]. Journal of research on technology in education, 2006, 38 (3): 245 – 263.

③ SHIEH R, CHANG W, LIU E. Technology enabled active learning (TEAL) in introductory physics: Impact on genders and achievement levels [J]. Australasian journal of educational technology, 2011, 27 (7): 1082 – 1099.

④ 爱弥儿·涂尔干. 宗教生活的基本形式 [M]. 渠敬东, 汲喆, 译. 北京: 商务印书馆, 2011: 584.

⑤ 时维金, 沈建华, 蔡皓. 初中体育教师课堂教学活动空间的研究——基于师生互动言语行为的视角 [J]. 体育学刊, 2016 (4): 91 – 96.

式学习共同体的构建产生影响，但这种影响并不是决定性的，实体教学空间仅仅只是一个载体，它并不必然促发教育者和学习者在情境内发生联系。虽然有人认为讲学方式与空间格局存在一定关联，[①] 但类似"教师讲知识，学生玩游戏"的境况很难单纯通过学习情境的设计得到根本性的解决。不过该假设反过来却不成立，缺乏实体教学空间情境的学习交互由于无法形成仪式感，[②] 也就难以维系彼此之间的关系，只有当所有成员能聚合在同一个实体教学空间内，才有可能生成强关系。[③] 所以，要构建混合式学习共同体，我们需要一个能够容纳所有教学场域内个体的，并可以为其带来学习愉悦感，足以增加情感能量的实体教学空间。

综上，构建实体教学空间情境的主要目标是构建熟悉的情境以方便建立成员之间的信任关系，因为只有熟悉的情境才能够使个体对他人的行动给予成功的预测，而多次成功的预测将不断增进成员之间的相互信任关系，这才是构建强关系的基础。

（二）网络学习空间情境

网络学习空间情境是以一个网络学习空间作为促发学习行为的主要背景因素，依托网络学习空间组织学习活动的情境，它虽然是虚拟空间，但并非完全是一个源自学习者的想象而在头脑中建构的空间。如果说实体教学空间情境是形成学习共同体的必备因素，网络学习空间情境则并非必需，它只是在网络社会到来后出现的一种能够拓展个体关系空间的新手段。

---

① 丁钢. 讲学方式与空间组构演变的教育意蕴 [J]. 探索与争鸣，2016（2）：94 - 99.

② 爱弥儿·涂尔干在《宗教生活的基本形式》一书中强调，真正的宗教信仰总是某个特定集体的共同信仰，这个集体不仅仅宣誓效忠于这些信仰，而且还要奉行与这些信仰有关的各种仪式，这些仪式不仅要为所有集体成员接受，而且完全属于该群体本身，从而使集体成为一个统一体。每个集体成员都能够感到，他们有着共同的信念，可以借助这个信念团结起来。集体成员不仅以同样的方式来思考有关神圣世界及其与凡俗世界的关系问题，而且还把这些共同观念转变成共同实践。参见：爱弥儿·涂尔干. 宗教生活的基本形式 [M]. 渠敬东，汲喆，译. 北京：商务印书馆，2011：54.

③ 爱弥儿·涂尔干在《宗教生活的基本形式》一书中强调，在聚会上，团体成员通过一道表明其共同的信仰，使他们的信仰重新被唤起。如果任其自便，这种情感很快就会削弱；而要使之加强，只要让有关的人聚集在一起，把他们置于一种更密切、更活跃的相互关系中就足够了。参见：爱弥儿·涂尔干. 宗教生活的基本形式 [M]. 渠敬东，汲喆，译. 北京：商务印书馆，2011：290 - 291.

在混合式学习共同体的构建过程中，网络学习空间主要用于弥补个体活动空间无法完全重叠而带来的缺憾，它是实体教学空间的延伸和强化。因为个体直面他人的时候，很少会提供关键性的信息，而他人如果要明智地指导自己的行动，这种信息又是必需的。① 查阅对方的网络学习空间信息，就可以了解对方过去的学习记录和基本情况，这比当面询问更加真实，也有助于构建和在最短时间内达成共同的理解和认知。此外，基于网络学习空间的互动具有一些面对面互动所难以企及的优势，除了信息传递能够跨越时空距离之外，它还能够让每一位个体拥有更多的发言机会。例如詹妮弗·杨（Jennifer Yeo）等人曾经比较过网络交互与面对面交互的区别，她发现在面对面的交互中，一些创新性的想法常常会在谈话的瞬间丢失掉，此外还有一件更重要的事情，那就是在群体中，面对面的交流讨论常常会被群体中嗓门更大的学生和更有能力的学生所垄断。② 相比之下，网络交互则可以做到让每一位个体都能在自己个人专属的网络学习空间中发出声音，而且它还能够被记录下来，进行短时段的对比研究和长时段的行动研究。

"人人通"的网络学习空间以学习者为中心，依托云平台汇聚海量优质资源，可以满足各类交流互动需要，能够实现自主学习或者协作学习，并对学习过程进行智能化管理。③ 在网络学习空间平台能够汇聚所有课程资源的情况下，学习者可以利用网络学习空间的导学实现自主学习，而无需教师的指导和与同学的合作。例如刘红晶等人就提出了在知识地图的引导和协助下进行选课、建立目标心向、完成个体和群体知识建构、知识创新及知识评价的学习流程，并认为该模式有利于加深学习共同体对知识的理解，促进社会性知识建构和创新，提升高级思维能力。④ 这样，除非教师在布置

---

① 欧文·戈夫曼. 日常生活中的自我呈现 [M]. 冯钢，译. 北京：北京大学出版社，2008：1.

② YEO J，HUNG D. Technology-mediated problem-centered learning environments [M] //TAN OON-SENG. Problem-based learning in e-learning breakthroughs. Singapore：Thomson，2007：200.

③ 谢泉峰. 实现"人人通"的"网络学习空间"是什么 [J]. 中国电化教育，2017（2）：64 – 68.

④ 刘红晶，谭良. 基于知识地图的 MOOC 学习共同体的学习研究 [J]. 中国远程教育，2017（3）：22 – 29.

学习任务时明确提出要与其他同学合作，否则学习者基于网络学习空间的学习就完全可以是单个个体的个人行为，而不必建立学习共同体。曹传东等人在对 MOOC 中评分最高的"财务分析与决策"课程进行研究后发现，尽管学习者在学习过程中所遇到的问题基本上都能得到解决，但学习者之间情感交流少，交互质量较低，无法建立彼此之间的强关系。[①]

　　网络学习空间的作用不仅仅是满足自主学习的需求，它还能够进行网络对话学习。通过部分构建互动模式，它有助于建立、维持或者改变制度化的社会关系与社会结构，并重构行动与互动的机会。[②] 因为未来的教育不是孤立地指向个体学习者，而是以共同体为中心，使之适应每个个体的学习。[③] 一些学者认为，这是建立学习者之间关系的一个重要途径，而且这种关系的建立对学习至关重要。例如，针对 MOOC 的低通过率情况，杨玉芹就提出，MOOC 要获得持续发展，必须支持学习者的个性化学习模式，使学习者能够沉浸于持续对话、交流和反思过程中，实现学习者主动性、创造性、反思性和个性化的学习。[④] 和学仁也认为，通过网络对话可以进行网络对话学习，在对话环境下，平等的学习主体关系必然走向积极沟通与学习合作，其中沟通、合作与互动、交往是同质的行为概念。[⑤] 但遗憾的是，和学仁所谈到的网络条件下平等的学习主体必然会引发积极的沟通与合作，这个论断可能过于乐观。徐刘杰等人通过对某学校新进教师在网络学习空间中的交互进行研究时发现，尽管教师们身处同一学校，但整体网络密度却较小，教师之间的交互频次较低，交互程度也欠深入。与之相对应的是，子群内部教师之间的交互比较频繁，教师往往能够深入开展交互，子群之间的交互频次也较高，许多子群共享的成员在子群之间的交互上起到了很

① 曹传东，赵华新 . MOOC 课程讨论区的社会性交互个案研究 ［J］. 中国远程教育，2016（3）：39 - 44.

② 汤姆·R. 伯恩斯 . 结构主义的视野：经济与社会的变迁 ［M］. 周长城，等译 . 北京：社会科学文献出版社，2000：130.

③ 戴维·乔纳森，简·豪兰，乔伊·摩尔，等 . 学会用技术解决问题——一个建构主义的视角 ［M］. 任友群，等译 . 2 版 . 北京：教育科学出版社，2007：86.

④ 杨玉芹 . MOOC 学习者个性化学习模型建构 ［J］. 中国电化教育，2014（6）：6 - 10.

⑤ 和学仁 . 网络对话学习：内涵与形态研究 ［J］. 开放教育研究，2012，18（6）：27 - 32.

好的中介作用。① 这充分证明了，单纯的网络学习空间交互无法产生个体之间的强关系，只有在较小的区域中，个体之间有频繁、面对面的互动，彼此存在生活实践空间的交集，才能够生成较强的关系。因此，要强化个体成员之间的关联，个体为聚集所付出的时间成本和精力成本都不能太高。物理空间距离越远，由于个体在现实生活中均存有自己的学习选择空间，其远赴一地实现共同聚集的驱动力也就越弱（除非还有其他利益的驱使）。

要基于网络空间构建混合式学习共同体，它至少应该满足三个条件：

一是个体必须能够以较低成本结交好友。如果对方与自己实体空间存在距离，那么网络学习空间就必须足够智能化，以实现相关信息的精准推送。余亮等人在遴选国外典型案例进行比较分析后发现：未来数字教育资源形态将趋向多元化，且支持教与学的转换；数字教育资源的建设将由集中走向共创，开始注重用户参与建设和共享资源；数字教育资源的服务形式由用户的自主检索转向捕捉用户需求，实现精准化定位与推送。② 很显然，既然教育资源的精准推送是未来发展的方向，创设资源和使用资源的学习同伴的精准推送也能迅速地发展起来。在这里，除了要考虑年龄差距、性格爱好、知识层次等背景因素之外，生活空间距离将会是一个需要重点考量的因素，因为它能大大降低构建强关系的成本。

二是个体要能够通过空间保持频繁互动。要实现频繁互动，每一个个体都需要让渡一部分私人信息实现公开分享。梁为将体验式学习作为基础，提出一种基于虚拟环境的体验式网络学习空间设计方案，通过"关注好友"，让每位用户随时了解相关人群的资源使用行为，为自己的资源应用提供决策参考，通过分享好友学习资源，将资源推送出去。③ 但要实现这一功能，需要每一个个体都愿意记录自己的学习过程，并向朋友圈开放相应的

① 徐刘杰，邓小霞. 非正式学习下教师专业发展的交互研究 [J]. 中国远程教育，2014（10）：57 – 61.

② 余亮，陈时见，吴迪. 多元、共创与精准推送：数字教育资源的新发展 [J]. 中国电化教育，2016（4）：52 – 57.

③ 梁为. 基于虚拟环境的体验式网络学习空间设计与实现 [J]. 中国电化教育，2014（3）：81 – 85.

权限，"只看不发"的"潜水者"必然难以构建与他人之间的强关系。

三是个体可以能够在空间获得学习支持。莱斯利·莫勒（Leslie Moller）按照交互活动在学习中所发挥的不同支持作用，提出异步远程教育中学习共同体有三个构成侧面：学术性支持、认知性支持和人际性支持。① 与之相类似，和学仁也提出，网络对话学习存在三种形态：技术化形态是网络认知工具为基础的对话空间；社会化形态是充满活力的网络学习共同体；个体化形态是具有个体化精神的学习者。② 所以，这个学习支持可分三个部分：一是在网络空间内获得学习内容的支持，学习者可以依托网络空间实现基于学习资源的学习；二是在网络空间内获得情感能量的支持，学习者通过网络空间学习并获得同伴和朋友的支持与鼓励；三是在网络空间内获得自我效能的支持，学习者在自己个人的网络空间上，通过对比现在与过去，获得面向未来的信心和勇气。

综上，构建网络学习空间情境的主要目标是通过网络空间增进成员之间的合作关系，它能够降低成员彼此了解、熟悉、沟通的成本，使成员能够实现大范围、跨地域的合作，进而构建长期的、相对稳定的合作关系，加快学习共同体的形成。

（三）成员互动关系情境

互动关系情境是以关系作为促发学习交流互动的主要背景因素，根据关系来选择实体物理空间或虚拟空间组织学习活动的情境，它是根据关系强弱而选择的流动的、无形的学习场域。

根据穆斯塔法·艾弥拜尔（Mustafa Emirbayer）等人在研究社会变革和集合行为时作出的解释，社会现象包括了三种组成要素：关系情境、行动者和可经验的社会行为。在三者之中，关系情境又由文化情境、社会结构情境和社会心理情境所组成。它们分别可视作概念网络、社会网络和对象

---

① MOLLER L. Designing communities of learners for asynchronous distance education ［J］. Educational technology research & development，1998，46（4）：115 – 122.

② 和学仁. 网络对话学习：内涵与形态研究［J］. 开放教育研究，2012（6）：27 – 32.

网络。文化情境是由符号或概念组织成的网络结构，它为行动者提供了规范性规则和解释性规则，因此可作为行动者的行为参照，帮助行动者理解社会情境，使他们在不同的场合中可以作出适当的行为和反应。社会结构情境则指的是个人或集体之间的社会连带，它的主要功能是为行动者提供可用的资源，因此可以被视作一个人的社会资本。社会结构情境也被称为社会心理情境，它是一种个体之间或集体之间的精神结构，它既作为情感能量的流动媒介，又有助于形成长久和稳定的人际依附和情感团结，同时，它也可能会构成以负面情绪为基础的人际关系。①

艾弥拜尔等人指出，这三种关系情境不但能单独自行运作，而且还维持着一种纵横交错、互相重叠的状态，并影响到行动者可经验的社会行为，指导行动者之间的交往互动模式。但行动者也并不是完全被动的，因为他们有选择是否重复过去曾经做过的行为的能力、预测未来的能力和评估自己行为的能力，可以依靠自己的意志来行事。② 通过可经验的社会行为，行动者有能力改变现有的关系情境。这样的动态过程最终形成了可观察的社会现象，例如社会变革和集合行为。

关系虽然可以被视作行动者与社会结构之间的互动，但人们对关系的认知更多情况下是人们对于一定社会结构下由身份而构筑的体现在心理层面的认知。从社会资本的理论角度来看，社会结构情境和社会心理情境可以为社会行动者提供有形或无形的社会资源，使行动者能够获得工具性回报（如财富、权力、声望等）和表意性回报（如身心健康、生活幸福等），从而为行动者提供配置型资源和权威性资源。行动者可以通过不同的手段使用这些资源进行社会互动，进而产生权力与支配关系，它又会反过来影响资源的分配，并以此影响到社会互动的模式，使社会结构情境和社会心理情境得以再生产。③

---

① EUSTAFA M, GOODWIN J, KEDDIE N. Symbols, positions, objects: towards a new theory of revolutions and collective action [J]. History and theory, 1996, 35 (3): 358 –374.

② EUSTAFA M, MISCHE A. What is agency? [J]. American journal of sociology, 1998, 103 (4): 962 –1023.

③ 曾国权. "关系"动态过程理论框架的建构 [J]. 社会, 2011 (4): 96 –115.

因此，从关系情境的构建来考量如何形成混合式学习共同体，需要从三个方面来分析情境如何建构的问题。一是文化情境的建构。它需要在教学场域内建构相应的规则，并使个体能够认同和遵循这些规则。这些规则既源于个体所扮演的角色和他人对自己的角色期待，同时也源于个体对于文化的感知和认识。二是社会结构情境的建构。它需要个体将原有的社会资本最大限度地嵌入当前的学习过程中来，以构建新的社会关系网络，增加其可接近感和可获得感。三是社会心理情境的建构。它要求个体对群体中的身份产生深度认知和认同，并在内心接受群体所赋予的成员标签，最终实现资格身份、期待身份和公共身份的统一。

综上，构建成员互动关系情境的主要目标应该是通过建构成员之间的强关系，使学习共同体内的其他成员，乃至学习共同体本身都能成为学习者的学习支架，在其支持下实现自己未来的学习发展目标。

二、身份主体

身份可以被理解为人与其在共同体中的位置和参与之间的一种长期的、现存的关系。① 个人身份一般可以分为三个部分，一是被他人所认可的个人身份（即公共身份），二是自己所期待的个人身份（即期待身份），三是自己当前有资格扮演的个人身份（即资格身份，它表现为个人在实践中有资格和正在扮演的角色）。它们既可以集合在同一个体身上，但也可能完全分离。钱莉娜等人在研究中就发现，在新一轮的基础教育改革背景之下，教育改革者的理念与教师的实际行动、教师的个人价值信念、外在的角色期待等都存在着不一致现象。② 而在混合式学习共同体的建构过程中，需要实现这三种个人身份的重合。公共身份、期待身份、资格身份的重合度越高，其对自己身份的认可度也就越高，其身份归属就越清楚，主体意识越强，

① 吉恩·莱夫，埃蒂安·温格. 情景学习：合法的边缘性参与 [M]. 王文静，译. 上海：华东师范大学出版社，2004：17.
② 钱莉娜，邢晓燕. 教育改革背景下高中英语教师身份认同的转变策略——评《教师身份认同研究》[J]. 中国教育学刊，2016（1）：120 – 120.

就越容易构建学习共同体；反之，成员的身份离散度越高，学习共同体也就越难以构建。在三类身份中，期待身份最为关键，它决定了个体努力的方向和努力的程度。

（一）身份主体的建构

混合式学习共同体的构建需要满足相互联结、彼此信任与身份认同这三个基本条件。肖珺在研究跨文化虚拟共同体的结构时，发现其内在的运行逻辑有三个部分：基于联结的虚拟共同体、虚拟共同体的信任形成与维系、虚拟共同体中的认同建构。① 其中，虚拟共同体是跨文化传播的主体，跨文化传播则是虚拟共同体形成及显现的路径，而共同体所需的共同目标、身份认同和归属感在跨文化的虚拟共同体中实现了互动的可能、意义的流动和价值观的理解，它们是一种共生关系。

要确立混合式学习共同体中的身份主体，拉近成员之间的实体生活空间是关键。因为实体生活空间的距离会通过影响个体见面的概率，影响到互动交流的频度，② 并最终影响到对学习共同体和个人作为其中成员身份的认同。例如徐延辉等人从空间角度入手，探讨了居住空间和社会距离对农民工身份认同的影响。他们发现，拥有住房产权能够增加农民工对城市居民这一身份的认同。居住越靠近市区，越有利于农民工对本地人身份的认同。他们认为，社会距离会降低农民工的身份认同，同时社会距离在居住空间与身份认同之间的关系中又起着调节作用。

此外，生活物理距离在一定程度上也可以反映出心理距离，③ 齐美尔曾

---

① 肖珺. 跨文化虚拟共同体：连接、信任与认同 [J]. 学术研究，2016 (11)：42 – 48.

② 在我们生活经验中，对那些"抬头不见低头见""打断骨头连着筋"的人，即便再过于恼怒，一般也都会在说话时尽量留几分颜面，不去主动撕破脸皮，以便日后好相见。因为拉近个体实体生活空间的物理距离，可以提高个体之间交往的频率，从而创造更多的合作机会。例如罗伯特·阿克塞尔罗德（Robert Axelrod）就提出，人们会因为彼此之间存在持续的相互关系而合作。（参见罗伯特·阿克塞尔罗德. 合作的进化 [M]. 吴坚忠，译. 上海：上海人民出版社，2016：41.）正式组织中的学习共同体之所以成员之间的信任和预期较为容易建立，正是源于其成员具有较近的实体生活空间距离，关系联结频率更高，从而也更持久。

③ HALL E. The hidden dimension of time and space in today's world [M] //FERNANDO P. Cross-Cultural perspectives in non-verbal communication. New York：Hogrefe，1988.

经专门研究过人与人之间互动的距离所透露出来的关系亲密程度;① 反过来, 心理距离也可以通过生活物理距离加以表现。在物理距离无法改变的情况下, 人们会通过眼神交流来拉近彼此之间的心理距离。而在网络空间内, 个体也可以通过增加互动交流的频度增强彼此之间的关系。

身份不仅涉及彼此之间的关系, 还涉及成员之间的地位确定和权力大小。例如刘耀中等人研究了权力感、社会距离以及群体身份对合作行为的影响, 其发现: 在虚拟游戏中, 高权力感的个体的合作行为明显少于低权力感的个体; 在互动情境中, 个体所能感知到的与其互动对象之间的社会距离, 在权力、合作之间起到部分中介的作用; 而对于同组成员, 高权力感个体相较于低权力感个体来说, 会表现出更多的合作行为。② 换言之, 曲高则和寡, 但具有较高身份地位者之间在互动深度上会大过较低身份地位者, 因为他们有着更高的身份认同。这就可以解释位于中心区域的核心成员何以会与教师保持较多的知识互动, 并在半中心区域引导同伴学习时展现出较高的热情。

尽管拉近个体之间的生活物理距离, 增强成员之间的联系, 有助于确立群体成员身份和权力地位, 但身份却并不一定是外界所赋予的。例如史毅在分析了城市流动人口流入地身份认同的影响因素后发现, 仅仅是制度融入并不必然带来其对新的身份的认同, 非制度因素, 例如经济融入(确保成员有相类似的生活方式)、社会融入(群体保持一定的开放度)、心理融入(对新环境的认可)等都是非常重要的影响因素。③ 屠兴勇等人基于角色认同理论和自我认知理论, 以 31 家生产型企业的 330 名员工为调查对象, 以心理安全感视角, 对信任氛围是否, 以及如何通过内部人身份认知, 影响角色内的绩效问题进行了实证研究。结果显示: 信任氛围对员工角色内

---

① 盖奥尔格·西美尔. 社会学——关于社会化形式的研究 [M]. 林荣远, 译. 北京: 华夏出版社, 2002: 459 –466.

② 刘耀中, 张俊龙. 权力感和群体身份对合作行为的影响——社会距离的中介作用 [J]. 心理科学, 2017, 40 (6): 1412 –1420.

③ 史毅. 户籍制度与家庭团聚——流动人口流入地的身份认同 [J]. 青年研究, 2016 (11): 11 –20.

的绩效具有正向影响；内部人身份认知在信任氛围对员工角色内的绩效影响中起中介作用；心理安全感在信任氛围与内部人身份认知的关系中起调节作用。① 这说明，除了实体生活空间距离之外，群体的生活方式、开放程度、心理认可和社会信任都会对身份认同产生影响。

综上，身份是在成员共同的生活场域中不断被生产出来的。相同或相似的生活场域能够使个体依据自己的惯习产生自然的反应，而场域情境的持续再现（例如在某个地方总能碰到某人）也使个体能够在较大程度上预见对方即将作出的反应性行动，从而获得一种心理上的安全感。② 由于场域内情境的多次重复，根据练习效应③，个体会对自己的行动作出调整，经过一段时间的调整后，其身份也会随之发生变化。要帮助个体确认自己在混合式学习共同体中的身份，除了构建同一教学场域，依托网络空间拉近个体学习交互的物理距离和心理距离之外，还必须增进个体之间的深度了解和文化认同，在合作学习实践中产生共同的信任，帮助个体在学习实践的调节过程中一步步趋近中心区域，形成对混合式学习共同体的认同感和凝聚力。

（二）身份主体的类型

在教学场域内，存在三种可能的身份主体：边缘成员、半核心成员和核心成员。④ 兴趣不同、观点不同、置于不同身份主体中的个体由于期待身份不同，会具有不同程度的学习参与，并对各种各样的学习实践活动作出不同的贡献。⑤

---

① 屠兴勇. 信任氛围、内部人身份认知与员工角色内绩效：中介的调节效应 [J]. 心理学报，2017（1）：83 – 93.

② 哈罗德·加芬克尔（Harold Garfinkel）的裂变实验就是通过故意打破对方对自己反应的预期而激怒对方，直到彼此都能够理解对方的"言外之意"时互动才可以继续进行。

③ 在实验心理学中，随着被试者对某个任务或给定的一系列任务中的某些任务具有日益增多的经验，其行为和结果会产生的变化，这被称为练习效应。练习效应有可能是正的，比如被试者经过多次试错，正确率越来越高，技能越来越精湛，成绩越来越好；它也可能是负的，比如随着重复次数的增加，被试者陷入了厌倦或疲劳，反而导致正确率下降。

④ 需要特别提出，它们并不等同于莱夫等人在《情景学习：合法的边缘性参与》一书中所提到的学徒、带徒弟的年轻师傅、自己的一些徒弟已变成师傅的师傅。这里的边缘成员并不会主动参与学习，甚至有可能抗拒学习。所以它与"学徒"是不同的，主动学习的学徒更应该被视作是半核心成员。

⑤ 吉恩·莱夫，埃蒂安·温格. 情景学习：合法的边缘性参与 [M]. 王文静，译. 上海：华东师范大学出版社，2004：译者序6.

1. 边缘成员

边缘成员主要位于教学场域内的边缘区域。它大致有三种类型：迷茫型边缘成员一般是教学场域内的新成员，他们还未有足够的时机建立与其他成员之间的关系，对自己的角色身份所应该遵循的规则不清楚，期待身份不明确，从而选择了旁观和被动参与；逃避型边缘成员一般是对学习目标、学习背景、学习条件、学习过程等感觉到厌倦、厌烦，无法提升学习兴趣，也不认同自己作为学习者的身份，希望去除现有的资格身份，或者明显抱有"过客心态"，他们由于种种原因不得不留在教学场域内，从而想方设法逃避学习；被动型边缘成员多是由于性格内向，不爱表现和不擅于与他人交往，未能成功获得其公共身份，内心安全性比较低，从而习惯于被动参与学习。或者无论是哪一种情况，边缘成员都未对学习共同体产生真正的成员认同，虽然与他人同处于教学场域之内，但仅仅维系着彼此之间的弱关系甚至无关系（对于那些逃避型边缘成员来说，如果班级人数较多、又很少来上课，不认识本班同学的情况也很常见），他们是身处教学场域内，却未能融入学习共同体的单独个体。

初始群体内的学习者主要是第一类，即迷茫型边缘成员。随着交往互动的时间和次数的增加，迷茫型边缘成员会发生转变。一部分人员可能会转变成为第二类边缘成员，他们处于混合式学习共同体的边缘区域，由于始终未能产生学习互动交流的动力，在身体被控制的情况下，会采取尽量远离中心位置、遮挡视线等方式，努力逃避其他成员对其产生的影响。如果这种影响过大，很可能会激发他们各种形式的反抗，甚至是抗争。也有一部分迷茫型边缘成员可能会成为被动型边缘成员，他们对学习并不感兴趣，却又因为拥有资格身份并受到人情、面子等因素的作用，被动地接受"剧本"安排给自己的角色，把自身的主观努力尽可能降到最低。在既定的教学场域内，边缘成员人数所占的比例越大，群体距离共同体也就越远。

无论是哪一类边缘成员，如果能够受到正向的影响，通过认知的转化和行为的改变，积极参与学习交流互动，与其他成员建立起学习型强关系，就可以走出边缘区域，转变成为半核心成员甚至核心成员。

在理想的学习共同体内，所有的边缘成员都会转变成为核心成员或者半核心成员，因此每个个体都构建了自己的强关系学习型初级群体，边缘成员是不存在的。

2. 半核心成员

半核心成员主要位于基于网络空间的混合式学习共同体的半中心区域。与边缘成员不同，由于与某位或数位核心成员建立了同伴关系，形成了强关系学习初级群体，受到核心成员的影响，他们具有一定的参与学习的主动性和积极性，是学习的边缘参与者。半核心成员的学习主动性和积极性除了自身的学习意愿，还会受关系情境驱使，随着与核心成员关系的减弱，他们有可能转变成为边缘成员。随着学习意识的增强和学习习惯的养成，他们也能有机会进入中心区域，成为核心成员。

半核心成员往往也被视作"学习共同体内的边缘成员"，虽然不是核心成员，但并不意味着他们在合作学习过程中不能够发挥作用和价值。正如卡特琳·比莱扎伊克（Katerine Bielaczyc）和阿兰·柯林斯（Allan Collins）所言，对所有共同体成员来说，机会都是存在的，无论何种程度的参与都是可能的，处于边缘角色的学生的贡献也同样有价值。核心和边缘的动态划分依赖于学习情境，某些学生可能在某个时间段里贡献了较多的东西，其在学习共同体中的位置会随之发生变化。其中多样性很重要，而共同体内部需要营造一种学生之间能够互相尊重彼此差异的气氛。① 此外，我们也必须注意，在某一个教学场域内的半核心成员完全可能是另一个教学场域中的核心成员，半核心成员的积极配合也能够给予核心成员以莫大的信心和鼓励，他们还能够为核心成员带来更多的外部信息，② 他们对核心成员的评判和应对也可能给予其他成员以新的启示，并促发新知识的生成。

① 卡特琳·比莱扎伊克，阿兰·柯林斯. 课堂中的学习共同体：对教育实践的概念重建 [M] //查尔斯·M. 赖格卢斯. 教学设计的理论与模型：教学理论的新范式（第2卷）. 裴新宁，等译. 北京：教育科学出版社，2011：335.

② 边燕杰等人在对2009年八城市求职网调查数据进行统计时发现，关系强度与关系资源统计相关，但不能相互替代，因为强关系往往带来人情资源，而弱关系则往往带来信息资源。所以，非核心成员完全可以通过为核心成员带来更多的信息资源的过程中向所有人确立自己的成员身份。参见边燕杰，张文宏，程诚. 求职过程的社会网络模型：检验关系效应假设 [J]. 社会，2012（5）：24－37.

3. 核心成员

与边缘成员和半核心成员不同，核心成员具有双重身份。他们既是基于网络空间的混合式学习共同体的中心区域的成员，又是半中心区域的成员。核心成员是学习活动的积极参与者，他们是教师联系和了解普通学生的重要中介，被认为已经达到或超过基本水平的人，也是能够对合作活动和共同体知识作出最直接贡献的人。① 在混合式学习共同体内部，核心成员（包括教师在内）充当着关系中心。

这些学习者之所以能有机会成为核心成员，缘于他们的知识水平、求学意愿等相较一般学习者而言普遍较高，与教师保持了较多的互动频度和次数。例如珍妮特·沃德·斯科菲尔德（Janet Ward Schofield）就发现，教师常常会把大部分时间花在与比较好的学生的互动上，而处于边缘的是那些需要辅导和特别帮助的人，这些"尚未达标"者的价值降低了。② 一旦学习者在学习共同体中主动扮演核心成员角色，并受到共同体中其他成员的尊重，他们就拥有了对这一角色的身份认同。在教师无法直接指导所有的学生学习时，核心成员就充当了同伴之间的辅导者。正是在核心成员的辅导下，普通同学能够通过朋辈辅导和相互学习取得进步。③

在不同的学习共同体的形成过程中，核心成员的身份认定方式并不相同。有的缘于自己的学习成绩被所有成员公认；有的缘于自己的特长被所有成员认可；还有的缘于自己的贡献被所有成员肯定。而教师的作用则是鼓励学习者对问题进行公开讨论，以及通过这种讨论联结初始群体中存在的各种结构洞，确保所有的学习者都能够对学习共同体作出贡献，并且这

---

① 卡特琳·比莱扎伊克，阿兰·柯林斯. 课堂中的学习共同体：对教育实践的概念重建 [M] //查尔斯·M. 赖格卢斯. 教学设计的理论与模型：教学理论的新范式（第2卷）. 裴新宁，等译. 北京：教育科学出版社，2011：335.

② SCHOFIELD J. Computers and classroom culture [M]. Cambridge：Cambridge University Press，1995：134 – 163.

③ 吉恩·莱夫，埃蒂安·温格. 情景学习：合法的边缘性参与 [M]. 王文静，译. 上海：华东师范大学出版社，2004：50 – 54.

些贡献还能够得到学习共同体内所有成员的重视。①

　　建立基于网络空间的混合式学习共同体的一个关键理念就在于，通过共同拥有的网络空间进行互动交流学习，可以发展出属于混合式学习共同体的集体知识，以此帮助每一位个体成员的学习和成长。但这里的学习不是指单独的个体追求，也不仅仅是把课本和教师的知识传递给学生，混合式学习共同体必须鼓励每一位学习者在网络学习空间和实体教学空间进行知识的分享，以扩大组织内部成员之间的相连度，帮助个体在知识分享和重建中确立自己在混合式学习共同体中的主体身份。② 因此，边缘成员、半核心成员和核心成员的身份从来都不是固定的，而是在长期的学习交流过程中被不断重建和重塑。

三、学习资源

　　混合式学习共同体内出现的学习资源大致可以分为三类：预设性资源、生成性资源和关系性资源。预设性资源是在学习正式发生之前就事先预备好的，为顺利开展教学活动而特意设置的教学资源，它包括概念、方法、原理、案例、视频、PPT、作业、群组、推荐书籍等。生成性资源是在教育教学过程中生成的，能够对教育教学产生影响的各类教学资源的统称，它包括学习者的学习兴趣、学习方法、学习习惯、学习过程中提出的问题、学习交流和反思的过程等。③ 关系性资源是在教学过程中引入或者生成的、

---

　　① 从这个角度而言，教师的作用绝不仅仅是做一个新生思想的"助产婆"，通过对话、提问将每个人心灵中的真理"引导"出来（参见：刘宇. 意义的探寻——学生课程参与研究［D］. 上海：华东师范大学，2009：28 - 29.），他更应该成为联结学生节点之间结构洞的中间人，使每一位个体都成为启发其他个体思想的"助产婆"，这样才能更有效地发挥出最大化的学习效果。
　　② 卡特琳·比莱扎伊克，阿兰·柯林斯. 课堂中的学习共同体：对教育实践的概念重建［M］//查尔斯·M. 赖格卢斯. 教学设计的理论与模型：教学理论的新范式（第2卷）. 裴新宁，等译. 北京：教育科学出版社，2011：352.
　　③ 谢泉峰，段怡. 网络空间课程生成性教学资源建设的方向、内容与基本策略［J］中国教育信息化，2016（16）：69 - 71.

能够对教学产生影响的社会资本①，它主要是在混合式学习共同体的形成过程中，每个成员所拥有的、能够被嵌入到学习过程中的社会资本，和在混合式学习共同体内部成员之间在共同的学习实践经历中所构建的社会资本所共同组成。

在从初始群体向混合式学习共同体的转化过程中，成员的预设性资源在生长，生成性资源在生长，关系性资源也在生长。从单独个体转变成为混合式学习共同体成员，每一位学习者都从其他学习者那里获取了新的知识（预设性资源），并对之作出了反应（生成性资源），构建了成员之间的联结（关系性资源），因而混合式学习共同体的构建过程对每一位成员而言，都是学习资源不断增长的过程。

（一）预设性资源

预设性资源是生成性资源的基础。② 在基于网络空间的混合式教学过程中，预设性资源的交互性界面设计效果能影响教学人员对资源的使用，甚至可以影响使用者的使用心情。这也就是说，预设性资源的质量会影响课堂的心理环境，其优劣又将直接影响课堂生成型资源的生成。③ 王洪梅等人

---

① 社会资本是一种不同于物质资本、金融资本、技术资本和人力资本的新型资本形式。它最早是由洛瑞（Glenn loury）提出来的，他认为社会资本是社会结构资源对经济活动的影响因素，存在于家庭关系和社会组织之中。此后社会学家对此有不同的解读。布迪厄认为社会资本是实际的潜在的资源的集合体，与这些资源相联系的是拥有或多或少制度化的、相互熟悉和承认关系的持久网络；普特南（Robert Putnam）认为社会资本是社会组织的特征，如信任、规范和网络，它们能够通过推动协调的行动来提高社会的效率；科尔曼认为社会资本是一种表现为相互关心、相互依赖关系的无形资本，它具有不可转让性和带有公共物品的性质；林南认为社会资本是投资在社会关系中并希望在市场中获得回报的一种资源，是一种镶嵌在社会结构中，并可以通过有目的的行动来获得或流动的资源。（参见邓伟志. 社会学辞典［M］. 上海：上海辞书出版社，2009：102.）布迪厄强调，某个当事人拥有的社会资本量取决于他实际上能够调动的关系网络的大小，取决于与他有联系的那些人中每个人自己拥有的（经济、文化或符号/象征）资本的数量。社会资本的再生产必须以社交活动的不断进行，以及不断地肯定和重新肯定承认的一系列持续的交换为前提。参见皮埃尔·布迪厄. 资本的类型［M］//马克·格兰诺维特，理查德·斯威德伯格. 经济生活中的社会学. 瞿铁鹏，姜志辉，译. 上海：世纪出版集团，上海人民出版社，2014：112 – 113.
② 张丽霞，王丽川. 论连通主义视域下的个人学习环境构建［J］. 电化教育研究，2014（12）：63 – 67.
③ 陈卫东，叶新东，秦嘉悦. 未来课堂——高互动学习空间［J］. 中国电化教育，2011（8）：6 – 13.

指出，以 3D 图片、3D 视频等为主的 3D 数字化教学资源具有高度立体逼真和临场感强的突出特性，它不仅能让观者产生身临其境的感觉，带给学习者前所未有的视觉体验，而且为未来课堂提供了重要的资源支撑。

基于网络空间的混合式学习共同体的构建需要丰富的预设性资源作为基本条件。在传统的教学条件下，预设性资源主要是由教师个人凭借自身经验和能力，以一己之力来准备全部的预设性资源，又或者是由授课教师群体和企业行业专家合作组建教学团队，共同准备全部预设性资源。网络时代的教师可以跨越地域，实现多学校乃至多行业按照同一标准、同一流程、同一口径共同备课，提供统一规范的预设性资源。

网络教学的优势正在于，在教学中需要使用的预设性资源可以从社会中寻找活的源头，进而实现课程资源来源的多元化、资源形式的多样化和资源内容的标准化。例如，可由教育机构（如教育主管部门）、公益组织（如博物馆、图书馆等）、各级学校、骨干企业等共同组建区域教育集团，构建宏观层面的基于网络空间的学习共同体。运用信息化手段，推动资源共享平台、仿真模拟平台等异构平台的数据汇聚和集成，依此建设教育资源公共服务平台和教育管理公共服务平台，大力推动教育教学资源的共建、共享、共聚、共通、共融、共用，实现课程资源的共生。正如冉利龙所言，现代远程教育自试点以来，得到了快速的发展，但一直都存在着教学资源重复建设、优质资源共享缺乏、资源服务能力不足等问题，其主要原因是各高校之间缺乏资源共建共享的机制和平台，而云计算的快速发展为远程教学资源的共建共享提供了条件。张立新等人建议，将预设性网络学习资源的开发建立在开发团队前期系统分析的基础上，从立项、分析到开发，各个环节都可以采用模式化的操作，从而制作出多样化的数字学习资源。但由于预设性资源开发在学习者使用前就已结束，禁锢于开发团队、课程目标、教学资料、实践流程，甚至还禁锢于资金总量，开发和使用之间难免会出现不一致现象，最终导致网络学习平台出现书本搬家、多媒体资源简单堆砌、经验式导航呈现等情况。为此，刘怀金等人提出，高校数字化教学资源建设需要转变思路、优化设计和科学行动，特别是要结合实际情况，实施顶层设计战略、特色建设战略、集聚优势战略、人本绩效战略、共建共享战略和自主建设战略，采取构建高校学科资源门户和学科网站、打造高校开放式的网络教学平台、创新高校数字化资源管理机制、建立高校间学生学分互认制度、开展教师教育信息化网络培训、实施高校数字化教学绩效评估等路径，促进高校数字化教学资源建设的健康发展。

但上述的预设性资源建设思路存在三个方面的问题。

一是资源的来源需要学习者的主动贡献。预设性资源的来源途径并不仅限于教师及其通过自己的社会关系引入的各类专业人士（如教师中的同行、行业专家等），因为学习者从来就不应该被视作预设性资源的被动接受者。要构建基于网络空间的混合式学习共同体，教育者和学习者都必须充分运用自己的网络空间，参与到教学资源的建设中来。他们必须学会按照教学情境、教学目标、教学方法、教学手段、教学过程等情况，搜集、分析、整理和加工网络资源，在自己的网络空间上创建个人的课程资源库，一同汇聚成为课程资源平台。在基于网络空间进行教学的过程中，必须要求教师能够根据课程教学目标，学生能够根据个人学习发展目标，有针对性地开发、建设和运用预设性资源，利用网络空间中的程序性支架、概念式支架、元认知支架和策略支架，推动基于资源的学习，并在行动研究中不断调整学习目标，巩固学习成果和提升个人能力，其中作为主体的学生必须发挥主动性，并在实践展示中构建共同的关系纽带。

二是资源的加工需要学习者的讨论交流。资源并不能直接成为课程的组成部分，它必须经过系统化的甄别、筛选、过滤、提炼、归纳、整理，并付诸实施，才能进入课程设置。[1] 所以资源在使用前必须进行加工，具体表现为对资源的解构和重构。解构是将扩展后的课程内容分解为碎片化的知识点、技能点、素质点、案例等进行深入解读。随着资源粒度不断细化，师生可以依此应对多种学习的需求，充分发挥数字资源的潜力。[2] 重构是把

---

① 陈莉. 课程概念泛化现象之省思 [J]. 全球教育展望，2015（12）：14 - 22.

② SCHATZ S. Unique metadata schemas：a model for user-centric design of a performance support system [J]. Educational technology research & development，2005，53（4）：69 - 84.

碎片化的资源根据课程教学需要，每一位教师、每一位学生都依据自己的情况进行重新整合，形成高效的学习体系。这就是采用立体表格教案①等方式，有效整合课程资源，根据自己的教学需要，重构教学体系。在网络时代，信息的加工也不能被视作单个个体的事情，虽然大数据技术可以通过横向和纵向的学习比较，推荐最优资源，但同时它也需要教育者和学习者共同在交流和讨论中确定。基于网络空间的混合式学习共同体也正是在相互的学习交流讨论中确立同伴关系。

三是资源的使用需要学习者的个性表达。由于资源只有被使用才会具有价值，而同一项资源，不同的使用者可能会有完全不同的使用方式，也就产生完全不同的使用效果。例如张伟平等人通过实证发现，资源推送技术因素与有效教学并无显著性的影响，但资源推送机制和资源内容对教学有效性具有显著影响。此外，其他因素（教师、学生、教学和环境）对于资源的使用效果也具有显著性影响。② 为此，林坤等人建议，大学教师要站在专业发展的高度来理解和认识数字化教学资源的运用；要具备对数字化教学资源进行搜集、筛选、整合、加工和创造的能力；要具备数字化教学资源运用的技能；要具有主动反思运用效果并改进的能力；提高大学教师创建、改进、分享数字化教学资源的意识和能力；提升其数字化教学资源运用技能；提升其反思、评价数字化教学资源运用效果并主动进行教学改进的能力。③ 但更为关键的是，教师必须教会学习者学会根据个人的目标、特点和需求，搜集、筛选、整合、加工、创造和运用资源的能力，在师生交互中，教会学习者基于自己的网络空间，按照自身学习需要来规划和设计自己的学习。

因而，虽然有学者，如万力勇等人认为，信息化可以促进义务教育教

---

① 谢泉峰. 立体表格教案——一种整合碎片资源的电子教案新形式 [J]. 长沙民政职业技术学院学报，2015 (1)：83-86.

② 张伟平，王继新. 云环境下教学资源有效性的实证研究——以大学新生研讨课为例 [J]. 远程教育杂志，2017 (11)：57-65.

③ 林坤，李雁翎，黄真金. "互联网+教育"时代大学教师数字化教学资源运用能力研究 [J]. 江苏高教，2017 (10)：56-59.

学资源配置均衡、师资队伍发展均衡和教学质量均衡,① 但这种结论并不是绝对的。吕婷婷在实证中就发现,相对于共同的资源平台来说,信息化条件下学生的两极分化现象更为明显,所以增强学生的自主学习能力、提升教师的信息素养才是提高教学效果的重要路径。② 此外,预设性资源不仅仅是为教育者的"教"和学习者的"学"服务的,更重要的是,它也是为"教"与"学"的交互服务的。这就是说,只有预设性资源,却没有基于该资源基础上的学习交流互动,个体之间的关系无法产生,也就无法构建出混合式学习共同体。

总而言之,在教学场域内,预设性资源的作用绝不仅仅是个人在自己的网络空间上传分享这些资源供他人学习,它最重要的作用是,要在分享过程中实现各种资源之间的联结,通过师生大量的互动交流讨论生成新的资源。这些新的资源不仅仅包括为下一步学习所准备的新的预设性资源,还包括生成性资源和关系性资源。

(二) 生成性资源

生成性学习资源是学习者生成性学习的成果,是学习者个体思维进程的衍生物,它体现了个体的认知、情感、态度和价值观的差异,凸显了知识的个性化特征。③

在课程学习的过程中,学习者是知识意义的主动构建者。学习者并不是把知识从外界原封不动地直接搬到记忆之中,而是以已有的经验作为基础,通过与外界的相互作用来构建对知识的新理解。学习也不是简单的信息输入、储存和提取的过程,不是简单的信息累积,因为知识是无法通过教学过程直接灌输给学习者的,他们必须参与整个学习过程,并根据自己先前的经验,在与他人协商、会话、沟通和交互质疑的过程中,构建知识

① 万力勇,舒艾. 以信息化促进民族地区义务教育均衡发展:机制与策略 [J]. 中南民族大学学报 (人文社会科学版),2017 (5):59-62.

② 吕婷婷,王娜. 基于SPOC + 数字化教学资源平台的翻转课堂教学模式研究——以大学英语为例 [J]. 中国电化教育,2016 (5):85-90.

③ 张立新,米高磊. 高校网络课程中生成性学习资源的开发与利用 [J]. 教育发展研究,2013 (10):72-76.

的意义，这一构建知识意义的过程就表现为学习者的学习过程。①

基于网络空间的生成性资源可以利用网络技术生成并进行加工。例如张立新等人在研究中发现，网络课程可以利用聚合技术实现实时、动态地聚合每个学生在线生成的资源，并予以集中呈现。这样既避免了生成性资源的流失，也免去了人工搜集的负担。信息技术还可以在聚合的基础上，对生成性资源进行加工、整合，形成个性化、体系化的学习资源，为后续的学习做准备。这样，网络课程就成了生成性学习资源的生产、共享和再利用的平台。②

在构建基于网络空间的混合式学习共同体过程中，由教育者和学习者交互而形成的生成性资源可以在网络空间中留存下来，但并不是所有的交互性资源都可以被称作生成性资源。只有在网络空间课程教学中形成的、对学习者知识建构有益资源才能称为生成性教学资源。它大致可以分为四类：

一是能够激发学习动力的资源。这部分资源之所以对学习有益，是由于学习者情况不同，步调各异，难以统一预设。例如有针对性的、带有启发性的主题内容，它能先激发一部分学习者率先进行学习示范，带动更多的学习者加入，这些内容许多都是教师根据学生的学习反应而临时生成的；又比如能够产生学习诱导的他人学习体验分享，它能以示范效应带动更多的参与者加入学习过程；此外还有教师根据学习者特点而现场设计的、有针对性的激励措施等。

二是能够促进知识理解的资源。它是在教学过程中所形成的，有助于学习者加强对知识理解的资源。例如，在教学过程中模仿真实情景的模拟再现，其中有一部分情景是预设的，但学习者的反应和理解逐渐加深的过程则是在学习过程中生成的。此外，在学习过程中，为了加深学习者对知

---

① 谢泉峰，段怡. 网络空间课程生成性教学资源建设的方向、内容与基本策略 [J] 中国教育信息化，2016（16）：69-71.
② 张立新，米高磊. 高校网络课程中生成性学习资源的开发与利用 [J]. 教育发展研究，2013（10）：72-76.

识的理解，他人所临时提供和补充的大量外部资源和新的信息，都属于有效的生成性资源。

三是能够优化学习体验的资源。任何教学活动的成功实现，都必须要考虑学习者的学习体验。虽然所有的学习体验都是私人化的，但也有一些体验能够通过分享，与他人产生情感上的共鸣。个体学习分享这些体验能够促进其他的学习者彼此之间进行学习情感交流，从而有效增强学习者的融入感。能够优化学习体验的资源还有教学管理的相关信息，例如在学习交流过程中逐渐形成的学习技巧、解题诀窍、学习交流互动行为准则等，这些信息构建了学习参与者交流互动的基础。此外，学习后及时的反馈评价，如成绩评分、错误提示、有针对性的知识回顾或幽默风趣评价等，也有助于优化学习参与者的学习体验。

四是能够分析学习成效的资源。智能化的网络空间可以通过大数据分析，寻找学习者个人学习的习惯偏差，发现学习者在学习过程中不易被发现的缺陷和不足。其中两项数据资源对学习者较为重要：一项是个人学习者自身学习成效分析数据资源，它包括个人在学习过程中学习习惯偏好分析数据、各知识点掌握程度分析数据、重点知识缺漏数据等；另一项是根据大数据原理对众多学习者学习成效进行分析的数据资源，它包括难度系数及易错知识点分布数据、学习习惯偏好分布统计数据等。这些数据都是在课程学习过程中产生的生成性课程资源，对增进网络空间课程的学习有所裨益。①

与预设性资源不同，生成性资源是伴随着学习交流互动而出现的。在许多课堂内，师生所使用的资源都源于教室外，但在学习共同体中，所学习的内容和根据外部资源而学习的过程则更多是在学习共同体成员之间共享的，它成了集体理解的一部分。② 教师、学生、专家、家长等之间围绕教

---

① 谢泉峰，段怡. 网络空间课程生成性教学资源建设的方向、内容与基本策略［J］中国教育信息化，2016（16）：69 – 71.

② 卡特琳·比莱扎伊克，阿兰·柯林斯. 课堂中的学习共同体：对教育实践的概念重建［M］//查尔斯·M. 赖格卢斯. 教学设计的理论与模型：教学理论的新范式（第 2 卷）. 裴新宁，等译. 北京：教育科学出版社，2011：336.

学所进行的交流、讨论、引导、体验、反思、分析、总结、评价等都作为形成学习共同体中的生成性资源而存在，从资源的生成过程中我们还能够很容易地判断学习者参与学习的积极性，不过，它并不能代表互动的双方或多方形成了一种稳固的情感关系。这也就是说，个体之间产生互动仅仅只是表明个体之间建立了联系，它并不等于形成了强关系，强关系的形成还需要频繁的互动，直至构建出相对稳定的、不断生成的资源互动模式。

总而言之，生成性资源作用主要是通过对预设性资源的应用，在应用过程中不断动态生成新的资源，持续推动学习者个性化的学习进程。生成性资源伴随着个体的学习和交互而产生，随着个体之间联结频次的增加，个体将不再是单独的个体，教学场域内产生了个体之间广泛的联结，生成新的关系性资源，此时，初始群体开始向群体甚至共同体转变。因此，生成性资源可以被视作构建预设性资源和关系性资源之间的桥梁。

（三）关系性资源

学习的过程可以被视作关系的构建过程。佐藤学将学习定义为"同客观世界对话（文化性实践）、同他人对话（社会性实践）、同自我对话（反思性实践）三位一体的活动"①，对话即是一种关系的联结。

美国著名经济社会学家马克·格兰诺维特认为，组织资源既包括组织自身所拥有资源（例如有形资源和无形资源），也包括企业能够从外部获取的资源（例如关系网络资源），其中组织的关系性资源是所有资源中最重要的一类资源，它存在于组织的关系及所形成的社会网络之中，并对组织行为产生重要影响。② 杨俊等人通过对关系强度、关系资源对新企业绩效的影响等进行研究，发现在创业过程中，关系资源越丰富、越善于利用关系资源的创业者越容易整合到更丰富的创业资源，更能提升企业的绩效。③ 王春

① 佐藤学. 学校的挑战：创建学习共同体 [M]. 钟启泉，译. 上海：华东师范大学出版社，2010：4.

② GRANOVETTER M. Economic action and social structure：the problem of embeddedness [J]. American journal of sociology，1985，91（3）：481 – 510.

③ 杨俊，张玉利，杨晓非，等. 关系强度、关系资源与新企业绩效——基于行为视角的实证研究 [J]. 南开管理评论，2009（8）：44 – 54.

燕等人通过对阿里巴巴马云及其团队、Facebook 扎克伯格、雷士照明吴长江三个案例中创始人的企业控制权演进情况进行梳理与分析，发现关系性资源是组织成员寻求权力的资源基础。① 朱晓红在对异质性资源、创业机会与创业绩效的关系研究中也发现，具有高知识储备的人力资源和密切联系的关系资源对创业绩效有正向影响。②

关系性资源并不一定都存在于实体空间之中。孙延红通过对企业的关系资源进行研究，发现虚拟形式的关系资源管理对企业关系资源所起到的作用已经比实体形式的关系资源管理所起到的作用还要大，而虚拟形式的关系挖掘又比虚拟形式的关系维系所起到的作用要大。③ 它已经能够很好地解释，为什么吴江等人在对武汉大学公选课上 229 个学生的人际关系数据和学生基本信息进行分析后发现，学习共同体的参与者之间存在三种互动模式，线上互动、线下互动和线下到线上的互动，其中线上互动是主要的互动方式。④ 这是因为在信息的获取过程中，弱关系反而比强关系更具优势。⑤ 当然，这并不是说强关系所带来的资源是无用的，之所以弱关系在信息获取过程中更具优势，恰是缘于强关系的成员中信息已经实现了高度共享，他们在需要协调一致的行动力上要远远高于弱关系的群体。

无论是强关系的关系性资源，还是弱关系的关系性资源；也无论是实体形式的关系性资源，还是虚拟形式的关系性资源，其核心始终在于个体之间的相互信任。但即便个体之间实现了高度的相互信任，形成了强关系，关系性资源在组织互动中也只是起到影响和中介的作用，而不是完全的决

① 王春燕，林润辉，袁庆宏，等. 企业控制权的获取和维持——基于创始人视角的多案例研究 [J]. 中国工业经济，2016（7）：144-160.

② 朱晓红，陈寒松，张玉利. 异质性资源、创业机会与创业绩效关系研究 [J]. 管理学报，2014（9）：1358-1365.

③ 孙延红. 企业关系资源最佳实施路径研究——基于结构方程视角 [J]. 求索，2014（3）：60-63.

④ 吴江，陈君，金妙. 混合式协作学习情境下的交互模式演化研究 [J]. 远程教育杂志，2016（1）：61-68.

⑤ 边燕杰，张文宏，程诚. 求职过程的社会网络模型：检验关系效应假设 [J]. 社会，2012（5）：24-37.

定性作用。陈晓峰基于江浙典型产业集聚区内相关企业样本进行研究时发现，总体上关系性资源能显著提升集群企业间合作绩效，但其直接作用并不明显，这一过程中关系能力起到了部分中介作用，而信任关系起到了完全中介作用。① 强关系和弱关系的区别仅仅在影响力的大小，而这种影响力也不是绝对的。

肖远飞等人认为，联盟网络中关系资源的规模受到关系专用性投资、资源共享惯例、彼此资源的互补性、组织的兼容性和联盟治理机制的影响。关系性资源的持续性取决于联盟关系网络中隔离机制体系的完备性。② 组织系统越封闭，关系性资源越容易维系，而组织系统越开放，则关系性资源越难以维系。在另一篇文章中，肖远飞提出，关系性资源是通过共享效应、挖掘效应和溢出效应机制来获得的，它们是组织通过网络嵌入来获取外部知识的不同机制。③ 知识共享机制是指通过核心企业的有意识行动和共享效应关系资源获取外部知识的机制。共享机制是正式联盟合约所确定的，因而其知识内容是可以被预期的。知识挖掘机制是指通过核心企业有意识的行动和挖掘关系资源而获取外部知识的机制。知识挖掘机制往往是网络成员企业投机行为的表现，成员企业通过合作中的近距离接触，获取伙伴企业的核心知识。而伙伴企业一般也会对其非共享的核心知识加强保护，所以通过知识挖掘机制获取新知识的效果是不确定的，风险也比较大，一旦被伙伴企业发现这种投机行为，可能影响到合作的稳定性，进而影响知识共享机制和溢出机制的作用效果。知识溢出机制是指通过核心企业网络嵌入中的无意识性行动和溢出关系资源，获取外部知识的机制。通过知识溢出机制获取外部知识都是免费的，它既可以增加正式合约约定的共享知识的获取效果，也可能获取部分合约中未约定的非共享知识。肖远飞认为，关系性资源是网络条件下获取知识的重要渠道，通过知识溢出、知识共享

---

① 陈晓峰. 关系资源对集群企业间合作绩效的影响研究 [J]. 科研管理, 2017 (6): 59 - 66.

② 肖远飞, 张诚. 联盟网络中关系资源形成机制与影响因素研究 [J]. 软科学, 2011 (2): 24 - 28.

③ 肖远飞. 网络嵌入、关系资源与知识获取机制 [J]. 情报杂志, 2012 (3): 124 - 131.

和知识挖掘效应可以获取外部知识。知识的获取本质上是基于网络关系的知识互动的过程，知识的获取和创新的绩效很大程度上都取决网络关系建设的效果，即网络嵌入的深度和广度、关系资源的规模和质量等。他建议在知识创新策略中要重视网络关系性资源建设，通过加强网络嵌入，提升关系资源的规模和质量。因为有研究证明，那些不打算参与学习和教学辩论过程的专家对学习共同体的效用是非常有限的。①

从肖远飞对企业组织的研究中，我们也可以推导出构建学习共同体所需的预设性资源的基本情况。与之相类似的，教学中的关系性资源也可以分为三类：一是在教学过程中，通过知识共享机制而获得的外部知识和技能。例如通过有关部门出面，由教育机构（如教育主管部门）、各级学校、公益组织（如博物馆、图书馆等）、骨干企业等共同组建区域教育集团，定期在网络空间上分享行业企业岗位工作的现场信息，甚至可以通过现场连线，将一些外部的知识和技能引入课程教学过程中来。二是在教学过程中，教育者和学习者主动突破课本的知识内容范围，针对其中的某个知识点或技能点，运用个人社会资本（如向某一位认识的专家求教），以获取更多的教学资源。三是通过教育者和学习者在教学过程中的无意识行为，意外获得较相关的教学资源。例如在头脑风暴过程中，个体受到他人启发，通过网络定向搜寻，找到某些可供使用的学习支架。

但肖远飞所阐述的关系性资源都是"外嵌的关系性资源"，这些关系性资源原本就存在，只是在教学的组织过程中能够根据教学目标的需要，将其从局外区域或者影响区域嵌入到教学场域中来，对之加以灵活运用而已。实际上，在教学场域内还有另一类关系性资源，即"内生的关系性资源"，这项关系性资源在初始群体中并不存在，是初始群体向学习群体和学习共同体转化的过程中生成的关系性资源，它来源于学习共同体内部，是学习共同体成员在长期的学习交流互动中逐渐生成并确立的社会关系。

① 戴维·乔纳森，简·豪兰，乔伊·摩尔，等. 学会用技术解决问题——一个建构主义的视角［M］. 任友群，等译. 2 版. 北京：教育科学出版社，2007：137.

学习共同体产生于相互的支撑以及共享的价值观和体验。在长期的学习互动中，个体之间逐渐形成紧密的联系，生成学习共同体成员之间的强关系和中关系，从而在教学场域内构建了一种新的关系性资源——内生的关系性资源。这种关系性资源的最大特点是，群体内部的学习者们逐渐将彼此视作学习的有效资源，将对方视作自己的学习支架，此时，师生之间的交往不再是单纯地立足于所扮演角色之上的交往，而更多是基于个人情感关系之上的具有多重维度的深度交往，它带有明显的个性化特征。

所以，在基于网络空间的混合式学习共同体有两类关系性资源：一类来源于混合式学习共同体外部，由学习共同体成员自外嵌入的社会关系；另一类来源于混合式学习共同体内部，由学习共同体成员共同建立和生成的新的社会关系。后者正是构建混合式学习共同体必须关注的重心。

总而言之，无论是外嵌的关系性资源还是内生的关系性资源，它们的主要作用都是推动成员之间的学习合作，进而使成员在未来的学习过程中能够通过相互扶持实现共同生长。是否产生了内生的关系性资源，这是判断群体是否形成的重要标志，而如果成员之间的此种关系是学习型强关系，这样的学习型群体就可以被称为学习共同体。

第三章
基于网络空间的混合式学习共同体的形成过程

在基于网络空间的混合式学习共同体的形成过程中，学习共同体既不是学习的起点，也不是学习的终点，它是在学习发展中不断予以重构的。从话语共同体、实践共同体、知识建构共同体到学习共同体，这不是一个线性的、有着清晰先后顺序的过程，话语共同体、实践共同体、知识建构共同体和学习共同体的形成过程在很大程度上相互交叠，它们只是学习共同体的不同切面，因为学习共同体同时也是话语共同体、实践共同体和知识建构共同体。在学习共同体中，话语、实践、知识互构，它们在相互促进中共同发展。确立话语共同体、实践共同体、知识建构共同体和学习共同体的顺序，仅仅是因为在形成学习共同体的过程中，成员往往都是先通过成功的对话，进而有了共同实践，发生了集体的知识建构，然后又反过来形成新的话语、深度实践和进一步的知识建构，慢慢形成和重构学习共同体，① 其初始阶段有先后而已。当理想的学习共同体形成时，话语共同体、实践共同体和知识建构共同体也已形成，而学习共同体的维系和重构过程同时也是话语共同体、实践共同体和知识建构共同体的维系和重构过程，它们本质上都是成员之间构建起来的强关系学习群体。

---

① 这一过程既可以是学习共同体的构建过程，亦可以是其解体过程。因为学习共同体的解体也往往是不成功的对话中产生了负面话语，影响到共同实践，进而使新的共同知识建构失效，引发更多的负面话语，不断消解个体之间信任的关系基础。成功的对话应该生成而不是消耗情感能量，因而在共同体的形成过程中，话语、实践、知识建构均为正相关关系。由于本研究的初始设定是个体之间无关系的初始群体，因而在关系建构上只考虑积极关系，而未涉及消极关系。

第一节 从初始群体成员聚集到话语共同体

话语共同体可以被视作一个由具有共同目标、相互交流机制、特殊文体和专用词汇作为成员而组成的团体。① 要建构学习共同体，话语交流和基于话语交流之上构建话语共同体是十分重要的环节。这里的话语不仅仅是指言语，也指文字和其他表意的符号，包括姿态、表情、手势等。在建构学习共同体的过程中，话语的主要功能是作为形成和交换观点的媒介，它通过提出新的问题和假设来激励学习共同体成员进行探讨和反思，从而引发更深入的研究和理解。② 话语虽然能够体现出权力或权威，但构建话语共同体的话语不是训诫，而是引导和激励。在话语共同体成员的交流中，个体运用话语与他人沟通，其他成员则相互提供反馈和支持，以不断产生新的话语。相较之下，大多数传统课堂里的交流主要发生于师生之间，话语在其中发挥的主要功能只是作为向学生传递知识和向学生提问以检验他们所掌握知识的媒介。③ 从初始群体到话语共同体大致可以分为"会话际遇的出现""话语交流的意愿""符号体系的重塑""言外之意的生成"四个阶段。

一、会话际遇的出现

初始群体成员只是短暂聚集在一起，并不必然产生话语，因为话语交流需要一种"对话性空间"，它是形成教育对话的各种活动的最重要、最基

---

① CUTTING J. Analysing the language of discourse communities [M]. Oxford：Elsevier Science，2000：1.

② BEREITER C, SCARDAMALIA M. Surpassing ourselves：an inquiry into the nature and implications of expertise [M]. Chicago：Open Court Publishing Company，1993：839 – 849.

③ SCHOFIELD J. Computers and classroom culture [M]. Cambridge，England：Cambridge University Press，1995：134 – 163.

础的条件。这个对话性空间既是物理的，也是心理的。物理的对话性空间需要实现个体之间信息传递的及时、高效，可以为深度对话创造条件；心理的对话性空间则意味着现实的教育生活要力求摆脱话语霸权和暴力，努力去除支配性、塑造性意志，去除教育、教师中心化意识。① 相比之下，心理的对话性空间更为重要和关键。

我们对于对话性空间的感知来源于个人历史中的生活体验。维特根斯坦（Ludwig Josef Johann Wittgenstein）说，语言的述说乃是一种活动，或是一种生活形式的组成部分。② 人是群居的动物，群居的生活形式是话语共同体的背景或载体，而话语共同体成员所共享的特定体裁和专用词汇等也能够在生活形式中得到适当的解释。③ 在大多数传统的教学场域内，教育者并不关注学习者的历史背景、生活情境、人生经验和成长历程，学习者往往被视作一面白板，又或是仅仅怀抱共同的学习渴望和学习目标而奔赴教学场域的、孜孜不倦的求知者，教育者的任务是将学习者所需要的知识和技能传送给他们，会话际遇被视作一种以"学费换知识"的"一锤子买卖"式的交易机会，其中"买方"和"卖方"的话语权力是不等的。④

基于网络空间的教学与传统教学一个最大的不同在于，网络空间能跟踪记录每一位学习者的学习经历和成长轨迹，这就使学习不再被视作"知识大搬家"的过程，学习者在学习过程中构建的生成性资源和关系性资源都可以从其个人的网络空间中反映出来，个体之间的学习交流互动也不再是从"零"开始，相关学习信息和历史信息在互动前就能够做到一定程度的了解，从而为彼此创造了对话性空间。

---

① 金生鈜. 规训与教化［M］. 北京：教育科学出版社，2004：198.

② 维特根斯坦. 哲学研究［M］. 李步楼，译. 北京：商务印书馆，2005：17.

③ 严明. 话语共同体理论建构初探——商务英语系列研究之一［J］. 外语学刊，2010（6）：85 – 88.

④ 彼得·麦克拉伦在为保罗·弗莱雷的《被压迫者教育学》修订版写的前言里，就谈到了教育工作者不要将大众视为白板，需要用革命知识去填满。参见彼得·麦克拉伦. 被压迫者教育学·修订版前言［M］//保罗·弗莱雷. 被压迫者教育学. 顾建新，赵友华，何曙荣，译. 上海：华东师范大学出版社，2014：52.

但拥有对话性空间，并不意味着能够抓住会话际遇。要抓住会话际遇，必须要有共同生活的实践。因为话语共同体成员所具有的共同目标和互动机制等关系特征都是以生活形式为依托的，而生活形式又是给定的、必须得接收下来的东西。① 在维特根斯坦看来，生活形式和语言有着密切的关系，因为我们想象一种语言就被视作想象一种生活形式。言语是行为举止的一部分，或者说是某种生活形式的一部分。所以成员们共处的实体生活空间是必要的，其重合度越高，会话际遇也就越多，就越容易被抓住。

会话际遇不仅仅是成员共处时出现的，它也同时也是生成和创造的。在对话中生成彼此之间话语交流的意愿，有助于会话际遇的增加，这就需要在构建话语共同体的过程中给予每一位成员自由、平等的话语权力；反过来，当成员能够分享群体的话语权力时，基于友谊和团结的话语共同体也就更容易构建起来。正如理查德·伯恩斯坦（Richard J. Bernstein）所说，如果形成这样一种公众生活，能够增进团结、公众自由、愿意倾听和诉说、相互辩论、投身于理智的劝导，那么它就已经预先假定了一种较早的共同体生活形式。② 不同于那些可以引发理解与合作的对话，维持更广泛宽容和尊重的联合体，共同体是建立在更加富有弹性和更少的同质化假设基础之上的。③ 它并不追求同质化的目标，而是希望通过保障每一位成员话语交流的权力，例如每一位学习者基于自己的网络空间公开发言和共享话语的权力，去追求成员在保持各自差异化前提下的平等和自由，通过持续增加成员之间话语交流的意愿，以获得彼此之间的相互理解和深度认同，实现求同存异和多元共存。

---

① 维特根斯坦. 哲学研究 [M]. 李步楼，译. 北京：商务印书馆，2005：272.

② BERNSTEIN R. Beyond objectivism and relativism: science, hermeneutics, and praxis [M]. Philadelphia: University of Pennsylvania Press, 1983: 226.

③ BURBULES N, RICE S. Dialogue across difference: continuing the conversation [J]. Harvard Educational Review, 1991, 61 (4): 393–416.

二、话语交流的意愿

教育的实践借助话语得以结构化。① 因为话语是在一定规约下的陈述，但与文本不同的是，话语还是一种实践，这种实践将在话语共同体内实现。作为一个社会团体依据自己的规则传播意义的手段，话语是团体确立其相应的社会地位，并为其他团体所认知的过程。话语意味着权力，它与权力是共生的关系，它将作为主体的人变为规则和制度的奴隶。但也正是话语的这种本质制约性，激活了话语共同体的思想火花，为其理论构建提供了哲学基础。②

不同的话语体现着不同的人与人之间不同的关系。对话本身不是目的，而是一种更好地理解知识的手段。如果学生不能把个人生活阅历转化成为知识，并且把早已获得的知识用于发现新知识，他们就无法积极地参与到作为学习和认知过程的对话之中来。③ 所以，话语交流的价值并不在于获得明确的结论或者是解决具体的问题，而在于能够产生和促进未来更多对话的可能性。而失败的对话迫使交流过程缩短、压制某些观点或者使其噤声，它破坏了对话关系，④ 消除或减少了个体之间对话交流的意愿，造成了未来交流的阻碍。

尽管话语交流有成功，也有失败，但在会话际遇到来之前，话语交流只能是间接的。世界、语言和人之间的关系实际上是语言如何将人和人的世界联系起来的问题。⑤ 所以，从根本上讲，对话不是一种具体的提问和回

---

① 佐藤学. 课程与教师 [M]. 钟启泉，译. 北京：教育科学出版社，2003：3.
② 严明. 从福柯的话语观看话语共同体——商务英语系列研究之二 [J]. 外语学刊，2011（3）：81 – 84.
③ 多纳尔多·马塞多. 被压迫者教育学·纪念版引言 [M] //保罗·弗莱雷. 被压迫者教育学. 顾建新，赵友华，何曙荣，译. 上海：华东师范大学出版社，2014：68 – 69.
④ 张光陆. 对话教学的课堂话语环境：特征与构建 [J]. 全球教育展望，2012（2）：20 – 25.
⑤ 刘辉. 本体论视域中的后期维特根斯坦语言观 [J]. 外语学刊，2010（6）：25 – 28.

应的交流形式，而是一种让参与者可以参与其中的社会关系。① 不同程度的参与者，会有不同类型的对话，参与的意愿会影响到对话的成败。反之，对话的成败也会影响到参与的意愿，并产生角色期待。所谓的"共同体内成员之间的平等"，并不是指成员的地位或参与程度的平等，它主要表现在参与对话的机会的平等，即在共同体内部，每个人都必须学会倾听彼此，有机会参与与他人的互动，并在话语交流中确定自己在共同体中的位置。达拉·鲍尔（Dana M. Bauer）就指出，没有边缘人群和核心人群的张力就不会有对话的共同体。而话语共同体本身也意味着教育内多元声音的共存。因为每一个学习者都是一个完整的精神存在，他拥有表达、被倾听、交往的权利，在教育过程中，他也不是作为一个单一性功能存在的，而是以完整的人格平等地参与到各种丰富的活动之中来的。②

在话语共同体的成员进行交流的过程中，成员的地位并非不能改变，一个人的权威地位并非来自先赋，而是在话语实践中逐渐形成的。在学习共同体内部，即便是教师的权威也是来源于师生对话的过程，它与教师先赋的身份地位无关，更何况在教学过程中，师生的身份也是可以临时互换的。因此，权威不是某个人的固定资产，可以作为一种前提条件带到教学场域中来，它来自持续的交流互动之中，③ 是在对话的过程中产生的。这也就意味着，教师并不总是一个可以依靠、可以信赖的权威，他也可能犯错，而这种错误在网络时代能够得到立即的验证。它同时也意味着，学生并非只能盲目接受教师的看法，而是需要运用理性，去不断检验和重新树立自己的权威。这就是说，权威不是静态不变的，也不是附属于某个个体的，它是动态发展的，是在持续的对话过程中不断形成和确认的。④

---

① BURBULES N. Dialogue in teaching: theory and practice [M]. New York and London: Teachers College, Columbia University, 1993: 19 – 20.

② 金生鈜. 规训与教化 [M]. 北京: 教育科学出版社, 2004: 198 – 199.

③ BURBULES N. Dialogue in teaching: theory and practice [M]. New York and London: Teachers College, Columbia University, 1993: 34.

④ 张光陆. 对话教学的课堂话语环境: 特征与构建 [J]. 全球教育展望, 2012 (2): 20 – 25.

　　并不是所有的对话都能成功，因此，并非所有的群体都能形成话语共同体。格雷戈瑞·丹尼尔·穆迪（Gregory Daniel Moody）等人的研究表明：青少年通过"参考他人""服从权威""依从经验""习惯表达""现有工具"这五种方式来进行话语交流。① 教师的权威角色和丰富的知识经验决定了，在话语交流中他将占有一定的优势地位，虽然这种优势地位并不绝对。作为教学场域内的主导者，教师必须思考如何将这种优势转化成为一种激发个体参与话语交流的意愿。这就需要教师基于对学习者的了解（它可以通过查阅学习者的网络空间实现），巧妙地运用各种教学方法，提升个体参与话语交流的愿望和能力。在个体受到挫折和打击时，往往决策力会减弱，这正是教师传递学习文化的最佳时机。② 斯蒂芬·布鲁克菲尔德（Stephen D. Brookfield）认为，人们参与对话主要有四个目的：一是帮助参与者对正在思考的论题形成更具批判性的理解；二是提高参与者自我意识和自我批判的能力；三是培养参与者对不断出现的不同观点进行正确评判的能力；四是通过扮演催化剂的角色，帮助人们通晓外面世界的变化。③ 从这一角度出发，满足于"蜡炬成灰泪始干"式的"哺乳"型教师在网络空间时代会逐渐被能成功组织对话、增加成员之间相连度的教师所替代。

　　不是所有的个体学习者都会有话语交流的意愿，是否参与话语交流，在一定程度上会受到学习情境的影响，实体教学空间情境、网络学习空间情境和成员学习关系情境都会影响到个体参与的意愿和行动。因而，鼓励核心成员积极分享自己的学习动态和学习心得，运用曝光效应，增加其可接近性，并在教学场域内形成一种文化氛围，能够带动更多非核心成员的参与。因为一切能够在社会网络中确定自我身份的行为都可以看作文化或

---

① MOODY G, GALLETTA D. Lost in cyberspace: The impact of information scent and time constraints on stress, performance, and attitudes online [J]. Journal of management information systems, 2015, 32（1）：192－224.

② 彼得·里克森，罗伯特·博伊德. 基因之外：文化如何改变人类演化 [M]. 杭州：浙江大学出版社，2017：139.

③ 斯蒂芬·布鲁克菲尔德，斯蒂芬·普瑞斯基. 讨论式教学法：实现民主课堂的方法与技巧 [M]. 罗静，褚保堂，译. 北京：中国轻工业出版社，2002：8.

文化的组成部分，通过与其他学习者直接交流和共同体成员定期分享新鲜事等方式方法，能够加强社会临场感，这对于学习共同体来说是非常重要的。① 要主动营造分享的文化，教师必须关注教学场域内的个体学习实践的变化情况，鼓励学习者之间的相互回报，运用霍桑效应原理，保持与学习者的沟通和交流，引导教学场域内的边缘成员向中心区域聚集，直至与他人在持续的对话交流过程中增进彼此的理解，增加成员的相连度，形成强关系的学习初级群体。

三、符号体系的重塑

话语原本就是一种符号。在学习共同体的取向中，用于描述共同体的观点和实践的语言都是通过与不同知识来源的交互和共同体成员共同建构与协商而自然形成的。学习共同体不仅仅发展内容知识和技能，也发展一种共同语言，乃至发展出了阐明学习过程、计划、目标和假设等的方式。而在大多数课堂中，往往是由教师和课本来发布所要学习的规范语言。②

在初始群体中，个体并非没有自己的符号体系，但学习共同体的形成需要初始群体中的个体在最大限度上寻找符号体系的交集，构造新的学习共同体内的集体符号。其中，话语就是最重要的媒介和最关键的载体。一方面，它是进入共同体的必要媒介，外围人员必须掌握特定的语言符号才有机会进入这一话语共同体；另一方面，它又是维系共同体的必要手段，话语共同体的发展和变化必须通过话语交互才能实现。因此，语言在话语共同体中始终是手段而不是目的，③ 权力或权威正是在话语的使用过程中展

① TU C H. Online collaborative learning communities: twenty-one designs to building an online collaborative learning community [M]. Westport, CT: Libraries Unlimited, 2004. 转引自：HILL J. 学习共同体——创建联结的理论基础 [M] //戴维·H. 乔纳森. 学习环境的理论基础（第2版）. 徐世猛，李洁，周小勇，译. 上海：华东师范大学出版社，2015：297.

② 卡特琳·比莱扎伊克，阿兰·柯林斯. 课堂中的学习共同体：对教育实践的概念重建 [M] //查尔斯·M. 赖格卢斯. 教学设计的理论与模型：教学理论的新范式（第2卷）. 裴新宁，等译. 北京：教育科学出版社，2011：336.

③ 严明. 话语共同体理论建构初探——商务英语系列研究之一 [J]. 外语学刊，2010，157（6）：85-88.

现出来的。

话语符号在话语共同体中有三个方面的作用：其一，它是理解他人的重要手段，通过理解话语，当事人可以想象和感知对方话语之下的真实含义，理解对方的心理和社会行为；其二，它是人们用于交往的媒介手段，通过话语交流，在倾听与表达中，可以实现人与人之间的协同、配合与合作；其三，它是人们建构情境的工具手段，通过话语符号，当事人可以将内容表达与当时情境记录下来，使后续的深度理解都可以建立在过去的话语实践之上。例如，某个个体对他人说，"我们老地方见！"这句话至少透露了三个意思：一是以"老地方"重温了过去的情谊；二是表达了双方即将见面的期待；三是透露出见面后的互动模式仍将遵循过去的传统。

从共时层面看，话语共同体内部的各种因素又与共同体外部存在千丝万缕的联系。共同体内专用词与普通词之间的相互作用，或不同体裁之间的"互文性"等就突出地表现了这种开放性。例如，在化学课上，H_2O 是一个专用表达式，但教师也完全可以用"水"这一普通单字，以避免表达上的过度重复。不过这两种表达透露出来的含义却是不一样的：用"水"来表达只是适用于普通人群，但使用 H_2O 来表达的潜台词却是在彰显自己是一位化学专业人士。这与小说《林海雪原》中的杨子荣说"宝塔镇河妖"一样，都是一种寻求共同体成员身份认同的刻意表露。由于掌握共同体内部这种独特的话语方式是形成该共同体成员资格的重要条件，因此学习可以被视作身份建构过程，知识技能的掌握只不过是这一过程的一部分甚至是附带的。随着学习过程的展开，新手由边缘性参与转化为程度更深的主体性参与，成员资格逐渐形成，变为共同体的新成员，从而完成了共同体的生产和再生产。[①]

形成共同的符号体系是形成话语共同体的关键。涂尔干在对原始部落进行研究时发现，即便没有任何血缘和其他关系，拥有相同图腾的部族成员也会被视为自己部族的成员。图腾成了判断群体成员归属的符号，因为

---

① 刘宇．意义的探寻——学生课程参与研究 [D]．上海：华东师范大学，2009：61.

它"就是氏族的旗帜"①。他还说道，所有人所认可的、共同的"概念是一种非个人的表现，人类的智识只能通过概念才能进行沟通……如果对所有人来说都是共同的，那么它就是共同体的作品……概念之所以比感觉和意象更具稳定性，是因为集体表现要比个人表现更加稳定"。

能够采取一致行动的共同体必然会拥有自己的话语体系，因为行动的同质性将使群体能够意识到自身，形成了群体意识。同质性一旦确立，行动将力图采取长期不变的形式，并使其转变为相应的集体符号。② 这些集体符号不仅仅提供了谈论的内容和行动的关注点，它们因在共同体中被反复使用而被赋予了团结感，符号和互动随着时间的推移会被联系在一起。③

然而，拥有共同的话语体系只是表明了每个个体都拥有作为共同体成员的身份，能够在一定的规则和默契下实施共同行动，却并不意味着彼此之间的相互理解。④ 由于理解和经验都是存在于持续的互动之中，并以互动的方式构成，要形成深度理解，必须建立在长久的深度互动的前提下，通过构建成员之间的多重联结，形成彼此都能理解的"言外之意"，有效增强彼此的联结强度。

四、言外之意的生成

"言外之意"产生于共同的实践，因为对"言外之意"的理解源于个体之间长期的互动。美国社会学家哈罗德·加芬克尔（Harold Garfinkel）在他所著的《常人方法学的研究》（*Studies in Ethnomethodology*）中提出，人们日常生活中的谈话之所以能够被理解，不仅仅是基于当事人实际说出来的东西，而且还会根据大量谈话中未提到的因素，这些因素被称作"言外之

---

① 爱弥儿·涂尔干. 宗教生活的基本形式 ［M］. 渠敬东，汲喆，译. 北京：商务印书馆，2011：302.

② 爱弥儿·涂尔干. 宗教生活的基本形式 ［M］. 渠敬东，汲喆，译. 北京：商务印书馆，2011：314.

③ 兰德尔·柯林斯. 互动仪式链 ［M］. 林聚任，等译. 北京：商务印书馆，2012：214.

④ 共同体的"一致性"只是一种形式上的共同性，在共同体的成员中，实质内容很可能是千差万别的。共同体并非强制性的、决定成员行为的道德结构，它是一种成员可以从中受益的资源。参见 DELANTY G. Community ［M］. UK，London：Routledge，2003：47.

意"。加芬克尔认为，对言外之意的理解，有赖于谈话所涉及的当事人最近的互动过程及其前景预期，有赖于对话发展的文献证据，即一系列事件中连贯的表达，依赖于谈话过程等。① 在加芬克尔看来，描述在某种意义上是其所描述环境的一部分，它在详尽说明环境的同时也为环境所详尽说明，这种反身性保证了自然语言所特有的索引性。② 所以同一语句在不同的语境中可能会有完全不同的意义。我们自以为客观的社会之所以是客观的，是因为我们用客观的术语、根据它们的共同性质来表述它们，但这些并非必然内在于这些客体本身，它是由我们描述的方式所赋予的。③

　　加芬克尔认为，文献解释包括将实际表征当作假定的潜在模式的"文献""指示"和"预先潜在的代表"。一方面，潜在模式由个别文献证据引申而来，另一方面，个别文献证据反过来又对潜在模式在"了解"的基础上加以解释，这两个方面的每一方都可以用于详尽说明另一方。④ 换言之，我们之所以能够理解话语，缘于我们在听到话语之前就已经理解了话语背后的表述模式，而对话语的理解又验证了该表述模式的正确。因此，所有的理解都源于话语的实践。

　　正如赫伯特·马尔库塞所言，日常语言带有行为性，它是一种实践手段。⑤ 维特根斯坦也说"意义即用法"。⑥ 哲学家想着去构建关于意义、断言句、疑问句等本质的解释，这不仅"把我们弄去搜罗怪物"，而且也让我们忽略了真正的区分和复杂性，而这些东西，只有当我们在日常生活中使用语言进行实践，使其发挥功用，并且去观察它时，才能被揭示出来。

---

　　① GARFINKEL H. Studies in ethnomethodology ［M］. New Jersey：Englewood Cliffs，1967：36.

　　② GARFINKEL H，SACKS H. On the formal structure of practical action ［M］// TIRYAKIAN. Theoretical sociology：perspectives and development. New York：Appleton，1970：160.

　　③ FILMER P. On Garfinkel's ethnomethodology ［M］//FILMER P，et al. New directions in sociological theory. Cambridge，MA：The MIT Press，1972：212.

　　④ GARFINKEL H. Studies in ethnomethodology ［M］. New Jersey：Englewood Cliffs，1967：36.

　　⑤ 赫伯特·马尔库塞. 单向度的人：发达工业社会意识形态研究 ［M］. 刘继，译. 上海：上海译文出版社，2006：163.

　　⑥ 路德维希·维特根斯坦. 哲学研究 ［M］. 蔡远，译. 北京：中国社会科学出版社，2009：80.

话语背后的东西是复杂的、多层级的。米歇尔·福柯（Michel Foucault）曾经对此有过论述。他认为，话语不只是由一系列同质事件（个体的表述）所构成，在话语的深度本身中还能辨别出许多可能的事件层：如陈述本身的特殊的出现层；对象的、陈述类型的、概念的、策略选择的出现层；以已经起作用的规则为基础的新的形成规则的派生层，即以一种话语的形成替代另一种话语的形成。① 当派生层产生以后，我们会依此对他人的话语进行逻辑上的、深层的理解。

加芬克尔曾邀请学生参加"精神心理治疗法"的实验，在实验中他发现，尽管实验者的回答具有随机性，但连续的提问使学生认为他们的回答都是由问题引起的，他们可以明白"建议者心里想什么"，并努力从回答中找其预期的意义。这样提问者与被问者之间便形成了一种基本的互动模式，它为学生们理解以后的回答提供了依据，并决定着下一个问题的提出。即便回答的内容自相矛盾，学生们也会力求作出合理的解释，想方设法地维持已经建立起来的基本互动模式。② 在谈话互动中，共同理解是根据其背景预期处于特定谈话互动的模式之中，同时每一现实的谈话语句作为证据，谈话模式又在这一谈话过程中会重新产生出来，是个体过去的共同实践，促成了彼此的理解，进而产生了共同话语。

所以，不是我们先有了谈话，才有了相互之间的理解，而是先有理解，然后才有谈话来验证理解正确与否，话语和实践是互构的。在不断的话语生成和实践验证过程中，模式不断被确认和强化。而对于那些已经被多次确认无误的理解，在谈话中将较少出现，它被视作谈话者之间已经无须言明的"言外之意"。例如，与孩子关系亲密的父母绝不会问孩子是哪一天过生日的问题，而只会问孩子希望怎么度过自己的生日，"哪天过生日"这个问题的答案是无须言明的。混合式学习共同体内成员之间强关系的形成正有赖于彼此都能理解的、无须言明的大量的"言外之意"的存在，他们依

---

① 米歇尔·福柯. 知识考古学［M］. 谢强，马月，译. 北京：生活·读书·新知三联书店，1998：190.

② GARFINKEL H. Studies in ethnomethodology［M］. New Jersey：Englewood Cliffs，1967：67.

此来预测对方的言语和行动，并在后面的实践中不断加以确认。因而，共同体的建构没有完成时，只有进行时，它需要在话语交流中不断被建构，在话语与实践的互构中成员不断深化彼此之间联结，生成大量的不言自明的"言外之意"。预测主要是根据以往的经历，如果他们如果有过交往，那么他们就能依据心理特质的持续性和普遍性的假定，来对他现在和将来的行动进行预测。① 预测结果越准确，表明个体之间的关系越强，而如果这种"言外之意"仅仅维持在最基本的话语理解上，对方接下来的言语和行动将很难预测，个体之间维系的就仅仅只是弱关系。要构建话语共同体，就必须在共同体内部生成所有成员都能够理解的大量深层的"言外之意"，而这种"言外之意"只能源于长期的集体实践行动，和在实践行动中通过一再的"假设—验证"循环确认彼此之间的和共同体内部共同的实践互动模式。

第二节　从共同话语意义生成到实践共同体

话语仅仅是互动交流的一种手段，使用话语的目的在于沟通，以达到相互之间的理解和促进②，进而组织共同的行动实践。人们之间长期共同的实践会生成共同的精神文化纽带，并形成彼此之间的关系，这就构成了"实践共同体"。

"实践共同体"的概念是由吉恩·莱夫（Jean Lave）和埃蒂安·温格（Etienne Wenger）于 1991 年率先提出。③ 莱夫等人指出，一个实践共同体应该包括一系列个体所共享的、相互理解的实践和信念，以及对长时间追

---

① 欧文·戈夫曼. 日常生活中的自我呈现［M］. 冯钢，译. 北京：北京大学出版社，2008：1.
② 仅仅是相互之间的理解对于构建学习共同体来说是远远不够的，话语交流必须能够促进共同的实践，激发正面情绪，增加情感能量，这样才能够走向积极的实践。
③ 达瑞尔·德雷珀. 实践社区［M］//丽塔·里奇. 教育交流与技术术语集. 来凤琪，等译. 上海：华东师范大学出版社，2017：52.

求共同利益的理解。在莱夫等人看来，实践共同体是人、活动和世界之间的一系列关系，这些关系跨越时间，并与其他相关的实践共同体发生联系。在实践共同体内，所有的学习、思考和认识都是参与活动的人们之间的关系。

一、共同实践中的身份确认和角色扮演

实践共同体的基本活动是成员的共同实践，正是在持续的共同实践中，成员不断地确立自己作为实践共同体成员的身份。埃蒂安·温格（Etienne Wenger）在给"实践共同体"下定义时专门强调：所有成员拥有一个共同的关注点，共同致力解决一组问题，或者为了一个主题共同投入热情，他们在这一共同追求的领域中，通过持续不断的相互作用，拓展自己的知识和专长。温格还提出，"实践共同体"应该具有三个要素：共同的事业、相互的介入、共享的技艺库。① 其中，共同的事业是指所有的参与者一起朝着共同的目标迈进，并努力工作、分享自己的经验和体会；相互的介入就意味着成员彼此之间要进行互动，通过这种互动，产生对于某一事物或问题的共享意义；共享的技艺库则是指已经固化了的、共同的资源，以及共同体的成员之间用于协商意义和便于学习的行话、术语。这三个维度相互作用，相互影响，勾勒出了实践共同体中个体之间的共同实践过程和内容。

但相同的目标、意义和话语刺激并不意味着在场的个体都会产生相同的反应。那些积极付诸行动，成为群体中的示范引领者将通过一次次的集体行动，逐渐成为教学场域中的半核心成员乃至核心成员，有时这些个体也被称为"老成员"，而他们与在场的其他个体构建关系联结的能力，将影响到初始群体成员是否采取共同的实践行动。

在实践共同体的共同实践过程中，成员的身份是一种公共身份，其划分并非按照加入实践共同体的先后，而是根据成员是否能够获得其他成员

---

① WENGER E. Communities of practice: learning, meaning, and identity [M]. Cambridge: Cambridge University Press, 1998: 72 - 73.

的共同认可来划分的，标准是大家是否认为该成员已经接纳了共同体内的文化。戴维·乔纳森等人曾把实践共同体的特点归纳为三点：一是共同的文化历史遗产，即共同体内的文化。实践共同体不是在特定时间为了某种需要而进行的简单聚集，实践共同体会形成自己的文化传统，新成员仅仅只是获得了作为成员的资格身份，它暗示了领域常识的能力水平，是成员们能够构建知识，并有效地协同工作的基础。拥有资格身份，就拥有了参与共同实践的机会，但他仍需要通过与其他成员的互动来学习共同体的常规、语言和习俗，向其他成员证明自己的期待身份与资格身份相符合，并获得公共身份，逐渐成为共同体的合法成员。① 这就需要从实践共同体的老成员那里继承大多数共同体的目标、意义和实践，而这些在过去的经验中已经被假设、验证并得到大家的共同认可。二是相互依存的系统，个体的工作是以更大的集体作为背景的工作的一部分，它与实践共同体有着内在的联系，而实践共同体本身也是更大的集体的一部分，这有助于个体和更大的实践共同体感受到一个共同目标，并在实践这个目标中找到归属感，获取自己的身份。三是再生产的系统，当新成员与同伴和老成员一起进入过去已经成熟的实践活动中时，老成员对活动的熟悉使其实践行动能产生示范作用，新成员在观摩、协助、学习中，实践共同体实现了再生产。随着时间的推移，新成员逐渐嵌入实践共同体，直至成为或者替代老成员，获得新的身份。②

实践虽然来源于过去，但却是指向未来的。在教学过程中所建立实践共同体的本质是在教师的主导下，由实践性的知识情境所支持而开展的合作学习实践。它强调，课程学习要以实践活动为目标导向，必须亲身亲历

---

① KIMBLE C, HILDRETH P. Dualities, distributed communities of practice and knowledge management [J]. Journal of knowledge management, 2005, 9 (4): 102-103.

② 这一过程就是吉恩·莱夫和埃蒂安·温格在《情景学习：合法的边缘性参与》一书中谈到的边缘性参与，但这种参与并不一定必然实现新成员向老成员身份的转换，只有那些生成了情感能量的参与者才会倾向于与其他成员加强彼此之间的联系，构建强关系，而如果没有生成情感能量，又或者生成的是负的情感能量，新的身份将难以得到认同。

和参与课程学习过程，从中获得个体发展，该过程往往具有较强的实践性。① 正如佐藤学所言，"凡是旨在解决现实问题的实践性探究，总是以置身于具体情境、从情境内部接近问题的立场作为特征"②，个体只有充分浸润在真实的实践情境之中，沉浸式地参与共同体文化建设，通过群体合作学习，才能生成实践知识，并通过身份转换的方式，实现从边缘到中心的渗透，建立自己在实践共同体内无可争议的个人成员身份，才能实现公共身份、期待身份和资格身份三者的高度统一。

获得了成员身份，也就必须要在实践共同体中扮演相应的角色，正是角色扮演活动将个人与实践共同体联系起来，从而在学习者和共同体之间形成了一种既有张力却又密切相连的关系。戴维·乔纳森说道："个体通过将共同体的实践个人化，转变和维持着共同体，而共同体则通过提供个人化的机会，和最终促成文化适应的途径来转变和维持个体。""我们如何参与，我们进行着什么实践，都是由整个共同体的生态系统所决定的……正是我们参与着，因而我们变化着。在这种变化中，我们在实践中的身份得以发展，因为在这个模型中我们不再是自主的人，而是活动中的人。"③ 由于角色需要持续扮演，在实践共同体中，学习者的身份必须不断再生产，从旁观者、参与者到成熟实践的示范者的轨迹前进——即从合法的边缘性参与者逐步到共同体的核心成员，从新手逐步到专家。④

基于网络空间的学习共同体为个体成员身份认同的形成提供了开放的场域。在传统条件下，个体成员的身份认同通常都是在比较封闭的组织文化之中形成的，无论是新成员还是老成员，他们大多采用自上而下的建构方式，即由外界（特别是教育行政部门）为师生制定形形色色的角色标准

---

① 文军萍，陈晓端. 超越课堂：课程学习共同体的建构 [J]. 课程·教材·教法，2017，37 （4）：42-48.

② 佐藤学. 学习的快乐——走向对话 [M]. 钟启泉，译. 北京：教育科学出版社，2004：148.

③ 戴维·H. 乔纳森. 学习环境的理论基础（第2版）[M]. 郑太年，任友群，译. 上海：华东师范大学出版社，2002：36.

④ 吉恩·莱夫，埃蒂安·温格. 情景学习：合法的边缘性参与. 王文静，译. 上海：华东师范大学出版社，2004：译者序4.

（例如一年级《语文》课文"站如松，坐如钟，行如风，卧如弓"，即是通过角色规范的强力控制身体在场者"站""坐""行""卧"的行为），师生再来参照这些标准塑造自我、承担角色，并以此确立自己在社会群体、师生群体中的身份，他们的一言一行往往是被规范化的。在这整个过程中，师生的主体性和主动性都遭到了削弱甚至是剥夺。随着网络时代的到来，过去封闭的组织文化被打破，师生对自我身份和角色的塑造也从制度环境中的自上而下的方式，转变成为实践共同体中的开放兼容、自由参与和民主协商的方式，这也就意味着学习者能够通过自身主动的社会实践参与来建构自我。因此，从个体成员的角度来看，在共同体内的实践和参与（含合法的边缘性参与）是新成员由"局外人"逐渐向"局内人"转化的过程，新成员通过参与共同体文化实践，获得其成员资格和合法身份；从社会结构的角度来看，成员在共同体内的实践和参与被看作共同体的社会实践生产和再生产的过程，新成员通过社会实践参与转化成为老成员，其自身就被整合到共同体的社会文化实践中来，使共同体的社会实践文化也得到了固化和传承。①

二、共同实践中的情感能量和意义产生

要建构实践共同体，首先就要能够使成员们做到集体共同实践，因为只有在集体共同实践中，个体才能产生大量的情感能量，才能汇聚集体意识。涂尔干谈道："任何社会都会定期强化和确认集体情感和意识，因为只有这种情感和意识才能使社会获得其统一性和人格性。这种精神的重铸只有通过聚合、聚集和聚会等手段才能实现，在场的个体被紧密地联系起来，进而一道加深他们的共同情感。"②

这个共同情感具体表现为对实践共同体所具有的通过社会协商形成的

---

① 李子建，邱德峰. 实践共同体：迈向教师专业身份认同新视野［J］. 全球教育展望，2016（5）：102－111.

② 爱弥儿·涂尔干. 宗教生活的基本形式［M］. 渠敬东，汲喆，译. 北京：商务印书馆，2011：589.

共同的文化历史遗产表现出足够的崇敬，它包括共同的目标、意义和实践。它们是新成员从老成员那里继承的，① 这一继承的过程就是学习的过程。因而，崔允漷等人在谈到学习是如何发生时特别强调，确认一名学习者是否真正进入实践共同体的最核心的依据，就是学习者是否学习和掌握了共同体的文化，以及是否能够获得其文化认同。他们认为，情境学习理论所指向的社会情境，本质是一种文化情境，而学习者只有获得了其文化认可，才能算真正进入实践共同体中，学习也才可能真正发生。所以，具有文化性的社会情境才能从真正意义上促使学习发生。② 但崔允漷等人并未提及学习者何以会主动习得共同体内的文化，并获得共同体的文化认同。

实践共同体内的学习是在特定类型实践情境下进行的，是一种有目的的模仿和创造的社会实践活动。如果一群人只是简单地聚合在一起，却没有明确的目标、交流、合作等，他们不可能成为一个有意义的实践共同体。因为实践共同体是用于表达一种"基于知识的社会结构"，个体因为发现了相互作用的价值而聚集到一起，分享经验、交流思想、互帮互助以解决问题。没有问题，没有目标，就不会有个体聚集起来的动力，也就无法产生足够的情感能量。

要产生情感能量，需要有所有个体感兴趣的目标，有能够达到目标的预期，有能够激发学习的机制，有适合的学习情境。周湘梅等人在谈到如何建设网络实践共同体时，强调网络实践共同体的形成需要遵循一定的规律。首先是要有共同的学习主题，网络实践共同体需要开放、真实、复杂的主题，以激发学生的学习兴趣，通过多角度切入，生成有意义的讨论，在共享与合作的学习活动中逐步形成与发展。其次，要有大量的学习支架予以支持。网络上的学习内容（如文本、图片、动画等），支架（特别是基于网络的技术）和基于文本的交流的结合体，被认为是促成网络实践共同

---

① 吉恩·莱夫，埃蒂安·温格. 情景学习：合法的边缘性参与 [M]. 王文静，译. 上海：华东师范大学出版社，2004：5.

② 崔允漷，王中男. 学习如何发生：情境学习理论的诠释 [J]. 教育科学研究，2012（7）：28 – 32.

体形成的理想环境。因为学生可用图像和动画等工具，把原始数据转化成知识，产生参与性理解。再次，每个成员要把自我情感投射到网络实践共同体中，并能接受他人的情感，减少人与人之间社会和心理距离，激发学习动力。最后，要有一个安全、富有依赖感的学习环境。① 上述这些规律，在基于网络空间的混合式学习共同体的构建中同样适用。

产生情感能量的目标是使成员能够付诸学习实践，在实践中产生属于自己的行动意义。张际平等人在对"在线实践共同体"的成员参与动机进行研究时发现，在线实践共同体的基本成员的角色包含了发起者、协调者、核心成员、技术支持人员和一般成员；成员是否选择参与在线实践共同体主要由其内在动机决定，成员参与的动机是理智、有选择、有目标的，各个动机因素之间并不是独立无关，而是相互影响、共同作用的，激发和维持成员的参与动机非常重要。② 而激发和维持成员的参与动机，就需要他人对个体的行动进行反思和评价，并在这种长期的交互式评价中逐步建立、巩固和加强彼此之间的关系。随着关系趋于稳定，成员参与实践的意义可以从在集体内获取知识、赢得尊敬和树立权威中获得。通过朝向共同目标的工作，以及发展关于可用于学习共同体成员间的专长的集体意识，一种"我们是谁"的意义形成了。相比之下，在缺乏建立集体性理解、将成员视为学习资源的学习文化的情况下，大多数都没能形成一种强烈的共同体身份认同感。③

三、共同实践中的目标汇聚和行动协调

实践学习共同体的成员自首次参与共同实践伊始，各自在内心会拥有

---

① 周湘梅，翁凡亚. PV 技术——网络实践共同体形成的给养［J］现代教育技术，2007（12）：78 - 80.

② 张际平，张丽．"在线实践共同体"成员参与动机研究［J］. 现代远程教育研究，2011（2）：22 - 26.

③ 卡特琳·比莱扎伊克，阿兰·柯林斯. 课堂中的学习共同体：对教育实践的概念重建［M］//查尔斯·M. 赖格卢斯. 教学设计的理论与模型：教学理论的新范式（第 2 卷）. 裴新宁，等译. 北京：教育科学出版社，2011：335 - 336.

独立的目标，由于不熟悉实践共同体的规则、对知识体系较为陌生等，初始群体的共同实践难以完成复杂的共同行动。为此，处于实践学习共同体内中心区域的核心成员和半核心成员必须通过协调一致的行动，为处于半中心区域和边缘区域的学习者提供样例参考，实现目标的有偏传递。由于新成员只有在"参与"共同的社会实践的过程中，真正深刻的学习才会发生。① 这些成员通过分享对某一主题或领域的共同兴趣，某些交互讨论的特定方式，以及完成共同任务时建构合作知识的工具和意义生成的方法，共享显性和隐性的知识和经验，个体成员以此建构自己的知识。② 正如涂尔干所言，"是社会把人提升起来，使他超越了自身；甚言之，是社会造就了人……社会只有在发挥作用时才能让人们感受到它的影响……只有通过共同行动，社会才能意识到自身的存在，赢得自身的地位，至关重要的是获得一种积极的合作。正是因为有了这些外部活动，集体观念和集体情感才有可能产生，集体行动正是这种意识和情感的象征"③。

当所有参与者形成了集体行动的目标，都在努力追求集体共同的事业时，培养他们的文化和资源是关键问题。这种培养意味着成员之间相互的意义协商，长期协商最终会形成共同体的传统。④ 这些传统是所有成员在长期参与共同实践中能够找到的最大公约数，有时候它会以"共同仪式"的方式表现出来，并固化为实践学习共同体所有成员都必须遵循的行为准则，它是共同体内共同的精神文化纽带，使共同体的成员在朝向同一个目标进行共同实践时，能够取得行动上的协调和彼此之间的配合。文军萍等人在谈到滕尼斯所说的最高层面的精神共同体时说，它以契约文化为内核，以

① 陈向明. 从"合法的边缘性参与"看初学者的学习困境 [J] 全球教育展望, 2013 (12): 3-10.

② 达瑞尔·德雷珀. 实践社区 [M]//丽塔·里奇. 教育交流与技术术语集. 来凤琪, 等译. 上海：华东师范大学出版社, 2017: 53.

③ 爱弥儿·涂尔干. 宗教生活的基本形式 [M]. 渠敬东, 汲喆, 译. 北京：商务印书馆, 2011: 578.

④ 李兴洲, 王丽. 职业教育教师实践共同体建设研究 [J]. 教师教育研究, 2016 (1): 16-20.

制度规约为准则，强调学习者对其他成员的关怀与责任，尊重他人和信守规则，达到与他人的理解和共识。正如温格等人所言，实践是指在特定领域中的一套被社会定义的做事方法，它是一套共有的方法和共享的标准，以创造行动、沟通、解决问题，是业绩和责任制的基础。

成员在集体行动时的协调和配合并不意味着学习共同体内的成员步调也完全一致。因为同质性既不是发展实践共同体的前提要求，亦不是其最终结果，共同的事业也不意味着每个人都相信同样的东西，或者是对每件事情都持相同意见。① 这种协调配合我们甚至可以将之视作一种长期的、无限次的重复博弈过程中形成的一种默契。在重复性博弈中，并非每一次博弈都是在均衡条件下实现的。参加重复博弈实践的人可能会为了长远利益而忽略眼前的利益，选择完全不同的均衡策略。② 对于同班同学，尤其是已经处于同一专业方向的同班同学而言，重复博弈可能是无限次的，而一些临时组建的班级，重复博弈则可能被视作是有限次的。人们会根据情境的不同而选择完全不同的带有明显差异的策略，这也是许多大学的公选课凝聚力不强的主要原因——同学之间大部分的博弈都是有限次的。在人人拥有网络空间的时代，所有参与人都能够通过网络空间观测到该博弈者过去在每一个阶段的博弈中的历史，③ 由于网络在支持学习共同体构建方面可以起到关键作用，它使智能化学习成为可能。

尽管实践学习共同体内的成员在行动上能够保持一定的协调和配合，但成员目标都是朝向一个大致的方向，是在这个方向上成员保持了多样化。所以王晓芳才认为，伙伴关系中成员的学习方式是扩展式、横向式的跨界

---

① WENGER E. Communities of practice：learning, meaning, and identity［M］. Cambridge：Cambridge University Press，1998：75－79.

② 阿克塞尔罗德发现，在长时间的"重复囚徒困境"中，个人会发现，他人的成功是自己成功的前提，因而也会选择合作。参见罗伯特·阿克塞尔罗德. 合作的进化［M］. 吴坚忠，译. 上海：上海人民出版社，2016：79.

③ 阿克塞尔罗德所做的"囚徒困境重复博弈计算机程序奥林匹克竞赛"结果表明，最后的冠军是采用"一报还一报"策略者，即第一回合采取"合作"，然后每一回合都重复对手的上一回合策略，最终关系的持续会导致合作。参见罗伯特·阿克塞尔罗德. 合作的复杂性——基于参与者竞争与合作的模型［M］. 梁捷，等译. 上海：上海人民出版社，2017：1－18.

学习过程，它侧重于问题解决和探究，体现在新知识的试验、探索和创造上，代表着成员教学活动系统的整体提升。这个新知识来源于实践学习共同体所有成员拥有的共同知识，因而它不是个体成员独享的知识，而是所有成员共同建构的、共享的知识。

第三节　从共同实践探知融会到知识建构共同体

学校的目标应该是培育知识建构共同体。[①] 但遗憾的是，马琳·斯卡达玛利亚（Marlene Scardamalia）和卡尔·伯雷特（Carl Bereiter）发现，现实生活中的许多学校通过一些途径抑制，而不是支撑了知识的构建：一是强调单个学生的能力和学习；二是用外显的知识、活动和技能作为学习的凭证；三是认为只有教师拥有智慧和专业知识。知识建构共同体的目标是支持学生把积极地、策略性地学习作为目标，实现有意图的学习。[②] 正是在实现学习意图的过程中，学习共同体的成员进行长时间的、频繁的话语交流和共同实践，在知识交互中构建属于自己个人的知识体系，同时也构建起了属于集体的知识，其过程就是形成知识建构共同体的过程。

一、知识碎片的共享

建立学习共同体的目标就在于发展集体知识，并以此来支持个体知识的增长。[③] 集体知识源于学习共同体成员的集体学习行动，通过鼓励学习者

---

① 戴维·乔纳森，简·豪兰，乔伊·摩尔，等. 学会用技术解决问题——一个建构主义的视角 [M]. 任友群，等译. 2 版. 北京：教育科学出版社，2007：85.

② SCARDAMALIA M, BEREITER C, LAMON M, et al. The CSILE project: trying to bring the classroom into World 3 [M] //MCGILLY K. Classroom lessons: integrating cognitive theory and classroom practice. Cambridge, MA: MIT Press, 1994：201.

③ SCARDAMALIA M, BEREITER C. Computer support for knowledge-building communities [J]. Journal of the learning sciences, 1994 (3)：265-283.

对问题进行公开的学习交流讨论，这是学习共同体扩展其知识的核心方式之一。① 话语的交流讨论的过程既是生成性资源生成的过程，也是关系型资源增长的过程，它需要共同体的每一个成员将自己过去实践性学习的成果与大家共享。

在传统教学模式下，知识的共享主要是单向度的，由教师分享给学生。这使得许多学生难以进行令人信服的、清晰的交谈，这是因为教师很少让大多数学生针对话题提出他们自己的观点。② 随着网络时代的到来，传统教师的知识基础已经无法满足多元的、快速发展的社会的需求；因此，必须通过扩大对"哪些主体是专业学习共同体成员"的理解，来增补共同体的知识库。这就需要更多人参与分享更多的知识内容。

基于网络空间的知识建构相较传统的知识建构而言，在知识碎片的共享方面存在多种优势。

一是知识的来源更加多元化。传统的知识建构要么是由教师凭借自己的个人经验和能力，通过对教参材料进行理解，以一己之力来建构知识，要么是与授课同行或与企业行业专家合作，集体钻研教材材料或者实践经验材料，共同来建构知识，然后力求将这些知识"原汁原味"地分享给学生。知识的来源是有限的，知识的传递是单向的。在此种理念下，学生的主体性容易被轻视，甚至被忽视。有了网络空间以后，知识的来源不再是单一的或者是有限的，通过网络链接，学习者可以在学习中引入大量的外部学习支架以构建自己的知识体系。教学场域内个体的关系性资本的多寡和网络信息搜索能力成为决定知识数量和质量的主要因素。由于教师的"教"和学生的"学"都能够在空间上较为完整地展现，通过分享、推送预设性资源和生成性资源，所有成员都可以对知识进行共同分析、讨论和设计，在共同创建集体知识的同时，根据自己的需求也建构起了自己的个体

---

① 卡特琳·比莱扎伊克，阿兰·柯林斯. 课堂中的学习共同体：对教育实践的概念重建［M］//查尔斯·M. 赖格卢斯. 教学设计的理论与模型：教学理论的新范式（第2卷）. 裴新宁，等译. 北京：教育科学出版社，2011：345.

② 戴维·乔纳森，简·豪兰，乔伊·摩尔，等. 学会用技术解决问题——一个建构主义的视角［M］. 任友群，等译. 2版. 北京：教育科学出版社，2007：97.

知识体系。

二是知识的应用更具针对性。传统的知识应用主要是通过从个人记忆和经验中提取库存，再结合实践予以应用。这种做法存在两个问题：一是，从记忆和经验中提取的知识并不一定准确；二是，知识与实践的结合容易导致"削足适履"。网络空间既是学习者自主学习的功能平台，又是学习者与他人交流探讨的互动平台，还是具有记录、分析、展现学习内容和过程的智能平台。它既可以教授学习者知识和技能，又能方便教育者根据学习者的课前学习情况进行分析、统计和引导。在教学场域内，学生学习的过程实际是实践共同体中所有成员知识构建和意义协商的过程，学校、教师和学生都要清楚如何相互介入对方的实践活动中，明晰共同的事业并充分共享技艺库。① 通过记录学习者自主学习和交流的情况，网络空间能够将学习者在学习过程中出现的盲点、缺陷和不足在空间上展现出来，经过迭代分析，甚至还能找到出现这些问题的缘由，使师生能够在集体的学习讨论中"有的放矢"，有针对性地解决学习中存在的问题，建构出新的知识体系，实现高效教学。

三是知识的分享更显民主化。在知识建构方面，网络空间的一个突出优势就在于，它可以采用非实时协作。学习者基于网络空间的交流可以是异步的，它给学习的参与者以充分的时间思考与反应，而不用担心错过时机后的知识分享不再被他人注意。正如乔纳森所言，非实时协作避免了实时协作中可能会出现的"一个强大的参与者（速度更快或者更善于口头表达）会压倒其他一些更安静的参与者"的情况，它能够给这些不擅于发表言论的参与者相对较多的时间独自思考，让他们可以作出重要的贡献。② 因而，人人拥有的网络学习空间给予了每个成员以相同的知识分享和获取他人分享的知识的机会，有助于学习共同体中民主意识的培养。网络空间拉

---

① 周楠. 实践共同体理论的三要素对课堂建设的理论意义 ［J］. 现代教育技术，2011（2）：86－89.

② 戴维·乔纳森，简·豪兰，乔伊·摩尔，等. 学会用技术解决问题——一个建构主义的视角 ［M］. 任友群，等译. 2版. 北京：教育科学出版社，2007：93－94.

平了教师与学生的身份地位落差，在扁平化时代，立足于"严管型"的教师要转型成为"合作型"的教师，要能够教会学生意识到：知识不是属于某个人的，在分享、合作中它才能发挥其价值。

二、知识内容的共建

知识的分享仅仅只是形成知识建构共同体的第一步，共同体的核心活动是要对公共知识库作贡献。① 这就需要成员与成员之间、成员与知识碎片之间、知识碎片与知识碎片之间存在交互，共同生成新的知识。因为只有当个体与更大的集体相认同时，知识的创造、组合以及转移才是最为有效的。②

虽然我们通常把知识建构看成一种个体的过程，但是通过参与学习共同体，它也可以成为一个社会的过程。当人们在共同的工作、学习和实践中，在讨论他们正在做什么，以及为什么这样做的时候，参与者发展并精制化了知识和认知策略。一个能够谨记目标、抵制诱惑、并作出合理决策的自制的学习者，在有意图的学习中会发现，网络是一种极好的资源。③ 网络空间能够以"客观化的、外显的方式表征以便他人评价，检验差距和不足，继而对其进行补充、修改和再生成"④。它让学习者对知识产生归属感，而不再将知识视作属于教师的或者是课本的，把知识建构当作一种社会活动，而不是记忆与提取的个人的孤立行为。

要构建知识共建共同体，首先就要创造一个可供知识建构的环境。真

---

① 卡特琳·比莱扎伊克，阿兰·柯林斯. 课堂中的学习共同体：对教育实践的概念重建 [M] //查尔斯·M. 赖格卢斯. 教学设计的理论与模型：教学理论的新范式（第2卷）. 裴新宁，等译. 北京：教育科学出版社，2011：338.

② DYER J，NOBEOKA K. Creating and managing a high-performance knowledge-sharing network：the Toyota case [J]. Strategic management journal，2000，21（3）：345 – 367.

③ 戴维·乔纳森，简·豪兰，乔伊·摩尔，等. 学会用技术解决问题——一个建构主义的视角 [M]. 任友群，等译. 2版. 北京：教育科学出版社，2007：125.

④ SCARDAMALIA M，BEREITER C，LAMON M，et al. The CSILE project：trying to bring the classroom into World 3 [M] //MCGILLY K. Classroom lessons：integrating cognitive theory and classroom practice. Cambridge，MA：MIT Press，1994：201.

正的知识建构环境可以让学习聚焦于观点，并建构出更深层次的理解。通过界定问题、假设、研究和收集信息，支撑构建知识的共享过程，并促进概念的发展和基本技能的习得，在一定程度上提高学习交互的程度。在知识构建的过程中，需要学生能够明确地表达问题，界定自己的学习目标，在与他人协作过程中获得并构建一个共同的知识库。[1]

要构建知识共建共同体，其次是要促成不同知识之间的交流和融合。当师生都拥有主要功能相同、属于自己的个人网络空间时，教师能够运用自己的空间授课，发挥主导作用；学生能够运用自己的空间学习，发挥主体作用。由于师生都基于同一个网络空间公共教学平台建设课程，教与学能够融合为一体。这使基于网络空间的教学不再是教师授课时考虑或兼顾学生的兴趣、想法和需要，[2] 而是师生都基于自己的网络空间进行知识建构，都有足够用话语表达自己想法和需要的机会。在这种相互分享、表达中，成员共同探讨、交流，汇聚目标和观点，将个体的知识融会成集体的知识，构建共同的知识体系。

三、知识体系的共发展

创建共同的知识体系的目标并不是为了用共同的知识替代个体的知识。在学习共同体中，多样化的个体成长和集体性知识的发展都得同时加以强调。对学生而言，为了发展个人专长，他们必须对所探究的主题形成更深入的理解。因而，共同讨论的主题不是任意选择的，而是某领域的关键原理或者思想的根本核心，它们能够衍生出一系列广泛的新的主题，增加知识的丰富性，为多样化的学生提供更大的共同讨论空间。知识是循环生长的，共同体内部关于个体所学知识的讨论能够引导个体去寻找更深入的知识来与共同体的其他成员共同分享。这样，在集体知识的增长和个体知识

---

① 戴维·乔纳森，简·豪兰，乔伊·摩尔，等. 学会用技术解决问题——一个建构主义的视角 [M]. 任友群，等译. 2 版. 北京：教育科学出版社，2007：98.
② 朱翠娥. 基于空间教学的网络课程教学设计研究 [J]. 开封教育学院学报，2015（8）：100–101.

的增长之间存在着一个相互的作用，双方借此进行相互的支持。①

　　这种支持主要源于共同体成员之间紧密的情感联系，和不同专长知识之间的相互启发。传统的观点认为，阶层固化的主要原因是，出身于社会底层的学生由于受到生活环境的限制，导致掌握的知识量过少、难以获得优质资源，所以通过网络在线公开课（如 MOOC）、"送教下乡"等方式可以实现教育公平。但事实却是，知识从来都不是一个静态的、可以在人与人之间"完璧"传递的事物。丹·斯佩贝尔（Dan Sperber）已经强有力地证明，想法并非原封不动地从一个人的头脑中传递到另一个人的头脑中。②能够被传递的仅仅是预设性资源，而生成性资源和关系性资源都是动态发展的，是在长期的探讨、分析、研究和互动的过程中逐渐生成或建构起来的。要突破阶层固化现象，不能仅仅依靠预设性资源的分享，而应该关注知识的共同生成和发展过程，特别是如何在参与共同知识的发展中发展自己的问题。

　　因此，共享知识、共建知识都不是最终目的，而只是一种实现知识共同发展的手段，其最终目的是要实现成员之间知识体系的共发展，以及在这个发展过程中实现个人的发展。为此，在共享和共建的基础之上，成员需要完成两项关键任务。一是具备其他成员所具有的"共同的经验库"，它既包括必备的知识积累和调节能力，也包括自尊和参与知识共建时的自信。③ 二是具备参与知识共建共同体的成员身份，这个成员身份不仅仅是资格身份，更是期待身份和公共身份。当这两项关键任务完成时，个体与其他成员才结合成了真正的学习共同体。

---

① 卡特琳·比莱扎伊克，阿兰·柯林斯. 课堂中的学习共同体：对教育实践的概念重建［M］//查尔斯·M. 赖格卢斯. 教学设计的理论与模型：教学理论的新范式（第 2 卷）. 裴新宁，等译. 北京：教育科学出版社，2011：336－337.
② 彼得·里克森，罗伯特·博伊德. 基因之外：文化如何改变人类演化［M］. 杭州：浙江大学出版社，2017：98.
③ 陈向明. 从"合法的边缘性参与"看初学者的学习困境［J］全球教育展望，2013（12）：3－10.

第四节 从共享知识建构拓展到学习共同体

无论是话语共同体、实践共同体还是知识共同体，从本质上来说，都属于学习共同体。话语共同体、实践共同体、知识共同体之间的差别在于它们切入的侧面不同，从而呈现出不同的侧重点，但其本质都是成员之间构建起了强关系的学习群体，因而都属于学习共同体。学习共同体必然是话语共同体，又是实践共同体，同时也是知识共同体，其成员之间的合作是全方位的。对成员之间强关系的强调，凸显出学习共同体内部成员之间保持着紧密的、全方位的深度合作，从而实现共同生长的目标。基于网络空间的混合式学习共同体的构建，需要成员基于网络空间构建线上加线下的话语共同体、实践共同体和知识共同体，并最终实现成员的共同发展。

学习共同体能否形成和不断发展，主要取决于：成员在拥有共同的价值追求的基础上，能否依据情境的不同而扮演相应的角色，在多大程度上可以实现学习合作；学习共同体在多大程度上可以成为其成员共同的情感寄托，成员是否能够在深度理解下共同合作学习和主动探索未知领域；成员能否形成相同或相近的行为范式，可以在多大程度上付诸集体行动。这些都是评价学习共同体构建成效的重要指标。

一、角色沉浸下的学习合作

高效的合作需要学习者能够沉浸于其中。克里斯蒂安·凯里（Kristian Kiili）对大学生参与教育游戏是如何促进多媒体学习环境中的积极学习和创造性的参与学习过程进行了相关研究，发现内容的创建是促成沉浸状态的主要活动，他还发现沉浸与学习之间呈现正相关。[①] 要实现角色沉浸，无论

---

① KIILI K. Participatory multimedia learning：engaging learners［J］. Australasian journal of educational technology，2005，21（3）：303–322.

是共同话语的产生过程、共同实践的形成过程，还是共同知识的建构过程，其共通之处在于，并不强迫学习者必须服从事先安排的教学要求，而是大力强调共同的学习目标，在实现相互协作和彼此支持的过程中，共同作出的社会贡献与认知贡献。与共同话语的产生和共同实践的形成稍有不同，共同知识的建构过程非常依赖于学生和教师的参与、责任感、持久的动机，以及支持他们的丰富信息和学习资源。① 这些动机、信息和资源在成员参与形成学习共同体之前可能会有千差万别，但在形成学习共同体的过程中，成员会不断地根据他人的反馈，在实践中进行调整，学习如何与其他成员合作。

学习共同体不应该是一个封闭的、僵化的、静态的、一成不变的系统。正如贝蒂·阿钦斯坦（Betty Achinstein）所言，将专业学习共同体中的合作当作缺乏异议或不同声音的"全体一致"是不正确的，因为这意味着共同体的边界是完全封闭的，也不可以改变。② 这样的学习共同体由于难以从外部获取信息，而内部保持高度的同质性，学习也就无从谈起。有研究显示，学生的能力具有差异，他们可以通过相互帮助以达到更高层次的思维，③ 但当学生们处于相似能力水平时，他们常常难以成为支架，也无法帮助其他同学从交互中获益。④ 只有在开放的长效交流机制下，个体才会最倾向于进行合作。⑤

要培育学习共同体，所有成员都必须学会交流、关注彼此之间差异、分享文化、适应环境、与其他成员进行对话和访取信息资源。这是学习共

---

① 戴维·乔纳森，简·豪兰，乔伊·摩尔，等. 学会用技术解决问题——一个建构主义的视角 [M]. 任友群，等译. 2 版. 北京：教育科学出版社，2007：85 - 86.

② ACHINSTEIN B. Conflict amid community: the micropolitics of teacher collaboration [J]. Teachers college record, 2002, 104 (3): 421 - 455.

③ ANGELOVA M, GUNAWARDENA D, VOLK D. Peer teaching and learning: co-constructing language in a dual language first grade [J]. Language and education, 2006, 20 (3): 173 - 190.

④ KING A. Transactive peer tutoring: distributing cognition and metacognition [J]. Educational psychology review, 1998, 10 (1): 57 - 74.

⑤ 王国成，马博，张世国. 人类为什么合作——基于行为实验的机理研究 [M]. 北京：商务印书馆，2017：204.

同体成员角色所要求的基本能力，只有具备这些能力，成员才算学会了如何与其他成员合作，获得公共身份，而这个学习合作的过程正是在资格身份的基础上呈现个人期待身份的过程。

交流能够让人们作出调整，以适应彼此。个体所给出的反馈不仅仅是为了得到一个正确的答案，很多时候它是对所有微妙的、非正式方面的状态和适应的感知，有效的交流可以使群体获得对成员个性的了解和对前进方向的感知。群体内成员的差异是学习共同体发展的关键，每一个差异，往往是一个不同的观点或者策略，它能够在作为整体的群体之中发挥很大的作用。在群体内分享不同的观点时，一些创新所产生的结果会被注意和传播开来，最后能够改变整个群体的实践。在教学场域内，教师主要是通过规范和榜样作用发挥影响。在其影响下，每个学习共同体内部都发展了局部的小型文化，它们有着公认的规范、实践、习惯和语言，这几乎是我们周围的所有事物——我们怎样谈话、走路、倾听和参与，以及所有用来管理我们自己行为的、未说的和未写的规则。在学习共同体内的所有成员都要学会调整和适应。教师要适应群体的需要，学生也必须快速地学习和适应教师的风格和群体的规范，这个适应和转变的过程，同时也是共同体成员学习的过程。成员之间的合作需要对话。对话包含了一种暂时搁置自己的信仰而去倾听别人，和为了群体的需要屈从或放弃自己的观点的意愿。所有学习的参与者都需要在相互尊重和信任的基础上对话交流。学习共同体的活力依赖于它可用资源的质量，帮助学生获得"信息素养"技能，尽可能访问多源信息，这是一个学习共同体成功的关键。①

学习共同体成员一旦成为个体的期待身份，就会产生足够的动机利用资格身份，学习如何与其他成员合作，以获得大家认可的公共身份，在面向发展和未来的合作学习过程中与学习共同体一起共同生长。

---

① 戴维·乔纳森，简·豪兰，乔伊·摩尔，等. 学会用技术解决问题——一个建构主义的视角［M］. 任友群，等译. 2版. 北京：教育科学出版社，2007：133 - 136.

二、深度理解下的合作学习

要实现成员之间的深度理解，需要成员的话语交流、共同实践，更需要成员通过合作，发展出新的知识。这个知识既有显性知识，也有默会知识。按照迈克尔·波兰尼（Michael Polanyi）的话说，我们的教育意识来源于我们形成观念的能力，无论这些能力被直接运用于经验，还是在某种语言指涉体系中充当中介。教育是隐性的知识，我们所说的求知能力就是以这种知识为基础，为我们附带知觉的。[①]

默会知识产生于合作学习的过程中。为提高合作效率，个体之间的联系会由单一维度走向多重维度，以增进彼此之间的理解，形成默契。此时，个体从基于角色规范之上的合作逐渐转化成为基于个人关系之上的合作，伴随着个体知识转变成为公共知识，基于角色规范交往为主的公共关系开始逐渐转变成为基于情感因素交往为主的个人关系。师生之间的合作学习不再是完全基于角色规范之上，而是越来越带有更多的个性化特征，教师对学生的影响附上了个人关系的作用，情感因素开始发挥越来越大的影响力。与此种情感因素生成而同时产生的还有彼此对对方的深度理解，话语交流由浅层次逐渐进入深层次，在"懂你"的基础上互通"言外之意"。

深度理解下的话语交流是在成员彼此理解对方"言外之意"的基础上进行的。尽管共同体中的成员之间可以共享很多东西，但并非所有的成员总能秉持一致的意见；乔尔·韦斯特海默（Joel Westheimer）就特别强调，从理想的角度讲，共同体应该能够培育个人之间的差异，使其能够贡献全新的视角。[②] 因为如果没有共享经验上的差异，沟通就是多余的。[③]

此外，合作学习的共同教学实践过程对形成学习共同体非常关键。乔

---

① 迈克尔·波兰尼. 个人知识——迈向后批判哲学 ［M］. 许泽民，译. 贵阳：贵州人民出版社，2000：154.

② WESTHEIMER J. Communities and consequences：an inquiry into ideology and practice in teachers' professional work ［J］. Educational administration quarterly，1999，35（1）：71 – 105.

③ 安德鲁·赛雅. 空间的重要作用 ［M］//德瑞克·格利高里，约翰·厄里. 社会关系与空间结构. 谢礼圣，等译. 北京：北京师范大学出版社，2011：65.

纳森提到，课堂和学校都可以被看作学习共同体，虽然实际上常常并不是这样。① 典型的课堂不是共同体，因为学生是单独的个体，或是彼此竞争，学生很少分享学习目标和兴趣，虽然教学场域内也可以存在某些小组织，但其目的却极少是共同学习或彼此学习，更多的是借此排除异己，或者提升自己的身份和地位。只有当学生们开始共享自己的兴趣爱好，并朝着共同的学习目标一起努力时，才会出现学习共同体。而当学习的参与者为了完成一项有意义的任务，从事研究（观察、阅读、学习、咨询专家）与分享信息时，学习共同体就在生长。②

在一个不断成长着的学习共同体内部，所有成员都既是合作学习的主体，又是合作学习的对象。不仅学生是学习者，教师也是学习者。对教师而言，构建学习共同体是有效地能够进入"高级学习模式"的一种方式。③他们不仅能够从学生那里获取全新的外部信息（这些是显性知识），更重要的是，还能从学生那里获得深度理解、情感认同以及价值延续，同时自身的经验也更加丰富（它们属于默会知识）。

三、诱因选择下的集体行动

根据吉登斯的结构化理论，教学场域内的社会结构和个体在结构中的位置共同决定个体的绩效，与此同时，个体与结构之间的互动也反过来影响结构关系。因此，构建学习共同体需要所有成员都参与共同体内的集体行动，但初始群体成员绝非一张白纸，他们会依据自身在教学场域内的不同位置，或所期待的预期身份，发挥不同的作用，并在长期行动中构建彼此之间的信任关系，此时"诱因"的选择就非常重要。

要实现所有成员参与集体行动，就必须提供"选择性诱因"。诱因不一

---

① 戴维·乔纳森，简·豪兰，乔伊·摩尔，等. 学会用技术解决问题——一个建构主义的视角 [M]. 任友群，等译. 2 版. 北京：教育科学出版社，2007：85.

② HARRIS J. Virtual architecture：designing and directing curriculum-based telecomputing [J]. International society for technology in education, 1997, 16：51 –53.

③ 戴维·乔纳森，简·豪兰，乔伊·摩尔，等. 学会用技术解决问题——一个建构主义的视角 [M]. 任友群，等译. 2 版. 北京：教育科学出版社，2007：136 –137.

定是物质的，也可以是精神的。只有当"选择性诱因"对所有成员均能发挥正向的影响作用时，个体在"选择性诱因"的驱使下，才会采取集体行动。网络空间对个体兴趣爱好的大数据分析和呈现，有助于教学场域内的主导者——教师更有效地找寻此种"选择性诱因"。基于网络空间，教师还能提供足够的学习资源帮助学生构建知识与实际问题之间的联系，提高知识运用效率和探究过程效率，[①] 进而通过学习者彼此之间的样例学习，促发集体行动。

要实现所有成员参与集体行动，就必须生成"选择性诱因"。"选择性诱因"并不是一次性使用的，它必须能够持续动态生成，不断激发成员的兴趣，并在成员中产生关键的链式反应。绝大多数"选择性诱因"都是在中心区域生成的，并由中心区域向外产生差序性影响，成员根据受诱因影响程度、参与活动程度、发挥作用程度等综合考量，区分出"核心成员""半核心成员""边缘成员"，并确立自己在学习共同体中的位置。

要实现所有成员参与集体行动，就必须存在"选择性诱因"。"选择性诱因"不仅需要核心成员构建一个强关系的、奥尔森在集体行动理论中谈到的"特权"集团，还需要构建一个"中介"集团，以鼓励更多的边缘成员参与话语的互动交流，分享个人在实践中获得的知识，不断推动知识的共享和共生，增强成员之间的关系联结。李文昊等人的研究表明，在分组教学中，小组内只有单个小团体的成绩普遍高于包含两个小团体的小组成绩，而小组中成员又关系密切时，将有效提高成员合作和参与的积极性。[②] 换句话说，这个诱因不仅仅针对个体有效，同时也必须对群体有效，后者要求必须在成员之间构建良好的关系联结。

在学习共同体的形成过程中，由于对个体而言，只有持续产生了足够的情感能量才能驱使其作出与集体相一致的行动，而能量在行动过程中是

---

① 谢泉峰，段怡. 基于网络学习空间的混合式教学法何以有效——以 S-ISAL 教学法为例[J]. 电化教育研究，2017（6）：65–70.

② 李文昊，祝智庭. 班级社会网分析：一种观察课堂学习的新技术[J]. 中国电化教育，2009（6）：10–13.

衰退的，因此，"选择性诱因"不能始终不变。这就要求学习共同体的结构必须是开放的，它必须成为一个奥尔森所言的"相容集团"，成员在合作学习中得以生长，而非低效重复性地验证已有的结论。① 在初始群体中，"选择性诱因"通常以"工具理性"的原则确定，随着成员之间出现关系联结并逐渐加强，"价值理性"开始发挥越来越重要的作用，并最终实现两者的有机统一。当成员之间的强关系联结成为选择性诱因时，成员彼此之间互为学习支架，并共同将自己所属的初级群体作为学习支架，集体行动将实现"帕累托最优"，此时构建的即是"理想的学习共同体"。由于"选择性诱因"是不断发展变化的，学习共同体的建构没有完成时，只有进行时，在一次次集体行动中，成员与学习共同体共同生长。

当学习共同体走向封闭，无法从外部获得更多的"选择性诱因"或新的"选择性诱因"已不再能够发挥足够的作用，成员的情感能量逐渐走向衰退，成员之间的关系由于无法黏合彼此之间的差异，很容易由强关系转变成为强扭的关系，它将使成员在交往中增加负面的情感能量。此时，成员之间的共同话语体系将趋于分离，并导致共同学习实践活动的解体，不再产生新的共同知识建构，学习共同体将走向消亡。

---

① 例如，通过模仿专业研究者的研究活动，自主探索那些公认的基本科学原理就是没有太大必要的。参见 JOOLINGEN W，JONG T，LAZONDER A，et al. Co-Lab：research and development of an online learning environment for collaborative scientific discovery learning［J］. Computers in human behavior, 2005（21）：671－688.

第四章
基于网络空间的混合式学习共同体的培育策略

　　建构基于网络空间的混合式学习共同体，关键在于通过网络空间建构"内生的关系性资源"，促成混合式学习共同体成员基于学习行为之上的强关系的生成。这种关系必然是基于共同的学习实践基础之上的。正如孔子说，"三人行必有我师焉。择其善者而从之，其不善者而改之"（《论语·述而第七》）。但三人能够同行，就证明他们有共同的学习实践，正是在三人共同的学习实践中，他们才有机会认识，作相互对比，知道何为"善者"，何为"不善者"，然后才会思考该如何构建彼此之间的亲疏关系，以及作出相应的决策——"从之"或者是"改之"。这里实际上有一个从无关系、弱关系，到中关系，最后到强关系的发展过程。在教学实践场域内，要促发混合式学习共同体成员基于学习行为之上的强关系的生成，可以采取创设关联情境、问题研究导向、交互实践教学、团队合作探究四项策略。它们虽然可以被视作是教学实施的四个环节，但我们认为更要将它们视作相互融合进而相互影响的四个方面。在混合式学习共同体的构建过程中，这四项策略并非呈线性排列，先后予以实施，而应该并行加以推进。

第一节　创设关联情境

　　情境一般被定义为围绕一个特定事件的整体形势、背景或环境，它涉及一组复杂因素，这组因素不是简单的离散个体的独立影响，而是很多相互作用且同时交互的因素。① 情境在学习（即获得知识和技能）和业绩表现（即知识和技能应用）中都起着重要作用，它还可以成为一种障碍或促进。② 情境主义认为，任何事件都可被视为一种与当下或过去的情境不可分割、正在进行的行为。柯林斯提出，每个个体的自我都是在情境中被建构的，它是在社会制约下的自我建构。③ 王明霞认为，教师如果能够围绕着教学目标、指向教学重点难点来创设情境，且只要情境足够真实和新颖，就能调动学生的兴趣，提升其学习能力。④ 但这种看法忽略了相同的情境对于不同个体而言，可能会产生完全不同的影响。学习者进入教学场域中时，绝非"一张白板"，不可避免地会受到情境渲染，以及被教师自由涂画。

情境既是客观的，也是主观的，因而情境创设只有进行时，没有完成时。创设关联情境的目标不仅仅是完成教学目标，更重要的是在创造话语交流的机会，从而使个体构建一种全新的角色身份，在此基础上实现关系联结或产生构建关系的预期。同班、同寝、同乡、同门之间之所以比他人更容易建立紧密的联系，正是源于他们拥有共同的情境基础。如果把情境当作一个舞台的话，这个舞台上的"演员"原本连剧本都没有，但他们一旦愿意沉浸于情境中，就会尝试着共同演一部剧，并在其中寻找和逐渐构建属于自己的角色。

基于网络空间的情境创设相对传统方式而言更为丰富，由于每个人都能在自己的网络空间上分享工作与生活动态，课程资源来源实现了多元化。教育机构（如教育主管部门）、各级学校、公益组织（如图书馆、博物馆等）、骨干企业等可以基于网络空间共同组建区域教育集团，构建宏观层面

---

① 特定社会环境中的若干个体形成一个群体后，会产生相互作用，形成一个利益驱动的动力场，并形成群体行动，这又会对群体中的每一个个体发生影响。个体行为和群体行动的动向都取决于内部力场和情景力场（环境）的相互作用。参见：王国成，马博，张世国. 人类为什么合作——基于行为实验的机理研究 [M]. 北京：商务印书馆，2017：8.

② 丽塔·里奇. 情境 [M] // 教育交流与技术术语集. 来凤琪，等译. 上海：华东师范大学出版社，2017：70.

③ 兰德尔·柯林斯. 互动仪式链 [M]. 林聚任，等译. 北京：商务印书馆，2009：48.

④ 王明霞. 在"三个基于"中追求思想政治课教学的更高境界——以晋浙名师联合教研活动中的三节展示课为例 [J]. 教育理论与实践，2016（8）：58-60.

的学习共同体，推动数据收集平台、资源共享平台和仿真模拟平台的汇聚共融，建设教育管理公共服务平台和教育资源公共服务平台，实现教育教学资源的共建、共享、共用，教师也可以依据教学需要，采取现场或者虚拟的方式创设情境。

一、促发教学场域内的社会角色生成

情境创设是在教学场域中进行的，这个教学场域既可以是实体教学场域，例如教室、实验室等，也可以是虚拟教学场域，例如网络学习空间。有研究表明，混合了实体教学和虚拟教学的混合式教学法能够提高学习的效能，增加教学资源的可获得性，并且有更高的成本收益；[①] 但也有研究表明，并不是所有的混合式教学在实践中都能取得比线上教学和面授教学更为显著的成绩。[②] 混合式教学的成效，与其学习环境、学习的内部动机等因素都有关联。为此，有效的情境创设首先应该满足的是优质教学资源的可获得性，和获得这种优质教学资源的便易性，能够随时为教学提供各类学习支架，促发学习者之间的话语交流，进而能够成功扮演、感知、投入和生成自己的学习者角色。

（一）鼓励学习者在教学场域内扮演角色

罗伯特·埃兹拉·帕克（Robert Ezra Park）曾说过："无论在何处，每个人总是或多或少地意识到自己在扮演一种角色……正是在这些角色中，我们互相了解；也正是在这些角色中，我们认识了我们自己。"[③] 情境创设的目标是帮助个体能够尽快浸入教学环境，主动扮演相应的角色。在学习

---

① GRAHAM C. Blended learning systems: definition, current trends, and future directions [M] // CURTIS J B, CHARLES R G, JAY C, et al. Handbook of blended learning: global perspectives, local designs. San Francisco, CA: Pfeiffer Publishing, 2006: 3 –21.

② CHANG C C, SHU K M, LIANG C Y, et al. Is blended e-Learning as measured by an achievement test and self-assessment better than traditional classroom learning for vocational high school students? [J]. International review of research in open and distance learning, 2014, 15 (2): 213 –231.

③ 欧文·戈夫曼. 日常生活中的自我呈现 [M]. 冯钢，译. 北京：北京大学出版社，2008: 17.

共同体内部创建真实的、基于真实世界的情境是值得考虑的重要因素。由于实践、意义和身份交织在一起，共同组成特定情境，同时又在情境中被实践所建构，在特定情境中，运用话语引导，使学习者认识到知识的实用性，并意识到需要把知识运用于更广泛的认知目的以分析、阐述和解决真实世界中的问题时，学习就产生了。① 毛凯贤等人提出，新员工的主动行为可以分为三类：角色定位、关系构建和自我提升。而人格特质、目标取向、自我效能、情境变量对新员工主动行为有显著的预测作用；角色定位、关系构建和自我提升在新员工组织社会化过程中则有着明显的积极作用。② 这里的角色定位指的就是个体的预期身份，关系构建则会产生公共身份，自我提升是生成情感能量的源泉。只有成功的角色扮演，才能获得预期身份、公共身份和资格身份的统一，才能实现共同实践，才能建立彼此之间的关系，构建学习共同体。

（二）鼓励学习者在教学场域内感知角色

初始群体成员在进入教学场域时，由于家庭环境、个人经验、人生履历等都存在差异，他们对所创设的情境的感知并非完全一致。教师虽然可以通过学习者的网络空间了解其相关背景信息，在情境创设方面进行某种程度的调整，但无法满足也不可能完全满足所有个体对情境的预期。琳达·莱文（Linda J. Levine）等人的研究表明，一个人过去的情绪经历会影响到决策；③ 里阿·丹尼尔斯（Lia M. Daniels）的研究表明，在学习和绩效的情境中，预期情绪也会影响到决策。④ 由于教学场域内的初始群体成员具

---

① HANNAFIN M, HILL J, LAND S, et al. Student-centered, open learning environments: research, theory, and practice [M] //SPECTOR J, MERRILL M, ELEN J, et al. Handbook of research on educational communications and technology, 4th ed. New York: Springer Publishing Company, 2014: 641 – 651.

② 毛凯贤，李超平. 新员工主动行为及其在组织社会化中的作用 [J]. 心理科学进展，2015，23（12）：2167 – 2176.

③ LEVINE L, PIZARRO D. Emotion and memory research: a grumpy overview [J]. Social cognition, 2004, 22 (5): 530 – 554.

④ DANIELS L, et al. A longitudinal analysis of achievement goals: from affective antecedents to emotional effects and achievement outcomes [J]. Journal of educational psychology, 2009, 101 (4): 948 – 963.

有多元身份，在开始进入教学场域获得资格身份的同时，其预期身份存在着明显的差异，会导致其情绪和行为千差万别。理想的情境应该能够促成资格身份与预期身份的统一，并与其他成员在积极互动中，获得教学场域内其他人所共同认可的公共身份。为此，充分调动情境的各方面因素，提高新成员参与学习交流的积极性，运用话语引导，使其充分感知自身角色特点，是十分必要的。

（三）鼓励学习者在教学场域内投入角色

身体存在是学习发生的基本前提，教育应该是身体在场的。由于个体的自我都是在情境中被建构，而且是在社会制约下的自我建构，[①] 为了提高新成员的参与动机，创设情境时需要考虑在一定程度上限制成员的自由，使其能够与原来的环境做到某种程度的隔绝。因为所有的社会互动都是在在场和不在场的相互掺杂中建立的，[②] 每一个个体在进入教学场域时又都并非单个个体的完整嵌入，虽然身体在场，但意识仍会受到过去生活环境和文化惯习的影响，其所拥有的社会性资源甚至可能会在当前和未来的教学过程中持续发挥正面或负面的影响。所以，为了隔绝不利影响，情境创设需要有意识地屏蔽和过滤掉一些可能带来负面影响的关系性资源。例如，在《我的前半生》一书中，末代皇帝爱新觉罗·溥仪谈到，他从苏联解送回国后第一件令其触动的事情就是将他与家族分开。他后来回忆说，"这在我的改造中，实在是个极其重要的步骤"，"我这一生一世总离不开大墙的包围。从前在墙里面，我还有某种尊严，有我的特殊地位……可是如今，在这个墙里，那一切全没有了，让我跟别人一样"。[③] 在某些极端情况下，为了尽快做到与过去割裂，"诉苦"教育也是必需的。因为被压迫者必须目睹压迫者被打倒的事例，只有这样，抗争的信念才会在他们内心产生。[④] 例

① 兰德尔·柯林斯.互动仪式链［M］.林聚任，等译.北京：商务印书馆，2009：48.
② 约翰·厄里.社会关系、空间与时间［M］//德瑞克·格利高里，约翰·厄里.社会关系与空间结构.谢礼圣，等译.北京：北京师范大学出版社，2011：23.
③ 爱新觉罗·溥仪.我的前半生［M］.北京：同心出版社，2007：340－346.
④ 保罗·弗莱雷.被压迫者教育学［M］.顾建新，赵友华，何曙荣，译.上海：华东师范大学出版社，2014：25.

如，新中国的民政工作者在改造妓女时，对妓女进行思想教育的一个重要的环节就是对旧社会进行控诉，"在教养所里，谁没有一本血泪账？但是在她们尚未觉醒时，只是把自己的悲惨遭遇归结于命运。她们不明白自己苦难的根源，也就不理解人民政府给她们安排的光明大道。'同是天涯沦落人'，在小组会上，在饭前饭后，在晚上的休息时间，姐妹们纷纷诉说自己的苦难……悲愤的气氛笼罩着整个教养所，这种悲愤迅速地转化为对敌人的仇恨。当她们一旦认清了自己的真正敌人，也就产生了新的追求，新的希望"①。改造和学习的动力，也就是情感能量正由此而生。

即便是基于网络空间的混合式教学，这种隔离也同样是必需的。如果个体不能沉浸到学习情境中去，学习效率将很难提高，因为"不论在任何领域，真正的学习过程都是从我们去感觉开始的，而不是从理解开始的"②。所以，教师应该为学习者建立情绪支架，③ 它能够有效地帮助学习者浸入学习情境中来，④ 这就要求教师能够了解"课程内容、文化背景、共同体历史和学生的个人经历，以及对学校教育的一般看法等，引发学生对课程的情绪反应的各种因素能够相互作用"⑤。只有在某个共处的时间段，个体能够确认自己和他人都能切断（尽管这种切断可能是暂时的）过去与教学场域外的个体已经形成的强关系时，他们才会有意愿和动力在教学场域内（无论这个教育场域是实体的，还是虚拟的）发展出学习型初级群体，构建新的彼此之间的强关系。

---

① 杨洁曾，贺宛男. 上海娼妓改造史话 ［M］. 上海：生活·读书·新知. 三联书店，1988：68.

② 丹尼尔·沙博，米歇尔·沙博. 情绪教育法——将情商应用于学习 ［M］. 韦纳，宝家义，译. 北京：教育科学出版社，2009：14.

③ KIM C M, BALAAM M. Monitoring Affective and Motivational Aspects of Learning Experience with the Subtle Stone ［C］. IEEE International Conference on Advanced Learning Technologies (ICALT), Athens, Georgia, USA: IEEE Computer Society, 2011: 640 –641.

④ PARK M H. Emotional scaffolding as a strategy to support children's engagement in instruction ［J］. Universal journal of educational research, 2016 (4): 2353 –2358.

⑤ ROSIEK J. Emotional scaffolding: an exploration of the teacher knowledge at the intersection of student emotion and the subject matter ［J］. Journal of teacher education, 2003, 54 (5): 399 –412.

（四）鼓励学习者在教学场域内生成角色

在创设情境初期，由于初始群体中所有在场的个体都具有分离的多元身份，作为主导者的教师必须防止出现"双重脱嵌"的情况。① 特别是在信息化条件下，教学场域无法做到完全封闭，个体成员原有的强关系以及文化惯习仍然会产生影响，而强行予以完全隔断则很容易滋生负面情绪，因此，在保持情境半开放的情况下，加强与教学场域内其他个体的话语交流和行为互动，这是做到三重身份合一的重要途径。只有新的角色不断生成，原有的角色才会慢慢退出，这样构建的混合式学习共同体才是不断发展的、始终面向未来的学习共同体，而不是成员在一遍又一遍的追溯过往中不断消颓的、故去的学习共同体。

在生成角色的过程中，组建新的小群体能够起到非常大的作用。通过鼓励学习者构建小群体，借助实体生活空间的高度重叠和网络学习空间的密切交流，使之转变为强关系学习初级群体，从中找到自己的归属感和情感依托，情境创设就能增强成员的情感能量，新成员正是由此被吸引而不断加入组织网络中来的。② 而围绕着教学组织者形成的初级群体成员将成为学习共同体的核心成员。

二、推动教学场域内的学习情境共享

在教学场域内，能够影响到学习者的因素很多，作为主导者的教师，其影响并不是绝对和唯一的。③ 即便引入了真实的教学场景，或者是通过虚拟现实技术来辅助教学，教学场域内的个体仍然有可能会选择拒绝合作。

---

① 崔月琴等人在对国内外源性草根 NGO 生存现状进行研究时发现，其境外资源依赖十分显著，潜在地作用于治理结构、运作方式、行动策略等，它一方面加剧了与地方政府关系的疏离与排斥，另一方面制约了与民间社会主体建立良性关系，陷入关系"双重脱嵌"困境。参见崔月琴，李远."双重脱嵌"：外源型草根 NGO 本土关系构建风险——以东北 L 草根环保组织为个案的研究[J]. 学习与探索，2015（9）：19-24.

② 马汀·奇达夫，蔡文彬. 社会网络与组织 [M]. 王凤彬，朱超威，等译. 北京：中国人民大学出版社，2007：105.

③ MITCHELL C, SACKNEY L. Profound improvement: building learning-community capacity on living-system principles [M]. New York: Routledge, 2011: 9.

教师需要采取一系列的教学策略，系统地降低学习者的恐惧、嫉妒等负面情绪，并增强同情和愉快的正面情绪，提升学习者的临场感，帮助学习者获得良好的情境体验，① 充分发挥其主体性，提高其参与度。为此，核心成员在几个方面都必须发挥关键性的引导和激励作用。

（一）共享学习情境的重点是习得知识

因为知识是具有情境性的，所以学习者需要基于情境来习得知识。当学习者身处现实情境中时，其获取的知识常常是一种默会知识。② 学习者一旦融入教学场域内的真实情境，只要没有产生排斥情绪，都会与教师和其他学习者共享这一真实的学习情境，并共同面对学习过程中出现的各种问题。教师通过向其提供学习支架，特别是与之相关的知识以帮助学习者解决问题，将有效提升学习者的学习热情。在这个引导实践的过程中，学习者先是通过边缘性参与，逐渐开始掌握知识和技能，在习得知识、运用知识的过程中深化理解和掌握知识，进而深度嵌入到共享的学习情境中来，直至最终实现学习的目标。③ 因而，学习情境不能被完全隔离，无论是教师还是学生都应该在学习情境中以共同实践的方式合作，在共享中共同获得知识（在学习共同体中，不仅学生是知识的获得者，教师也同样是知识的获得者）。

（二）共享学习情境的方式是提供支架

一些个体也许认为，单凭个人力量也能够实现自我学习，由于并非每

---

① HERMANN A. Designing emotionally sound instruction: the FEASP-approach [J]. Instructional science, 2000, 28 (3): 169–198.

② 崔允漷，王中男. 学习如何发生：情境学习理论的诠释 [J]. 教育科学研究, 2012 (7): 28–32.

③ 吉恩·莱夫和埃蒂安·温格曾经用尤卡坦助产士的案例来说明知识的工具性运用是如何引导学习者学习的：在玛雅女孩"还是孩子时，每当母亲在为产妇作产前按摩，她也许正悄悄坐在某个角落，可能或经常听说了一些难产的事例，以及一些奇迹般的疗法等等。当她慢慢长大一些，就会做些传递信息、跑腿、取所用的器械之类的事情……最终，她甚至可以学着给某些产妇进行产前按摩。在某些方面，她会断定自己实际上很喜欢做这方面的工作。于是她会更加留心，但很少问一下问题，而她的指导者也只是觉得她对自己能帮上一点忙。随着时间的推移，作为学徒的玛雅女孩开始接过越来越多的工作担子，从最初只是做些常规而枯燥的工作，到最后就可从事在尤卡坦文化传统中最了不起的工作：协助分娩"。引自吉恩·莱夫，埃蒂安·温格. 情景学习：合法的边缘性参与 [M]. 王文静，译. 上海：华东师范大学出版社，2004：26–27.

个教学场域内的个体都能够熟练运用支架，而教师也未必能够及时向所有的学习者提供合适的学习支架，许多个体并不愿意参与到集体学习实践中来。长时间的边缘性参与，有可能使学习者在掌握知识和技能之前就令其感觉到厌烦，进而放弃学习的努力。为此，基于网络空间，构建相关的情境，并及时提供学习支架十分重要。有研究表明，学习者先前的学习经验，以及对自己先前的学习经验的满意程度，会对学习者参与大规模开放在线课程（MOOCs），实现在线协作学习，并且持续使用的意向产生显著影响。[①] 因而，创设情境不仅要与学习者过去的学习背景和经验相联系，而且要能够运用各种学习支架帮助学习者意识到自己处于共享情境之中，需要通过共同学习，才能有效提升自己的知识和技能。在成功的混合式学习共同体中，不仅其他成员是自己的学习支架，学习共同体本身也是自己的学习支架，对于个体成员而言，自己所遇到的问题情境不仅仅是个人的，同时也是学习共同体所有成员共有的，通过共享这些情境，成员能够从中充分借助预设性资源、生成性资源和关系性资源，解决未来的学习困难和问题。

（三）共享学习情境的目标是共享未来

教学场域内的学习情境共享并不完全是现时态的，它拥有"共享过去""共享现在""共享未来"三种时态，教师依托网络空间所创设的学习情境应该将这三种情境合而为一。"共享过去"要做到"生情"，它是指教师要引导学习者生成愉快的情景记忆，尽管这种愉快也有可能是通过对过去的苦难进行"无情地控诉"，释放完内心压力之后的愉快。为了使学习者能够对过去的情境记忆（也可以称"情境回忆"）做到"触景生情"，教师必须在情境创设时就充分考虑学习者过去的经历或经验，引发话语交流，而不是仅仅通过炫目的技术和新颖的呈现来吸引学习者的注意力，这就需要通

---

① ZHOU J J. Exploring the factors affecting learners' continuance intention of MOOCs for online collaborative learning: an extended ECM perspective [J]. Australasian journal of educational technology, 2017, 33 (5): 123 - 135.

过网络空间对学习者的经历进行相关的调研与分析。"共享现在"要做到"共情"，它是指教师必须能够鼓励学习者在教学场域内共享自己在情境学习中的感受。"共情"既通过面对面的方式，也通过网络交流的方式（比如通过大数据统计结果的对比），其目的是让所有成员共同享受集体学习所带来的愉悦感，并获得集体中的共同体验，生成"共享符号"。在帮助他人时，共情是必备的因素。① 面对面的"共情"能够拉近物理距离，在线的"共情"能够延展时间维度，所以有研究表明，与面授教学和完全的在线教学相比，学生们在混合式课程中的群体感会更强烈。② "共享过去"和"共享现在"的最终目的都是"共享未来"，它是促进合作最有效的方法，是构建混合式学习共同体的深层缘由。③ "共享未来"要做到"移情"，通过话语激励，鼓励个体经常性地参与集体互动交流，要令教学场域成为学习者心目中共同情感寄托的"圣地"，这就是涂尔干所说的"集体力通过仪式来产生作用"，使学习者进入熟悉的情境时有如"回家"，不断重构彼此心照的"言外之意"，让"恋家"的感觉成为驱动混合式学习共同体发展和个人自身发展的动力源泉，使其有信心、勇气和足够的支持以应对未来的挑战。

---

① REYNOLDS W, SCOTT B. Empathy: a crucial component of the helping relationship [J]. Journal of psychiatric and mental health nursing, 1999, 6 (5): 363 – 370.

② ROVAI A, JORDAN H. Blended learning and sense of community: a comparative analysis with traditional and fully online graduate courses [J]. International review of research in open and distance learning, 2004, 5 (2): 53 – 62.

③ 娄雨等人在一项研究中提到，研究生选择从事科研与否的原因除了导师的影响，更为深层的原因是学生对作为伟大事物的研究本身的领悟与追求，仅凭导师赏识、社会声望、物质待遇等外在因素，只能建立学生对科研的弱选择而非强选择。所以，导师最能发挥作用的地方在于培养学生对伟大事物的认识与领悟。而在研究生成为研究者的道路上，主要的影响有三个：一是导师对伟大事务的认识；二是导师在学术共同体中培养伟大事物之于研究生的崇高感与意义感；三是研究生与伟大事物逐渐靠近和认同的过程。（参见娄雨，毛君. 谁会成为研究者？——从"逃离科研"看博士生为何选择或放弃科研工作 [J]. 教育学术月刊, 2017 (6): 73 – 80.）但这种认知实际上是将教学视作一个目标单向传承的过程而非相互影响的过程，毕竟学生对作为伟大事物的研究本身的领悟与追求不可能是天生的，这种领悟和追求也不可能是可以任由导师来塑造和培养的，它只能源自导师和学生合作学习下共同经历的学术探索过程，在这一过程中由于逐步构建了师生之间的强关系，有了"生情"和"共情"，才可能"移情"，建立面向未来的学术共同体。因此，不是导师培养研究生的崇高感与意义感，而是导师在引导研究生在共同追寻伟大事物的过程中，不断与学生一起构建共同的崇高感与意义感。

三、实现教学场域内的角色地位重塑

经过创设的情境多次重新再现，能够让教学场域内的成员重新审视自己的身份和角色，进而构建相对稳定的人际关系。菲利普·津巴多（Philip Zimbardo）于 1971 年在斯坦福大学所做的监狱实验足以证明，在无力改变外界环境的情况下，当事人会遵从被指定的角色，并按照其新角色的行为规范行事，尽管这种做法可能已经完全违背了正常的伦理道德。① 而斯坦利·米尔格莱姆（Stanley Milgram）于 1961 年在耶鲁大学所做的服从实验证明了在领导者树立了自己的权威之后，当事人会遵从各种命令，而不会考虑命令的合理性与否。② 因此，教师作为教学场域内的领导者，在营造氛围、制定期望值和协商可接受的价值观等方面能够起到关键的作用，③ 它能够对成员所扮演的角色地位进行一定程度上的重塑。

戈夫曼在谈到角色扮演时曾说："当某个行动者扮演一种已经被制定的社会角色时，他通常都会发现，一种特定的前台已经为他设置好了。不管他扮演这个角色的主要动机是想完成特定工作的意愿，还是想维持相应的前台，行动者会发现，这两件事他都必须去做。"④ 但去做并不代表着能做，更不代表着能做得好。学习者进入教学场域内，仅仅只是获得了资格身份，并不意味着他对这种身份有着深度认同，因为这个角色未必符合其原来的期待身份。赵明仁在针对师范生的身份认同进行研究时提出，个人的身份认同可以分为先赋认同、结构性认同与建构性认同。先赋认同是获得资格前所积累形成的感知和评价，它主要通过自己主动交往、观察和思考有关的人和事而形成的身份认同，受社会认知、社会关系、经历和情感影响，表现出个人化和建构性的特征；结构性认同是由机构与制度赋予的认同，

① ZIMBARDO P. On the ethics of intervention in human psychological research: with special reference to the Stanford prison experiment [J]. Cognition, 1973, 2 (2): 243 – 256.

② MILGRAM S. The dilemma of obedience [J]. Phi delta kappan, 1974, 55 (9): 603 – 606.

③ 戴维·乔纳森，简·豪兰，乔伊·摩尔，等. 学会用技术解决问题——一个建构主义的视角 [M]. 任友群，等译. 2 版. 北京：教育科学出版社，2007: 134.

④ 欧文·戈夫曼. 日常生活中的自我呈现 [M]. 冯钢，译. 北京：北京大学出版社，2008: 23.

是组织给予的标签化的身份生产，通过理念和知识的传授进行的构造和濡化；建构性认同则是在前两者之上生长出来的对教师的职业认同。他建议，要适度转变教师教育的课程取向，注重变革教学模式、方法，进行研究性学习和以问题导向性学习，帮助师范生学会研究问题、提炼经验和发现知识，增强对教育活动的价值认同，以改变当前师范生对自己身份认同度不高的窘境。① 但上述这些建议都只是方向性的，而非操作性的。

从操作层面来考虑，要实现学习者角色地位的重塑，需要做到三点：一是要基于网络空间扩大教学场域；二是要基于网络空间提供各类支架；三是要基于网络空间构建社会关系。

（一）基于网络空间扩大教学场域

基于网络空间扩大教学场域是指要利用网络空间手段延伸和拓展实体教学空间。充分利用信息技术，将实体教学空间与虚拟世界结合起来，构建仿真教学情境。但这里的情境创设不是简单的情境重现，它既要能够唤醒学习者记忆中的情感认知，又要能够通过将过去与现在作对比，使学习者的心态发生变化。例如，《白毛女》戏剧中喜儿被抢走的情节能够让即将进入战场的解放军战士回忆起自己的身世而群情振奋、勇敢杀敌，但在电视剧《人民的名义》中，祁同伟却因为一首熟悉的儿歌而吞枪自杀。所以，构建仿真教学情境并非让学习者按部就班地扮演"剧本"中的角色，而是要促发学习者去探索自己适合扮演什么样的角色，去思考和尝试是否还有解决问题的更好途径。

（二）基于网络空间提供各类支架

基于网络空间提供各类支架是指要利用网络空间手段降低学习者试错成本，增强学习体验。在某种程度上，既定情境的因果结构会形成期望，学习者感知到的控制对他们的期望评估来说起到关键作用。② 为此，教师应

① 赵明仁. 先赋认同、结构性认同与建构性认同 [J]. 教育研究，2013 (6)：78-85.

② PEKRUN R. The control-value theory of achievement emotions: assumptions, corollaries, and implications for educational research and practice [J]. Educational psychology review, 2006, 18 (4): 315-341.

该帮助学习者有针对性地组织运用预设性资源和生成性资源，利用网络空间中的学习支架，实现基于资源的学习，并在行动研究中不断调整学习目标，巩固学习成果，提升个人能力。在最理想的情况下，通过网络手段，所有关系性资源都可以成为支架，它包括学习共同体内的所有成员，包括教师，甚至学习共同体本身。

（三）基于网络空间构建社会关系

基于网络空间构建社会关系是指要利用网络空间手段构建学习者之间的强关系。在与学习者的交往中，教师与学习的积极参与者（即核心成员）必须成为其他学习者的合作伙伴和联结体系内结构洞的桥梁。[①] 在学习共同体内部，师生关系构建的目标应该有四类：一是共同分享、共同创造、共同发展的教学相长的关系；二是合作研究、共同创造、协同创新的科研合作的关系；三是遵守规范、求真务实、敢于担当的社会道德关系；四是理性平和、理解包容、协同育人的情感认知关系。[②] 在创建关系的过程中，教师教学的主要任务不是传授固定的知识，而是通过教学，帮助学习者实现意义的创生，即将教学过程由"传授—接受"转变为"阐释—理解—建构"[③]，师生要秉承探求真理的价值使命，带着学术良知，造就一种充实而自由的学习、研讨和发现的学术氛围，互相激励，教学相长，进而形成为一种共同分享、共同创造、共同发展的理想关系。[④]

人人拥有的网络空间为所有个体提供了参与对话的平等机会，为此，除了学习者的角色地位要进行重塑，教师自身也要进行重塑。面对网络时代信息技术所引发的师生在知识和社会地位上的"此消彼长"，教师应当适度让渡部分权力或权益给学生，它将有力地促成"和而不同"的和谐师生

---

① 保罗·弗莱雷. 被压迫者教育学 ［M］. 顾建新，赵友华，何曙荣，译. 上海：华东师范大学出版社，2014：39.

② 施鹏，张宇. 论研究生教育中和谐师生关系及其构建路径 ［J］. 学位与研究生教育，2015（5）：37 –41.

③ 李方. 后现代教学与理念探微 ［J］. 教育研究，2004（11）：35 –40.

④ 施鹏，张宇. 论研究生教育中和谐师生关系及其构建路径 ［J］. 学位与研究生教育，2015（5）：37 –41.

关系的构建。① 这种权力或利益的让渡不能理解为教师简单的赋权，即"甩手不干"，而是要通过教师的权力让渡，使学习者能够共同作出反应，利用强关系的影响力来形塑自己的角色和身份，并最终得到其他成员的认可，获得公共身份。有研究表明，在共同体中，虽然没有针对成员的正式法律契约或谈判性报酬，但声誉比互惠的影响力更大，② 因为它能够强化主体的角色地位。因而，角色地位的重塑实际上是包括教师和学生在内的所有成员共同完成的，并在后面的学习中不断重演。

第二节　问题研究导向

　　无论是在学校内还是在学校外，有意义的任务最突出的特点就是要解决问题。因为只有想去解决问题，学习才是有意义的。所以，如果没有例外的话，所有教育的主要目的都应该是教会学生解决问题③和不断地询问新问题。这个问题不能是随意的、好奇的，而要能告诉我们一些相关的信息，并为学习者树立长远和短期欲实现的目标。问题需要依托学习情境而展开，内容应该是开放的，能够使人乐于回答并深入。问题的提问方式应该使需要帮助的人提供信息而不仅仅是回答问题，④ 进而产生话语交流。设立问题

---

① 白明亮. 信息网络化社会的师生和谐关系构建路向 ［J］. 南京师大学报（社会科学版），2010（5）：12－16.

② EVANS P，WOLF B. Collaboration rules ［J］. Harvard business review，2005，83（7）：96－104.

③ 参见戴维·乔纳森，简·豪兰，乔伊·摩尔，等. 学会用技术解决问题——一个建构主义的视角 ［M］. 任友群，等译. 2版. 北京：教育科学出版社，2007：22. 不过在原文中，乔纳森只提到了"所有教育的主要目的都应该是教会学生解决问题"，这种表述不全面，因为除了解决问题之外，提出问题也是十分重要的。爱因斯坦就曾经说过："提出一个问题往往比解决一个问题更重要。因为解决问题也许仅是一个数学上或实验上的技能而已，而提出新的问题，却需要有创造性的想象力，而且标志着科学的真正进步。"

④ 丹尼尔·沙博，米歇尔·沙博. 情绪教育法——将情商应用于学习 ［M］. 韦纳，宝家义，译. 北京：教育科学出版社，2009：108.

的目的则是引导和聚集，逐渐生成学习共同体的愿景和目标，以促发成员的共同学习实践。在这一过程中不仅要能够提高学习者学习的热情，更要能够使学习者在学习过程中构建节点之间的联系，提升聚合度，通过不断汇聚目标，协调行动，逐渐结合成学习型群体。

一、聚焦初始群体目标意识

初始群体成员原来的意识是分散的，是教师的问题使所有成员的意识聚焦起来。问题为学习者提供了学习目标，没有学习的意图，有意义的学习很难发生。① 在教学场域内，学习者的学习是从教师创设与所学程序性知识相关的情境开始的。通过引导学习者进入到知识运用的情境中，并引发学习者的集体注意，在此基础上告知学生"教"的目标，可以为学生确立"学"的目标提供参考。②

（一）能够提供研究导向的问题必须是一个能够引发认知失衡的问题

学习中提出的问题不能是凭空生成的，或者是学习者完全不知道的问题，它应该是与学习者现在或者过去的认知紧密相关的，甚至是学习者一直以来长期关注的。正如迈克尔·波兰尼所强调的，任何东西，其本身并不是一个问题或者发现；它之所以能够成为问题，只是因为它迷惑和困扰着某个人，而它之所以能够成为发现，只是因为它把某个人从一个问题的重负中解脱出来。③ 这样的问题所造成的认知失衡，很可能会激发人有意识地、努力地去深入思考、质疑和探究，以恢复认知平衡。所以，认知失衡常常伴随着困惑，它可以作为促进学习的一种重要情感状态。④

---

① HUNG W, JONASSEN D, 刘儒德. 基于问题的学习［M］//米切尔·斯伯克特，等. 教育传播与技术研究手册（第三版）. 上海：华东师范大学出版社，2011：542.

② 武法提，李彤彤. 行为目标导向的网络学习环境设计研究［J］. 电化教育研究，2013（11）：86–91.

③ 迈克尔·波兰尼. 个人知识——迈向后批判哲学［M］. 许泽民，译. 贵阳：贵州人民出版社，2000：185.

④ ROZIN P, COHEN A. Reply to commentaries: confusion infusion, suggestives, correctives, and other medicines［J］. Emotion, 2003, 3 (1): 92–96.

（二）能够提供研究导向的问题必须是一个能够引发学习情绪的问题

设置能够引发学习者认知失衡的问题，目的在于引发学习者的情绪。雅斯贝尔斯曾专门强调"在大学生活里面，老师和学生仅仅被一个单纯的动机鞭策着：人类基本的求知欲望"①，孔子则干脆说"不愤不启，不悱不发"，只有当学生"愤"和"悱"了，情绪被充分激发出来，教师才好因势利导。动机和情绪在学习和绩效中都发挥着极其重要的作用，当学习者没有强烈的动机时，他们就无法启动甚至中止学习任务。② 因此，问题的设计不仅仅要能够与学习者现在或者过去的认知紧密相关，更要能够充分引发学习者的学习兴趣，激励学习者对所学的课程产生积极的背景情绪。理解情绪和情绪能力的重要性应该被优先考虑，并将它们作为教学工作的一部分。③ 因为就任何领域的成功而言，情绪能力要比认知能力与技术能力的总和还要重要两倍以上。④ 必须意识到，情绪是在特定的情境中认知、生理和动机过程的动态的相互作用中产生的。⑤ 情绪、动机和认知之间的相互作用可以从目标的视角来理解，除此之外，情绪和动机二者之间也相互影响。情境因素则会影响到这种相互作用的过程。当人评估一个给定情境时就会产生情绪，情境的意义和因果结构以及可控性都会在认知意义上加以评定，并形成期望，随之产生相应的情绪反应。⑥

（三）能够提供研究导向的问题必须是一个能够引发共情共鸣的问题

在初始群体成员集体意识聚焦的基础上，教师需要引发学习者之间的

---

① 雅斯贝尔斯. 大学之理念 ［M］. 邱立波，译. 上海：世纪出版集团，2007：68.

② GOETZ T，PEKRUN R，HALL N，et al. Academic emotions from a social-cognitive perspective：antecedents and domain specificity of students' affect in the context of Latin instruction ［J］. British journal of educational psychology，2006，76（2）：289－308.

③ 丹尼尔·沙博，米歇尔·沙博. 情绪教育法——将情商应用于学习 ［M］. 韦纳，宝家义，译. 北京：教育科学出版社，2009：13.

④ STRICKLAND D. Emotional intelligence：the most potent factor in the success equation ［J］. The journal of nursing administration，2000，30（3）：112－117.

⑤ EYNDE P，CORTE E，VERSCHAFFEL L. Accepting emotional complexity：a socio-constructivist perspective on the role of emotions in the mathematics classroom ［J］. Educational studies in mathematics，2006，63（2）：193－207.

⑥ PEKRUN R. The control-value theory of achievement emotions：assumptions，corollaries，and implications for educational research and practice ［J］. Educational psychology review，2006，18（4）：315－341.

"共情"，它可以刺激学生学习的自主性，① 帮助学习者了解他人正在感受的情绪，并帮助他人表达自己的情绪，进而促进话语交流和共同实践。共情教学可以为学习者提供独特支持，它可以帮助学习者应对艰难时刻，克服学习动机的消退，消除学习者对某科的情绪障碍。教师需要加强与学习者的亲密关系，激发学习者的情绪能力，感受到他们所学习的内容。② 引导学习者进行共情学习对教师的技能要求较高。教师需要通过帮助学习者学会怎样开展小组工作、鼓励小组内的反馈、引导小组选择合适的学习主题、帮助小组整合学习主题来促进学习者的合作学习。③

（四）能够提供研究导向的问题必须是一个能够引发交流互动的问题

在学习共同体中，促进成员之间的交流互动是非常关键的，在线的共同学习实践尤其需要如此，因为正是学习者之间的交流互动才使得共同体在一定情境下得以形成。不过教师在引发初始群体成员集体意识聚焦的过程中，需要考虑对学习者对抗过程的选择。理查德·所罗门（Richard Solomon）的对抗过程理论提出，在某一个特定的条件下，每一次的刺激都会引发一个强烈的积极（愉悦）或消极（痛苦）情绪，也会发生一个相反的反应，一旦条件发生改变或者结束，它会倾向于替代最初的情绪。④ 任何有机体的不平衡都会产生一个寻求恢复平衡的行为，并会有一种补偿的力量（对抗情绪）要去恢复平衡。⑤ 成功的要素有两个：一个是坚定的决心，另一个是不断的成功。那些对新异事物有着强烈需要、需要更高水平刺激的学习者，他们需要被激励，如果教师能够使他们更感兴趣，他们就会更投入、更专心；而那些对新异事物不太感兴趣的学习者，将很难长时间地

---

① ASSOR A，KAPLAN H，ROTH G. Choice is good，but relevance is excellent：autonomy-enhancing and suppressing teaching behaviors predicting students' engagement in schoolwork ［J］. British journal of educational psychology，2002，27（2）：261 –278.

② 丹尼尔·沙博，米歇尔·沙博. 情绪教育法——将情商应用于学习 ［M］. 韦纳，宝家义，译. 北京：教育科学出版社，2009：83 –84.

③ MAYO P，DONNELLY M，NASH P，et al. PORTER M，MICHAEL B D，PHYLLIS P N，et al. Student perceptions of tutor effectiveness in a problem-based surgery clerkship ［J］. Teaching and learning in medicine，1993，5（4）：227 –233.

④ SOLOMON R. The opponent-process theory of acquired motivation：the costs of pleasure and the benefits of pain ［J］. American psychologist，1980，35（8）：691 –712.

⑤ MOOK D. Motivation，the organization of action ［M］. New York：Norton and Co，1987：32.

集中精力在既有的学习上。① 这种差别在一定程度上造成了学习共同体内"中心—边缘"的划分。教师需要在创设问题的同时，考虑学习者的工具性诉求和价值性诉求，采取积极主动的方式对待知识，实行"提问式"教育，鼓励学习者在活动中运用自己的知识和经验参与教育互动，以通过与他人的交流互动逐渐恢复平衡，以获得自身的解放。为此，教师不可以代替学生去思考，也不能将自己的思考强加给学生。真正的思考必须通过交流才能产生，也只有此种交流才可能引发学习者真实的学习实践。

二、找寻集体行动最优学伴

教学场域内的共情现象能够引发共生。戈夫曼曾论述道，成员的集体在场，会使所有人都不得不在一定程度上抑制自己内心感想，只表示出那些他感到至少暂时还能被其他人接受的看法，以维持一种表面的一致性。当每个参与者都把自己的欲望藏匿于他维护社会规则的表述之后，在场的每个人都会对这种表述给予赞赏。与此同时，人们还允许每个参与者制定一些试探性的正式规则，以便处理那些对自己十分重要，但对他人却不太重要的事务。于是，我们有了一种互动过程中的"临时妥协"，最后所有参与者共同促成一种唯一全面的情境定义。这将迫使他不能不始终坚持他计划成为的模样，并同时放弃一切成为其他模样的借口。随着个体之间互动的进行，这种初始信息状态会有一些增补，原来的信息也可能有些修正，但从本质上说，这些后来的变化必须与参与者最初采取的立场并行不悖，甚至就是在原有初始立场上建立起来的。② 于是，在教学场域内，通过结构性的限定，成员各自扮演的角色开始配合，实现组合式聚类③。学习共同体内部之所以不是匀质的，正是源于在组合式聚类的过程中，每个成员都会依据自己的情境认知进行最优选择而共同形成的结果。

---

① 丹尼尔·沙博，米歇尔·沙博. 情绪教育法——将情商应用于学习 [M]. 韦纳，宝家义，译. 北京：教育科学出版社，2009：156.

② 欧文·戈夫曼. 日常生活中的自我呈现 [M]. 冯钢，译. 北京：北京大学出版社，2008：7–8.

③ 组合式聚类是将点逐步组合在一起，形成大的点集。参见约翰·斯科特. 社会网络分析法 [M]. 刘军，译. 重庆：重庆大学出版社，2016：136–138.

（一）网络学习空间是找寻集体行动学伴的良好平台

网络空间在找寻学伴和维系与学伴之间的关系方面能够起到至关重要的作用。伊萨贝拉·齐赫（Izabela Zych）等人的研究表明：基于网络空间的交往行为中存在情感内容，通过网络空间，成员能够感知到他人的情绪，可以表达、使用、管理这些情绪。① 虽然为了构建成员之间的关系，传统教学也会将触角延伸到过往的学习经历，但这种延伸是刻意的，获得的信息也是不完整的，在触发痛点方面带有很大的猜测性。依托网络空间的记录，个体能够获得其他成员学习成长的过程信息记录，这将有助于定义情境，使他人事先知道对方对其有什么期望，以及他们可以对该个体抱有什么期望。当成员了解这些情况，他人自会清楚，如何行动才最有可能获得正面的回应。②

（二）生成情感共鸣是找寻集体行动学伴的重要标准

在集体行动方面，最优的学伴是那些容易与自己共情，而不是知识最丰富、学习能力最强的对象。因为共情更容易达成理解，也就更容易在行动上协调一致，进而更容易在此基础上构建彼此紧密的联系。张伦曾抽取过某大型社交网站 60 万对好友关系，以考察其个体特征、对偶特征及网络结构特征对在线关系构建的影响。其研究发现，用户的网络结构特征相比于其他特征对个体在线关系构建更为重要，人类的在线社会交往行为很大程度上会受到网络外部结构的影响；"择优连接"原则在社交网络中并不适用，人们倾向于选择与自己连接度相似的用户。③ 这足以说明，人们在寻找学伴时会优先选择能够产生情感共鸣者。

（三）构建初级群体是找寻集体行动学伴的最终目标

找寻集体行动的最优学伴，最终目标是构建属于自己的初级群体，以

---

① ZYCH I, et al. Emotional content in cyberspace： development and validation of e-motions questionnaire in adolescents and young people ［J］. Psicothema, 2017, 29（4）：563–569.

② 欧文·戈夫曼. 日常生活中的自我呈现 ［M］. 冯钢, 译. 北京：北京大学出版社, 2008：1.

③ 张伦. 个体在线网络关系构建影响因素研究 ［J］. 国际新闻界, 2017（4）：25–43.

增进成员的学习实践行为。正如奥尔森在集体行动理论中强调的，集团越大就越不可能去增进它的共同利益，而小集团则可以因为集体物品对个体成员产生了吸引而集体行动，因为大多数人都很看重他们和朋友、熟人的友谊，并且很看重自己的社会地位、个人声望和自尊。① 小集团成员之间彼此熟知，关系密切，他们为集体利益的付出可以获得明显的回报，因此每一个学习型初级群体的人数都不会太多。玛格丽特·洛曼（Margaret C. Lohman）等人的研究证明了团队的规模是影响学习者学习过程和结果的潜在因素，因为中等规模的团队（六个学生）比大规模团队（九个学生）的表现要好得多。② 日本的佐藤学在静冈县热海市立多贺初中考察时则发现，小组人数过多难以实现合作学习，他建议"合作学习"关系尚未完全形成时小组人数以三人为宜，而成熟的场合以四人为宜。他还发现男女混合编组比单一性别的小组更能够实现"冲刺与挑战的学习"，但即便是混合编组，三男一女没有问题，但三女一男则"合作学习"关系难以形成。③ 在S-ISAL教学法中，小组成员为五人，需基于网络空间共同合作完成"选题与分工""搜索与分析""整合与结论""呈现与评价""分享与反馈"五个环节。④ 因而，学伴成员规模保持在五人左右应该是比较合适的。⑤

---

① 曼瑟尔·奥尔森. 集体行动的逻辑［M］. 陈郁，等译. 上海：上海人民出版社，1995：71.

② LOHMAN M，FINKELSTEIN M. Designing groups in problem-based learning to promote problem-solving skill and self-directedness［J］. Instructional science，2000，28（4）：291–307.

③ 佐藤学. 学校的挑战：创建学习共同体［M］. 钟启泉，译. 上海：华东师范大学出版社，2010：88.

④ S-ISAL（Space-based Information Search and Analysis Learning），即基于空间的信息搜索与分析学习，它是基于个人网络学习空间，在ISAS（Information Search and Analysis Skills）教学实践基础上提炼出来的一种教学法。

⑤ 迈克尔·休斯，卡罗琳·克雷勒. 社会学和我们［M］. 周扬，邱文平，译. 上海：上海社会科学院出版社，2008：103.

第三节　交互实践教学

交互实践教学的目标是促成所有成员在共同实践中，特别是在共同的"做"中实现共同的"学"，从而形成共同的知识建构，并在这一过程中通过不断获得正向反馈，构建和增强成员之间的关系。在学习共同体中促进交互是非常关键的，在线学习尤其如此，因为正是学习者之间的互动使共同体在一定情境下得以形成，并呈现出"中心—半中心—边缘—外围"的结构。无论是基于真实场景还是虚拟场景，要提升教学的实际成效，都需要将教学实体空间和网络学习空间结合起来组织混合式教学，它可以综合网上教学和面授形式两者的优势来创造一种更适合主动学习和交互的学习环境。

一、以设计教学引导学习交流

（一）依托网络空间设计校企合作，引导机构之间的学习交流

通过校企共创研发平台、共建实训中心、共享技术支持、共推人才培养，人人通的网络学习空间可以使校企基于同一平台、同一标准、同一规范实现共同教学。一方面可以引导学生在理论知识的学习中结合岗位实践真实案例，培养学生灵活运用所学理论解决实际问题的能力；另一方面在平台上记录、收集、汇聚、统计、分享相关信息，可实现核心专业技能的数字化、规范化、标准化。为了培养符合社会发展需要的人才，可以基于网络空间，建设企业技能专业标准平台，由教育部门（或相关职教集团、当地院校）组织，行业主导，骨干企业与当地院校相关专家参与共同制定企业技能专业标准体系，在企业技能专业标准平台上共享。教育部门结合本区域教育发展实际，用该专业标准体系来评价学校人才职业技能的整体培养水平；学校则根据该专业标准体系，制定相对应的专业教学标准（包括培养方案和课程体系），在学校机构公共平台上共享；教师按照该专业教

学标准，基于教师的个人网络空间，具体组织实施教育教学工作。教育部门通过部门机构公共平台，对学校专业职业技能整体培养水平进行随机抽查考核评价；企业则对学校推送的毕业生专业职业技能进行实践评估，并将该评估结果通过企业机构公共平台反馈给学校。教育部门（或相关职教集团、职业院校）再根据企业的反馈，组织行业、企业及院校的相关专家对企业技能专业标准体系进行优化、修订和完善，在企业技能专业标准平台上动态更新。机构之间联结合作，构建一个由教育部门、骨干企业和学校机构共同组成的基于网络空间的混合式学习共同体。

（二）依托网络空间设计课程合作，引导资源之间的学习交流

网络空间整合课程资源，可以实现不同专业、不同教师、不同学生之间的联合授课。源自芬兰的"现象式教学"或者称"跨学科学习"就呈现了这种跨学科授课的突出效果。现象式教学通过展示生活的整体面貌，而非分割为各个领域与学科，培养学生贯穿于不同学科和领域所需要具备的横贯能力，以教会学习者应对未来的人生挑战。它有两种模式：一种是由一位教师独立完成跨学科教学；另一种是由多位教师在同一时空中"合作教学"，完成多学科融合的教学任务。现象式教学将学习者的共同学习变成师生共同教学，通过整合各个专业的知识和技能，帮助学习者学会应对生活中的各种复杂情况，以此促进在同一个教学场域内的不同课程、不同学科之间的学习交流。资源之间的学习交流使资源具备实用性特征，正是在资源的使用过程中，资源与个体的实践过程深度结合起来，使其对学习者具备价值，从而提高学习效率。

（三）依托网络空间设计成员合作，引导个体之间的学习交流

一是通过网络空间了解学习者的学习层次和能力，要能够实现成员之间的团结合作，教学前必须考虑教学设计是否与学习者的当前能力和未来可实现的发展目标相匹配。胡文超等人就提出，为了适应不同层次的学习需求，项目教学过程中可以实施初级、中级、高级三个层次教学，[①] 不同层

---

① 胡文超，陈童. 项目教学与产教融合平台建设的互动关系研究［J］. 高等工程教育研究，2016（11）：118－121.

次的学习者交流的内容显然会有所差异。二是通过设计资源形式和内容，激发学习者学习的外部和内部的动机。例如教学资料的设计特征能够为学习者接触这些资料提供最初的诱因，但是只有内容有趣、具有挑战性的设计，才能激发内部动机，学习者才会付出持续的努力。① 三是通过设计学习者之间的互晒互评环节，为学习者之间的交流创造机会。学习过程和内容必须要在网络空间公开展示出来，而且被同伴知道，才能引发比较。有研究表明，学习者之间的相互评价是十分重要的，与只得到某位专家的反馈相比，能得到多个同学的反馈后，大学生的课程学习效果明显更佳，② 不过同学互查所能提供的帮助尽管十分有必要，但通常会被研究者所忽视。③ 在个体之间的学习交流方面，这里的成员不仅仅是指向学生，也指向教师。在对话中，"教师中的学生"和"学生中的教师"等都将不复存在，教师不再只是授业者，在与学生的对话中，教师也受益，学生也不再是受业者，他们在被教的同时也在教育教师，通过交流合作，共同成长。④

二、以有效分工推进学习合作

（一）要推进学习合作，必须重视实践

只有共同的学习合作实践才能产生共同的知识建构，发展出共同的知识体系。因为知识的创建，如同其他类型的生产活动一样，并不是一个抽象的过程，情境和社会方面都会对其产生影响。⑤ 卢梭在《社会契约论》中

---

① NAJJAR L. Principles of educational multimedia interface design [J]. Human factors: the journal of the human factors and ergonomics society, 1998, 40 (2): 311 – 323.

② CHO K, SCHUNNK C. Scaffolded writing and rewriting in the discipline: a web-based reciprocal peer review system [J]. Computers and education, 2007, 48 (3): 409 – 426.

③ BELLAND B. Scaffolding: definition, current debates, and future directions [M] //SPECTOR J, MERRILL M, ELEN J, et al. Handbook of research on educational communications and technology. New York: Springer, 2014: 505 – 518.

④ 保罗·弗莱雷. 被压迫者教育学 [M]. 顾建新, 赵友华, 何曙荣, 译. 上海: 华东师范大学出版社, 2014: 44.

⑤ KARAKUS T. 教育技术研究中活动理论的实践和潜能 [M] //SPECTOR J, MERRILL M, ELEN J, et al. 教育传播与技术研究手册（第四版）. 任友群, 等译. 上海: 华东师范大学出版社, 2015: 190.

曾论述，自由人之间的相互交往会产生公意，只要公意存在，就可以"社会契约"实现并维持彼此之间的合作。为此，在学习实践探索中，不仅每一个个体都应该参与共同实践的全过程，教师还需要在率先垂范的同时，鼓励每一位学习者利用网络空间记录和分享自己的学习实践过程，坚持撰写个人日志或记录，参与学习交流（这通常是更加细微数据的一个重要来源，通过它可以对学习者的学习结果和行为的认知、对数据进行文本性反思，实现对学习的行动研究），并以在网络空间共享的方式，使学习合作的实践经历固化为共同的学习成果，它可以推进个体之间的学习合作。

（二）要推进学习合作，必须合理规划

在项目教学过程中，教师需要专门设计仅凭个人难以完成的模块，使学习者之间实现项目分工，进而推进共同的学习合作。如果没有这样的模块，教师需要安排学习者按照一定的角色进行分工配合。例如在 S-ISAL 教学法中，小组同学就必须对小组共同的确定主题、分工介绍、资料收集、整理归纳、项目总结等过程和内容进行逐一分别汇报，以实现合作学习。① 在此过程中，教师必须确认分工有效，因为在缺乏有效分工的情况下，很可能会出现"搭便车"现象。因此，要推动学习者之间的学习合作，必须分解项目，责任到人，使学习过程既是个体基于网络空间完成任务的过程，又是集体合作完成共同任务的过程。

（三）要推进学习合作，必须有效引导

虽然学习型初级群体成员地位平等，但群体内需要有主导、有配合。由于教师和学习者之间的交互动力是受文化影响的，这影响着学习者与在线环境的交互，② 要实现有效引导，主导者不仅要把握着群体内学习文化发展的大方向，更要负责维系好成员之间不断增强的关系联结，运用网络空间和面对面的交流互动，在共同完成项目实践的过程中推进成员之间的多

① 谢泉峰. 基于空间的信息搜索与分析学习（S-ISAL）研究 [J]. 中国教育信息化，2013 (17)：17－21.

② REEDER K, MACFADYEN L, ROECHE J. Negotiating cultures in cyberspace： participation patterns and problematics [J]. Language learning and technology, 2004, 8 (2)：88－105.

向联结和多维交互，不断加深彼此之间的理解，增强共识。这样才能更好地实现合作中的有效分工，协调行动，生成共同的知识内容。核心成员在这一过程中必须发挥关键性的联结和引导作用，以增进和强化成员之间的关系。因为只有生成持续的关系，才能有效地合作。①

（四）要推进学习合作，必须放低姿态

言谈的亲切感有着重大的意义，② 在核心成员与半核心成员、半核心成员与边缘成员交互的过程中，越靠近中心区域的成员，越需要放低姿态，培育良好的对话氛围。因为人们通常期望地位较高者能够更具亲和力一些，它能为人际交往提供基础，地位较低者会有机会获得一种关系亲密下的宽容。③ 这样才可能生成由边缘向中心区域的嵌入，而不是相反。对话作为人们之间的主要接触方式，如果对话的双方（或一方）不够谦逊，对话就会破裂。只有把它建立在爱、谦逊和信任的基础上，对话才会构建一种水平关系，对话者之间的信任就成了逻辑的必然结果，它有助于实现更加紧密的分工合作，④ 进而构建关系的多重性，构建起学习共同体。

三、以共同实践互构关系体系

（一）在共同教学实践场域内推动成员互动仪式化

集体活动是互为主体性形成的标志，它关注共同情感的表达，而共同情感又可以反过来增强集体活动和互为主体性的感受。⑤ 根据对抗过程理论，当集体活动结束后，起初的愉悦感消失，个体将产生痛苦的感受。在

---

① 罗伯特·阿克塞尔罗德（Robert Axelrod）发现，合作的基础不是真正的信任，而是关系的持续性。从长远来看，双方建立稳定的合作模式的条件是否成熟比双方是否相互信任更重要。参见罗伯特·阿克塞尔罗德. 合作的进化［M］吴坚忠，译. 上海：上海人民出版社，2016：41.

② 赫伯特·马尔库塞. 单向度的人：发达工业社会意识形态研究［M］. 刘继，译. 上海：上海译文出版社，2006：159.

③ 欧文·戈夫曼. 日常生活中的自我呈现［M］. 冯钢，译. 北京：北京大学出版社，2008：170.

④ 保罗·弗莱雷. 被压迫者教育学［M］. 顾建新，赵友华，何曙荣，译. 上海：华东师范大学出版社，2014：56 − 57.

⑤ 德尔·柯林斯. 互动仪式链［M］. 林聚任，等译. 北京：商务印书馆，2009：62 − 63.

习惯机制的作用下，个体将越来越迫切地期待下一次集体活动的来临，以消除这种痛苦。① 在共同的教学实践过程中，成员通过多次互动形成惯习，集体活动将呈现仪式化的趋势。由于仪式是社会结构的结点，在仪式中群体创造出它的符号，成员互动的仪式化就成了构建团结的必要条件。正如柯林斯所言，仪式通过一种瞬间共有的现实，形成群体团结和群体成员性的符号，如果仪式不及时举行，其神圣性将会消失，② 群体也就趋于解体。所以，在共同教学实践场域内推动成员互动仪式化的目的是增强成员之间互为主体性的感受，进而增进群体成员之间的团结，构建更为牢固的联结关系。

（二）在共同教学实践场域内推动个体行为结构化

任何联结关系都是需要在互动中不断被重构的，这个重构过程如果过于偏离行动者日常生活的惯习，将导致互动无法进行。而无论是何种学习共同体，提供组织良好的结构来促进有效的交互都是非常重要的。③ 加芬克尔的裂变实验充分证明行动者的社会行动具有结构化特征，只有当群体成员都具有相同或近似的结构化行为时，群体才可以被称为群体。个体之所以愿意加入群体中，缘于自身安全的需要。正如吉登斯所强调的，普通日常生活中蕴含着某种本体性安全，它体现在可预见的例行活动中行动者具有一定自主控制身体的能力。④ 故而在学习共同体的构建过程中，个体须如霍布斯在《利维坦》一书中所言，通过理性指引，在一定程度上放弃自己的自然权利，与组织其他成员保持大体一致，以此获得安全感。⑤ 在共同教

---

① 丹尼尔·沙博，米歇尔·沙博. 情绪教育法——将情商应用于学习 ［M］. 韦纳，宝家义，译. 北京：教育科学出版社，2009：146－147.

② 兰德尔·柯林斯. 互动仪式链 ［M］. 林聚任，等译. 北京：商务印书馆，2009：88.

③ HILL J. 学习共同体——创建联结的理论基础 ［M］//戴维·H. 乔纳森. 学习环境的理论基础（第2版）. 徐世猛，李洁，周小勇，译. 上海：华东师范大学出版社，2015：296.

④ 安东尼·吉登斯. 社会的构成：结构化理论大纲 ［M］. 李康，李猛，译. 北京：生活·读书·新知三联书店，1998：120.

⑤ 按照霍布斯的思路，没有一个强权的组织，这类组织他称之为"利维坦"，合作是不可能产生的。但这一结论却并非普遍适用。例如卢梭在《社会契约论》中、克鲁泡特金在《互助论》中都谈到了个体互动自发地形成组织。不过这种形成方式依然需要个体在某些行为上作出改变，才可以实现组织成员的集体协调行动。

学实践场域内推动个体行为结构化，将增强成员之间社会行动的可预测性，使成员在面临挑战时可以获得组织和其他成员的支持，使组织变为自己有效的学习支架。

（三）在共同教学实践场域内推动群体关系体系化

合作是一种实践，而共同实践的过程将实现关系的生产和再生产，并生成公共的集体记忆，它是关系联结的纽带。由于行动者在沿着日常生活道路前进的同时保持着人格的连续性，而社会制度却只有在它的持续再生产中方能体现出自己的本质，① 在初始群体向学习共同体转变的过程中，个体之间的关系联结必须通过共同教学实践，实现由私人特征向建制特征的转化。② 此时，身体的共同在场通过变为专注性互动，转变成全方位的际遇，关系成为焦点，而互动仪式的力量和亮点也必须通过它来体现。③ 其结果就是，在共同教学实践场域内，成员在学习共同体中的关系不再是单一维度的，而是具备多维的、带有多重联结、成建制特征的网络体系。

第四节　团队合作探究

团队合作探究不是面向过去的，它是面向未来的，所以合作探究的目的不是验证已有的结论，而是不断探索新的知识，掌握新的技能。在这一过程中，无论是预设性资源，抑或生成性资源，乃至关系性资源，都将成

---

① 安东尼·吉登斯. 社会的构成：结构化理论大纲［M］. 李康，李猛，译. 北京：生活·读书·新知三联书店，1998：133.

② 佐藤学曾经论述过，在课堂这一场所中，作为认知性、文化性实践的学习，是通过师生关系与同学关系这一人际、社会的沟通来实现的。当某种内容得到表达与传递时，通过它，学习者与他人之间的人际关系与权力关系就会构筑，或破坏，或修复（参见佐藤学. 课程与教师［M］. 钟启泉，译. 北京：教育科学出版社，2003：327）。但佐藤学论述的这种关系联结还只是私人性质的，只有当表达和传递具有某种仪式化特征，个体行为结构化以后，它才是建制的，在较长时间内该行为模式才是大致稳定的。

③ 兰德尔·柯林斯. 互动仪式链［M］. 林聚任，等译. 北京：商务印书馆，2009：46–47.

为探究过程中的学习支架。换言之，教师、同伴连同网络资源一道将成为实现学习者自身学习目标的支架，而与预设性资源和生成性资源不同之处在于，关系性资源作为支架，不仅不具有渐隐性①特征，还会伴随着团队合作探究的一步步深入而更丰富、有效。随之而来的是，学习共同体的结构也会在成员的团队合作探究中不断被重构。

一、实现情感能量的聚集累增

（一）要做到深度合作，需要成员相互熟悉了解，建立共同的情感关系

混合式学习共同体成员的合作探究是在团队中进行的，依托团队合作，加强成员之间的对话与交流，能够构建共同的情感关系。正如涂尔干所言，团体成员通过共同表明其集体信仰，可以将他们的信仰重新唤起。如果要加强所有成员的共同信仰，只需要让有关的人聚集在一个共同的场域内，将他们置于一种更密切、更活跃的相互关系中就足够了。② 但有关的人是否被置于相互关系中，是通过对话呈现的。因为合作只有通过交流才能实现，而对话作为基本的交流，必须成为任何合作的基础。③ 所以，基于网络空间的混合式学习共同体的构建，需要所有成员保持线上和线下的全方位接触和对话，才有机会相互熟悉和了解，进而产生共同情感，构建起学习型强关系。

（二）要做到深度合作，需要成员长期彼此配合，建立共同的集体信仰

要聚合团队成员成为学习共同体，所有成员拥有共同的信仰是非常重要的。孔子说"自古皆有死，民无信不立"（《论语·颜渊第十二》），涂尔

---

① 柯林斯等人把支架式支持的逐渐移除叫作渐隐，它是指当学习的表现得能够越来越独立行动时，逐渐地移除支持，通过把责任由支架和学生双方转移到学生单独一方，以促进学生的技能获得。但也有研究表明，渐隐对于责任转移来说可能不是必要的，建立在强关系之上的学习支架显然并不具备渐隐性特征。

② 爱弥儿·涂尔干. 宗教生活的基本形式 [M]. 渠敬东，汲喆，译. 北京：商务印书馆，2011：291.

③ 保罗·弗莱雷. 被压迫者教育学 [M]. 顾建新，赵友华，何曙荣，译. 上海：华东师范大学出版社，2014：139.

干也认为信仰不是别的什么东西，它是温暖，是生命，是热情，是整个精神生活的迸发，是个体对其自身的超越。它是能够振奋我们精神力量的唯一生命之源，正是依托信仰，我们的同类才构成社会。它是能够维持和增加我们自身的精神力量，当许多人都共同持有集体的信仰时，这种信仰就能显著发挥作用。一个人通过纯粹个人的努力，是无法将这种信仰维持很长时间的。它既不是与生俱来的，也不是可以通过自身努力获得的，甚至可以说，个体根本就无法长久地维持他的信仰，除非这种信仰是属于集体的。于是，但凡一个具有真正信仰的人，总会感受到一种去传播这种信仰的责任，他必须努力去接近他人并说服他人，在这一过程中，他呈现出来的热情将使自己变得更坚强，而如果他选择独处，那么信仰很快就会被削弱。① 所以，成员之间如果要长期配合，共同实践，建立共同的信仰就显得至关重要。

（三）要做到深度合作，需要成员树立长远目标，建立共同的合作预期

对于学习共同体，虽然不同的人可以有完全不同的理解，但它也有其永恒不变的核心内涵，那就是：学习共同体内部成员有共同的知识意义建构，有一致的学习目标、彼此的角色依赖，以及知识的再生产能力。② 没有共同的目标，就不会有个体聚集起来的动力，也就无法产生足够的情感能量。缺乏长远的共同目标，成员之间的重复博弈就会是有限次的，个体可能会因此而选择对自己短期最有利的最佳策略，例如搭便车。而无限次的重复博弈则不同，根据"无名氏定理"，如果参与人有足够的耐心，那么任何可行的个人理性收益都能在合作均衡中得以实施。因此，长期外部的压力会逼迫成员最终选择合作策略，以应对未来的挑战。在这一过程中，由于网络手段的存在，外部环境是开放的，但教学场域内能够长期参与交互的成员却是有限的，这会使成员将构建彼此之间的强关系作为自己的一种

---

① 爱弥儿·涂尔干. 宗教生活的基本形式［M］. 渠敬东，汲喆，译. 北京：商务印书馆，2011：587.

② 李素敏，纪德奎，成莉霞. 知识的意义建构与基本条件［J］. 课程·教材·教法，2015，35（3）：40 - 47.

关系性资源，最终选择共同的长期合作。

二、实现系统结构的惯习养成

（一）面向未来的合作探究，需要成员在长期互动中逐渐形成自己的惯习

惯习是在长期的实践中产生的，它是个体文化的重要表征之一。① 在合作探究的开始阶段，个体可能会按照一种完全筹划好的方式来行动，使他们做出他预期获得的特定回应。② 随着对自己身处的情境和所扮演的角色越来越熟悉，在与他人的长期互动中，个体会逐渐开始带着目的，有意识地通过某种方式来表达自己，这种目的乃至表达的方式都会遵从于群体或群体中的某些传统或习惯，从而在个人意愿和群体规则中形成了一种统一。虽然他也许无意造成这种印象，但只要个体的行动反映了其所表达的某种特定印象，就说明个体有效地投射了一种情境定义，并促成了对特定事态的领会。③ 这种领会，久而久之，便形成惯习。

（二）面向未来的合作探究，需要成员在长期互动中相互了解彼此的惯习

了解源于过去长期亲密无间的合作。正如戈夫曼所言，作为个体，我们也许只是被反复无常的情绪和变幻莫测的精力所驱使的动物。但是作为某个社会角色，在观众面前表演时必须保持相对稳定的状态。这种状态久之则形成惯习。对共同体而言，长期合作会使每一个成员都依赖于同伴的举动和行为；反过来也是如此。这里存在一种成员之间共同的相互依赖契约，它能将成员联结起来。当成员在社会组织中占有不同的身份和地位时，全体成员所共同构筑的相互依赖性有可能会超越该组织中的结构分界或社会地位分界，从而为该机构提供一种内聚力的来源。随着互动次数的不断

---

① UZUNER S. Questions of culture in distance learning：a research review ［J］. International review of research in open and distance learning，2009，10（3）：1-19.

② 合作必须考虑关于他人行为的预期，要对具有不同合作倾向的相关方在不同的社会结构中和交互方式下对他人行为作出预判（参见王国成，马博，张世国. 人类为什么合作——基于行为实验的机理研究 ［M］. 北京：商务印书馆，2017：4）。

③ 欧文·戈夫曼. 日常生活中的自我呈现 ［M］. 冯钢，译. 北京：北京大学出版社，2008：5.

增加，他们之间就会被一种可称为"熟悉"的那些权力纽带联结在一起。①

（三）面向未来的合作探究，需要成员在长期互动中发展延伸过去的惯习

过去所形成的个人惯习并不意味着在未来不会发生任何改变。随着外界环境的不断变化，影响个体社会行动的因素也会不断变化，原来的混合式学习共同体需要在未来的集体行动中不断被确认，才能实现共同体结构的延续。因此，混合式学习共同体的成员必须利用网络空间和面对面的交流保持长期的、频繁的互动，不断地找寻新的、共同的集体奋斗目标，通过团队合作探究新的方式、方法、内容、技巧等，以此对成员身份不断进行再确认，在发展中延续过去已形成的惯习。

三、实现学习组织的持续再造

（一）基于网络空间，实现混合式学习共同体的结构再造

学习共同体并非自然而然发生的，它需要精心规划、持续不断的关注和维护，而这些将一直贯穿于学习共同体的整个生命周期过程。② 在这一过程中，学习共同体的结构并非恒定永久不变，它会随着外界学习环境、目标、方式、内容、评价等情况的变化而发生变化。涂尔干在谈到集体社会时强调："是社会在其作用范围之内引导个体，使这些个体产生了把自己提升到经验世界之上的需要，同时又赋予了他们构想另一世界的手段。因为社会在构建自身的同时，也构建了这个新世界，当然后者所表达的也正是社会。"③ 这就是说，混合式学习共同体的结构是根据成员对学习环境的判断和想象而构建的。由于网络空间是开放环境，可能会不断有新成员加入，也会不断有老成员因为种种原因离去，混合式学习共同体实际上是在不断

① 欧文·戈夫曼. 日常生活中的自我呈现［M］. 冯钢，译. 北京：北京大学出版社，2008：72.

② HILL J，RAVEN A，HAN S. Connections in web-based learning environment：a research-based model for community building［M］//LUPPICINI R. Online learning communities. Greenwich，CT：Information Age Publishing，2007：153－168.

③ 爱弥儿·涂尔干. 宗教生活的基本形式［M］. 渠敬东，汲喆，译. 北京：商务印书馆，2011：584.

的结构再造中生成和发展的，但其基本结构不会发生太大的变化，因为主导者和核心成员在塑造学习共同体过程中在网络空间留下的生成性资源会成为学习共同体宝贵的精神财富，主导者和核心成员通过它为学习共同体注入了灵魂，这些灵魂会通过一系列的仪式和符号表现出来，重塑原来的结构。

（二）基于网络空间，实现混合式学习共同体的文化再造

文化在学习共同体构建中起着非常重要的作用。[①] 在传统的课堂中，学生都是被期望在同样的时间里获得同样的知识，因此更多地强调服从，强调对特定学科的学习，而不是通过多样化专长来解决问题，相比之下，学习共同体的目标在于促生一种学习的文化，其中个体和共同体整体都在学习如何去学习。在学习共同体中，学习者必须学会综合各种观点，用不同方式解决问题，利用各自不同的知识和技能作为资源共同协作解决问题，增进他们的理解。[②] 在这一过程中，共同体内的主导者和核心成员要主动通过成员的网络空间，了解其过去所形成的强关系及其产生的影响，在尊重个人选择的前提下，不断予以文化上的"纠偏"，实现文化再造。这就需要特别注意研究学习的现状、研究学习的历史和研究学习在目前实践中的应用。[③] 由于学习过程并非总是一帆风顺的，向其他成员不断地提供学习文化正向的情绪能量十分重要，要使对方在感同身受下加以适当引导，实现心灵的共融。涂尔干强调："任何心灵的共融状态无论采取什么样的形式，都

---

① UZUNER S. Questions of culture in distance learning: a research review [J]. International review of research in open and distance learning, 2009, 10 (3): 1 – 19.

② 卡特琳·比莱扎伊克，阿兰·柯林斯. 课堂中的学习共同体：对教育实践的概念重建 [M] //查尔斯·M. 赖格卢斯. 教学设计的理论与模型：教学理论的新范式（第 2 卷）. 裴新宁，等译. 北京：教育科学出版社，2011：333 – 334.

③ 毛泽东在 1941 年 5 月 19 日为延安干部会议上所作的《改造我们的学习》的报告中就专门批评了"不注重研究现状，不注重研究历史，不注重马克思列宁主义的应用"这三点，说"这些都是极坏的作风"。为此，毛泽东提出，要将理论与实际联系起来，实事求是，克服主观主义，对周围的环境、近百年的历史和当前中国革命的实际问题进行研究。这些方法在学习共同体的文化再造上同样重要。

会增强社会的生命力。"① 当所有成员都自觉自愿地运用组织内的学习文化来解决未来的问题时，学习共同体内的文化也就不断被生产出来，从而得以长久延续。

（三）基于网络空间，实现混合式学习共同体的组织再造

从学习共同体成员的立场考虑，构建混合式学习共同体并不是最终目标，也不应该是最终目标，它只是一种手段、一种方式和一种选择。当个体发现自己在学习共同体内能时时感受到肯定、温暖、鼓励，并在应对外界任何挑战时都能够从中获得支持和帮助时，必然就会对共同体组织及其他成员形成一种信任和依赖，这才是成员乐于构建学习共同体的最深层的原因和最原始的动力所在。基于网络空间构建这样的混合式学习共同体，成员不仅会在未来的学习探究中将学习共同体内的同伴作为自己的学习支架，更重要的是他还会将学习共同体整体作为自己的学习支架，并将自己未来的发展建立在这个支架之上，在未来的学习探究中不断与其他成员再造学习共同体组织，例如沿用过去的分工合作、交流方式、带有特殊意义的符号等。所以，混合式学习共同体从来就不是一个静态不变的、只具备单一功能的学习型组织，它是一个以学习为中心，汇聚了人生目标、情感喜好、依赖信任、生活习惯等多个方面，在认知和人际互动的层次上运作的动态的相互交织共同构建的、成员之间具有多重联结的强关系群体。即便成员离开教学场域，他们依然会在未来面临新的学习挑战时不断重塑学习共同体组织，并以此作为自己的学习支架，实现终身学习和持续生长。

附：建构中可能存在的问题

一、强关系是否会引发成员主动学习

个体关系对个体行为的影响显而易见，因为大多数行为都是紧密地嵌

---

① 爱弥儿·涂尔干. 宗教生活的基本形式［M］. 渠敬东，汲喆，译. 北京：商务印书馆，2011：553.

入人际关系网络之中的。① 美国教育心理学家罗伯特·米尔斯·加涅（Robert Mills Gagne）在谈到学习态度的自我强化时曾说，以自我控制为基础的态度需要由受尊重的人通过榜样提供行为标准，学习导致了对行为选择的模仿，由此，学习者习得一种反映由人物榜样所表达的或掩饰的态度，而榜样的可信性对于态度改变是一个主导要素。② 无论这个榜样是早年阶段的教师、父母，进入青春期后的同伴、同学，其可信程度都有赖于他们之间的关系强度。关系亲密者的成功可能会使关联个体争相效仿，通过边缘性参与，不断提升自身能力，引发学习行为。

但强关系在引发个体行为改变方面将面临风险，因为它会迫使关联个体进行选择。由于关系联结强度需要在共同实践中一再确认，主导者的行为改变会引发成员互动关系情境的改变，而要想在高压的学习氛围下为自己找到安全的栖身之所，既需要在学习上适应环境，也需要在人际关系上适应环境。③ 它将导致关联个体成员被迫一次又一次在"学习效仿以维系原有的强关系"和"坚决拒绝不惜损害原有的强关系"之间做出选择，而一旦他们越来越多地选择了后者，学习共同体将面临削弱乃至解体的可能。

因此，强关系虽然可能引发关联成员的学习行为，但这种行为却是短暂的、临时的选择，而要使成员长期、主动学习，其行为变化和关系维系就不能是此消彼长的关系，必须转变为相互促进的关系，即学习行为本身也要能够增进和强化成员之间的关系联结。这种关系的形成有赖于两项基本条件：

一是学习共同体成员形成了共同的愿景和学习目标，使共同学习成为一种同向活动，从而消除掉关系维系与行为改变之间的张力。此类愿景和

---

① 马克·格兰诺维特. 经济行动与社会结构：嵌入性问题［M］//马克·格兰诺维特，理查德·斯威德伯格. 经济生活中的社会学. 瞿铁鹏，姜志辉，译. 上海：世纪出版集团，上海人民出版社，2014：74.

② 罗伯特·米尔斯·加涅. 学习的条件和教学论［M］. 皮连生，等译. 上海：华东师范大学出版社，1999：265–268.

③ 萨莉·鲍尔，托尼·爱德华兹，杰夫·惠蒂，等著. 教育与中产阶级：一种务实、细致而持久的社会学分析方法［M］. 胡泽刚，译. 长沙：湖南教育出版社，2008：64.

目标得以萌生和进行的通道主要有两个：一是主导者将预先确定好的目标传送给学习者，学习者根据自己对主题所包含意义的识别与理解，并结合自己具体情况接受了该目标；二是主导者在开启互动行为之前并没有形成预定的目标，或者目标并不明确、稳定，随着互动行为进程的推进，渐渐生成新的目标。[①]

二是成员在学习过程中可以不断获得自身成长的乐趣，使其不断感受到学习的意义和合作学习过程中个人的发展，愿意主动沉浸到共同的学习情境中，并由此延伸到更广阔的社会空间。当个体始终愿意主动加入到学习情境中来时，学习就会发生。[②] 此时，成员之间的关系将成为个体成员的学习支架。

所以，创设关联情境、问题研究导向、交互实践教学、团队合作探究的建构目标不仅仅是构建个体之间的关系联结，还必须要在增强关系联结的过程中，通过个体成员之间的一次次学习交流合作，产生高度的情感认同和一致的精神追求，并融会出共同的愿景和学习目标，使学习行为亦可以促进成员彼此之间的关系联结，这个关系联结必须是建立在学习行为之上的。换言之，关系联结和学习行为之间要彼此形成正向反馈，它们为互构关系。

二、群体内如何避免构建强扭的关系

在学习共同体的构建过程中，一定程度的约束是必要的，但这种约束也很有可能构建出强扭的关系。柯林斯在《互动仪式链》一书中谈道："不是所有的仪式都是成功的。有些是沉闷失败的，甚至是痛苦的；有些是逐渐衰退的。"在这种情况下，如果依旧举行仪式，可能会产生失败的仪式、空洞的仪式和强迫的仪式，它将消耗而不是创造情感能量。柯林斯认为，强迫的仪式的主要形成原因在于其不自然的、过度的自我意识、相互关注

---

① 刘晶波. 社会学视野下的师幼互动行为研究——我在幼儿园里看到了什么 [M]. 南京：南京师范大学出版社，2006：64-65.

② 威廉·F. 汉克斯. 情景学习：合法的边缘性参与. 前言 [M] //吉恩·莱夫，埃蒂安·温格. 情景学习：合法的边缘性参与. 王文静，译. 上海：华东师范大学出版社，2004：9.

和情感纽带①的作用，但此类解读无力说明何以促发学习者生长的学习行为不是增强而是削弱了共同学习实践中的情感能量。

如果学习行为不能促进成员之间的联结，群体内很容易形成强扭的关系。这或者是因为群体缺乏共同的愿景和目标，个体与群体未来发展的目标不一致，导致学习的主导者使用强制力逼迫其他成员采取协调一致的行动，而其他成员由于毫无反抗之力，不得不选择屈从，故而消耗了其他成员的情感能量；或者是因为成员在共同学习实践过程中缺乏正向鼓励，难以在学习中体验到愉悦感和乐趣，但为了维系群体内成员彼此之间的关系，不得不选择屈身求全。这两种情况的主要原因是，群体内成员缺乏足够的自由度，难以自主选择学习目标和学习交往对象，在群体内其话语权或者被剥夺，又或者其意思表达长期被忽视，在外力的强压下不得不选择无条件顺从主导者的意志。

因此，要避免构建强扭的关系，必须使每一位个体拥有一定的选择和表达的权利，实现对话机会和学习机会的平等。

拥有平等的对话机会，即便群体内缺乏共同的愿景和目标，成员也可以通过持续的学习交互行为，逐渐生成共同的学习目标。拥有平等的学习机会，成员就可以根据自己的个人需要，在一定程度上自主选择学习目标、学习方式、学习内容等，在学习成长和进步中获得认可和肯定，从而不断聚集和提升情感能量。人人拥有的网络空间正是构建了这样一个平等对话和平等学习机会的学习情境，从而为每一个学习者创造了构建健康良性互动关系的机会。

学习者个人网络空间中的学习记录可以体现出学习者的情绪变化，它有利于教师恰如其分地引导学生在合作学习中构建良性的关系。对所有教师而言，激励学生对其所学习的课程产生积极情绪十分重要。因为每当我们的注意力被消极的情绪所占据时，学习和工作就必然会受到影响。愉快的感觉使我们更容易获得成功，而紧张与焦虑则具有相反的效果，它们使

---

① 兰德尔·柯林斯. 互动仪式链 [M]. 林聚任，等译. 北京：商务印书馆，2012：86.

我们关注更多的危险。情绪可以强烈地影响我们的感知、判断与行为，从而对学习过程和学习行为产生影响。① 教师要放低姿态，善于发现学生在学习过程中出现的情绪变化。除了网络空间中展现出来的情绪，实体教学空间中的身体姿态、头颈与四肢的摆动、无规律的颤抖、面部表情、声音变化等，都可以感知到学生的情绪。通过适当安排强化的相依关系，就能够建立赞成的态度，激发正面情绪，进而增强彼此之间的关系联结。②

这即是说，基于网络空间的混合式学习共同体内部要构建良性的成员关系，就需要充分利用人人都拥有网络空间的优势，为每一位学习者赋予选择和表达的权利，基于自己的网络空间勇敢发声和自主选择，实现对话机会和学习机会的平等。当每一位学习者都能够通过网络空间感受到其他成员学习时的情绪变化、理解对方的选择时，通过互相鼓励，不断赋予积极的情感能量，就可以实现关系的平等互构。

三、如何合理把握成员之间关系距离

学习共同体构建过程中还可能存在的一个问题是：个别成员之间关系可能过于亲密，例如畸形师生态将会对正常的教学行为产生直接的损害。

个别成员之间关系过于亲密的原因主要可以分为两类：

一是异性之间相互吸引。佐藤学在日本静冈县热海市立多贺初中考察时发现，男女混合编组比单一性别的小组更能够实现"冲刺与挑战的学习"。③ 很明显，在合作学习过程中，"同性相斥、异性相吸"的性别影响是存在的，为此，强关系学习初级群体内部成员的性别配置需要保持一定程度的均势。教师需要创造条件使初级群体内部尽量避免出现一男一女长

① 丹尼尔·沙博，米歇尔·沙博.情绪教育法——将情商应用于学习［M］.韦纳，宝家义，译.北京：教育科学出版社，2009：48－49.
② 罗伯特·米尔斯·加涅.学习的条件和教学论［M］.皮连生，等译.上海：华东师范大学出版社，1999：264.
③ 佐藤学.学校的挑战：创建学习共同体［M］.钟启泉，译.上海：华东师范大学出版社，2010：88.

期相处的情况①，教师自身也应洁身自好，避免在封闭实体物理空间内与异性学生单独相处。

二是部分成员融合不够。即便是同性成员，也会出现成员之间关系强度不均，甚至差异过大的情况，比如某成员与另一成员如果有更频繁的相处和沟通交流的机会，就可能导致其关系远远超过与其他成员的关系，这种初级群体内部成员之间关系的不均衡有可能会导致初级群体的解体。为此，教师必须有意识地引导其他成员占据和填补结构洞，使初级群体内部成员关系尽可能匀质化，构建网状联结。

要合理把握成员之间的关系距离，最关键的举措在于初级群体必须对外保持足够的开放性。这个开放既包括资源的开放，更包括关系的开放。资源的开放意味着成员的学习目标、学习方式、学习内容、学习过程、学习评价等诸多信息必须及时公开，使内部的学习同伴和外部的相关人员能够及时了解自己的学习动态。关系的开放则意味着随着关系联结的增强，初级群体的成员将相互嵌入对方的社会关系网，构建起更广泛的关系联结，进而形成更大范围的关系网络。在这一过程中，网络空间通过记录学习者本人的各种学习交流数据，并对外公开，可以起到建立、增进和深化基于课程学习行为之上的学习者之间的人际关系的作用。

基于网络空间构建的混合式学习共同体的成员关系必须是开放的、非排他性的。通过分析成员在网络空间记录的学习行为，教师需要有效地维系和扩大初级群体，促生向外传导的"链式反应"，使中心区域有机会不断扩大。在这一过程中，核心成员将成为教师联系和了解教学场域内半核心成员和边缘成员的重要中介，它是学习共同体内的枢纽，使群体内部形成向心力和凝聚力。换言之，学习共同体是一个开放的学习型强关系网络体系，微观层面的强关系学习群体只不过是更宏观层面的学习网络体系中的

---

① 即便是同性成员，也还需要注意。所以，初级群体的人数最好是在三人或三人以上，而教师也必须具备较高的情商，对各种情感交流有一定的敏感度，能够及时察觉异样。大学生作为成年人，异性之间暗生情愫很常见，教师在这个过程中需要适当引导，以避免因为情感纠葛影响学习行为。

一部分，它从来就不是封闭的。作为中心区域的学习型强关系初级群体必须起到核心枢纽作用，与外围进行大量的知识、权力（或权威）和情感交互，才能不断强化关系纽带。为此，学习共同体内的核心成员除了与初级群体内的同伴维持强关系之外，还要充分在外围发挥引导作用，基于网络空间大力推动混合式学习共同体的对外开放，在强关系学习初级群体外围构建强关系学习次级群体和强关系学习网络体系，以避免个别成员形成封闭的小团体，影响到整体目标的实现，这才能够使混合式学习共同体的成员健康生长、共同进步。

四、如何避免成员过度沉溺网络学习

在混合式学习共同体构建过程中，我们不能排除可能存在个别学习者只偏好和沉迷网络学习，习惯和热衷线上交流，而拒绝线下面对面互动的情况。

此类只沉溺于网络的学习方式造成的负面影响显而易见。过度的网络消费会挤占正常学习、工作和其他休闲活动，造成个人对家庭和社会关系的背离。在长期孤立的状态下，个体在心理上可能会出现病态进而产生极端行为。而网络的交互性却并没有消除网瘾者内心的焦虑。相反，网聊的隐匿特征使得个体可以离开现实生活情境进行虚拟的语境建构和故事编造，不仅无法寻找精神安慰和建构人际关系，"作伪"的普遍心态和自我中心主义使网络情感诉求充满着高度风险和不信任感，从而进一步加剧了网瘾者的紧张和焦虑。① 因此，过度沉溺网络学习难以构建个体之间的强关系，也难以形成学习共同体。

网络沉溺的主要因素有主体因素、环境因素、社会关系以及互联网自身因素，其中社会关系不仅是网络沉溺的初始原因，而且在网络沉溺过程中起催化剂作用，它促进或阻止这一过程。② 在众多社会关系中，个体与家

---

① 蒋建国. 网络消费主义、网络成瘾与日常生活的异化 [J]. 贵州社会科学，2014（5）：32－36.
② 王晴川，周群. 网络沉溺形成机制探析及相关模型建构 [J]. 现代传播（中国传媒大学学报），2012（8）：113－116.

庭、同伴以及教师的关系是网络成瘾的重要影响因素。① 其中，家庭冲突会增加网络成瘾的风险，而和父母保持较好的关系能降低其发生概率。② 与之类似，较好的同伴关系也能够弱化网络成瘾的倾向，但它不适用于物质滥用行为。相比之下，良好的师生关系能够有效降低青少年网络成瘾的发生率。这是因为与家长、老师和同伴的良好关系可以为青少年提供全面丰富的社会支持系统，并成为其社会生活中主要的社会关系资源和学习支架；但对于人际关系并不理想的青少年来说，社会支持和帮助的缺乏会使其通过上网寻找精神支持和心灵依靠，以弥补现实生活中的情感缺失，所以网络成瘾发生率相对较高。③

要避免成员过度沉溺于网络学习，在主体因素和互联网自身因素难以改变的情况下，就必须通过创建环境或情境，努力构建与学习伙伴之间的良好社会关系，将学习者之间单维的学习联结转变为彼此嵌入实体生活空间中的多重联结。

一是创造实体教学空间中共处的机会。教师要合理分配线上和线下教学的比重，在创设关联情境时有意识地创设一些共享的实体教学空间情境，促发师生和生生在实体教学空间内发生面对面、直接的联系，运用话语正向激励和及时评价反馈，增进其在学习中的获得感，提升和增强情感能量。

二是教会学生社会交往和互动的技巧。教师要采取问题研究导向，既能够激发学生思考，还要能够教会学生正确表达，特别是如何在面对面的情况下，恰如其分地展示自己的所思所想和与他人进行交流分享，以增进学生之间的相互联结和交流，寻找彼此长期的学伴。

三是主动营造学生之间互帮互助氛围。教师要在交互实践教学中引导学生主动充当交流沟通的桥梁，特别是核心成员必须主动与教学场域内边

---

① YEN C, KO C, YEN J, et al. Multi-dimensional discriminative factors for Internet addiction among adolescents regarding gender and age [J]. Psychiatry and clinical neurosciences, 2009, 63: 357 - 364.

② ARTEMIS T, ELENA C, AMALIA L, et al. Determinants of Internet addiction among adolescents: a case-control study [J]. The scientific world journal, 2011 (11): 866 - 874.

③ 邹红，金盛华，吴嵩. 青少年家庭经济地位与网络成瘾的关系：人际关系的调节作用 [J]. 教育研究与实验，2014 (2): 90 - 94.

缘人员构建共同话语和共同目标，增进彼此的学习合作，并勇于成为其学习支架，在共同的学习实践中增进彼此之间的关系。通过不断的相互鼓励和尝试，营造一个互帮互助的组织文化氛围，每一个个体将乐于与他人构建更长期的、更巩固的关系联结，以获得更多的社会资本，因为它将成为自己未来学习和发展的重要支架。

当成员之间具有构建彼此强关系的未来预期时，他们会努力深度嵌入对方的实体生活空间，增加交流频率，扩大交流范围，以增进相互之间的理解和信任。此时，成员在学习共同体中的关系将不再是单一维度的，而是具备多维的、带有多重联结特征的关系网络，这正是初级群体的基本特征。它不仅能够在网络上为个体提供学习支持，更能够为其现实生活提供更丰富、更多样的成长支持体系，从而防止个体沉溺于虚拟的情境中无法自拔，却在现实中无所依靠。

第五章
基于网络空间的混合式学习共同体的行动研究

　　虽然大多数研究者都声称他们成功地构建了学习共同体，这个学习共同体无论是实体的，或者是虚拟的，又或者是混合式的，在对比研究中它们都取得了较好的成效，但学习共同体与学习型团体、学习型组织、学习小组的区别究竟是什么，在这些研究中似乎并未作出明显区分。从理论上说，学习共同体成员既然有共同的愿景、长期卓有成效的合作，他们之间的关系不太可能会在学习任务完成后的短期内就分崩离析，可现实却是，绝大多数学生在毕业后与教师中断了联系，甚至在课程结束后就已不再联系，如《同桌的你》中所唱的"老师们都已想不起，猜不出问题的你"，我们极少见到师生在多年之后仍保持密切合作的案例。虽然我们承认，由于教师的能力、学生的意愿各不相同，在学习共同体维系过程中也会受到各种因素的影响，但如果学习共同体内的成员关系是如此脆弱，一到课程结束就关系中断，又何以能称之为"学习共同体"？

　　正如本书特意强调的，信息时代下的学习共同体必然是混合式学习共同体，这个共同体内的成员之间构建起了强关系，而强关系是不容易中断的。即便毕业后每位成员选择的人生发展路径各有不同，他们之间的关系也应该能够延续较长一段时间。

　　为构建这种能够将其他成员和共同体本身作为学习支架、可以长期延续的学习共同体，本人一直都在思考，并尝试着利用自己在一所高职专科院校授课的机会进行实践中的行动研究。从 2016 年开始，本人陆续与几位学生以"师徒"形式构建了一个强关系学习型初级群体，学生 S 和 A 均是其中的核心成员，我们建设有"学斋"群。以此为中心，又建设了"读书会"群，这是一个强关系学习型次级群体，利用网络学习空间和实体教学空间组织学习活动。为保持一定的开放度，吸纳更多成员加入，还另建了一个网络学习群体"打卡群"，成员必须实名加入并每天完成预定的学习任务，却无须见面，只是在读书会有活动时会事先在打卡群内公布，成员自愿参加。这样就形成了一个以"学斋"群为中心区域，基于网络空间的转化的混合式学习共同体。通过 S 和 A 以及其他人的叙述，我们大致可以分析和理解混合式学习共同体的形成和发展过程。

第一节　构建关联情境，重塑个体身份

一、脱域下的个体意识

来到高职专科院校就读的学生，几乎没有谁会认为自己是一个学习上的成功者。中国的高考制度使绝大多数的中学生都将考上一所好大学作为未来的人生奋斗目标，尽管各种传媒多次高呼"高职教育的春天到来了"，但现实却是，能够考上一本二本的学生，极少有志愿去读高职的，高考分数超过北大清华这类名校录取线而选择主动去读高职的学生更是罕见，以至于都没有听说过。

很显然，历经高考失败的高职生在进校之初如果说还有什么人生理想的话，绝大多数都只是想着混一个文凭，毕业后能够找份糊口的工作足矣。当然，由于学生家庭条件各有不同，具体选择方向上可能会存在些许差异。譬如家里做小生意的同学可能就想着毕业后回家开个门店；父母在外打工的同学可能就想着拿到毕业证后，在父母打工的地方谋个差事；父母务农、自己又有农村情结的可能就想着将来回家当一个村干部。当然，也有少数同学内心不甘，他们会在新环境中想方设法证明自己的能力，比如参加各种学生社团，但这种兴趣延续下来的并不多。正如保罗·弗莱雷论述的：

"看不起自己，这是被压迫者的特征，这是由于他们内化了压迫者对他们的看法。所以他们经常会听人说，他们无所事事，一无所知，学不会任何东西。"①

S 是 2014 年 9 月入校的学生，她讲述了从高考结束到入校初期自己的生活：

高考考完最后一门英语后，心中终于舒坦和放松了，这难挨的高三终于结束了。高考完后，在家休息了两天，就央求爸爸去深圳找妈妈和弟弟，顺便找个单位打工，爸爸同意了。去了深圳后不久，在妈妈的陪同下我找了一份暑假工，而这份暑假工也一直持续到 8 月份填专科征集志愿的前一天才结束。很快，6 月下旬时出了高考成绩。我没查分数，是爸爸在家里翻出了我的准考证，让他的朋友给帮忙查的，他知道了我的成绩以后和妈妈通电话时非常生气……接着我的妈妈挂掉电话后就开始叫骂，她骂的声音非常大，以致整个小区里的人都看着我们这对母女。当看到那么多人在围观我时，我感到尴尬而又羞愧，眼泪在眼睛里打转转，但强忍着没有流出来。她骂完后赶着上晚班去了，而我回到家中默默流了十来分钟的眼泪，眼泪流完后心情便平复了……

在深圳模具厂打暑假工的那段时间里，我深深地认识到学历低、没一技之长，就只能在工厂里牺牲自己的健康打死工。工厂的上班模式就是一个月白班一个月夜班，那时想上大学的念头非常强烈。在上夜班的那段时间，每晚在强光下熬夜看着模具从机器里出来，且不间断地操作，眼睛充满血丝，黑眼圈与厚重的眼袋挂在脸上，身体非常疲惫却还要强撑 12 个小时到天亮。那段时间精神极其差，18 岁的人看起来却像 28 岁。这时候我很怀念在学校读书的幸福日子，发现做学生才是最幸福的，有父母提供生活费，有固定的假期休息。于是当表姐告诉我爸，我可以填 8 月 17 号的专科征集志愿去读专科的消息时，由于我急于摆脱这疲惫的工作，便欣然同意辞职回家去填志愿。那时的想法很单纯，只想着专科期间也要好好学习，将专业扎实学好，毕业后好找工作，家中对我的想法也是如此，不过他们

---

① 保罗·弗莱雷. 被压迫者教育学［M］. 顾建新，赵友华，何曙荣，译. 上海：华东师范大学出版社，2014：24.

想的比我多一点的便是工作两三年后结婚生子。

9月13号开学后，便开始了15天的军训，军训过后便正式上课了，也就是正式上课期间，心里对学校的看法发生了改变。在大一上学期这段时期，差不多完全熟悉了各个老师的上课风格和课程内容，逐渐对学校的老师以及学校感到失望。由于一下子从紧张的中学生活转变到轻松无压的大学生活，过了没多久，我就开始迷茫了，不知道自己每天要做什么，除了上课、做作业和读《意林》《青年文摘》这类杂志之外，再也没有什么追求。上课上得开始有种厌倦感，人坐在教室，心里却盼着早点下课，不想听老师在讲台上讲那些枯燥无聊的东西，大多数公共课都很没趣味。

A也是2014年9月入校的学生，在谈到入校之初自己的生活和想法时，她是这样说的：

我对大学的幻想就和在电视和电影上看见的一样，有大量的时间做自己的事。到了学校，我被猝不及防的大把时间淹没了，大学里有很多时间没有作业和任务，我看见我身边的大多数同学都用来睡觉、追剧和兼职，而我也找不到别的事做，于是我也跟着大家走。前面两年的三分之二大学生活几乎都被学校的社团活动占据了，剩下的三分之一现在也想不起做过什么有意义的事。那个时候，我对自己没有很高的要求，每天得过且过，只求顺利拿到毕业证。家里人很多次问我，读完大学有什么打算，我不知道何去何从，就想着拿着毕业证早早去谋生吧，给自己未来的定位就是平平凡凡。

很明显，刚刚脱嵌于中学的学习环境，过去的思维习惯和行为模式会在一定程度上得以延续。但学生们很快就能发现，大学宽松的学习环境与中学紧张的学习环境形成了鲜明的对比，没有教师来安排大量做不完的习题，更没有家长来督促学习，这使他们在相当长的一段时间里完全不知道自己应该做些什么，即便有学生觉得来之不易的学习机会很重要，也不知道应该如何去自主应对，只能先试着观察和适应，看看其他同学都在做什么。在这种情况下，很少有学生会制定一个明显超出绝大多数同学能够实现的目标。因为他们来到大学，有相当一部分同学就不是抱着学习提升自己的心态，而是抱着"逃离"原有的生存环境的心态来的。

例如一位2018年入学的大一同学Y在谈到自己入学前后的生活时，是这样说的：

> 高考结束那个最长的暑假，我过得并不开心。后来，我报了这所学校，录上了，然而在那个假期，我差点读不了书，因为爸爸的工作不能再做了，我们已经没有其他收入，而上大学需要很多的费用，弟弟也马上高中，父母的压力也很大。那天，妈妈和我发生了不愉快。其实，在以前，妈妈的确为我们付出了很多，不过随着我们渐渐长大，妈妈和爸爸也给我带了很多伤痛。那天，在妈妈的话中透露出不打算供我上大学了。我绝望了，真的彻底绝望。我没有再说什么，我一直在哭，而妈妈借题发挥，把她多年的伤痛全部发泄在我身上。因为当年爸爸的不听话，爸爸的不负责任……其实，爸爸也做了很多错事，他当年赌博输掉了所有。他当年酗酒，喝醉以后给我们带来多大的痛苦……所以，这么多年，我一直很憎恨酒，我从来不沾酒，因为酒带给我的是无数伤痛的回忆。而爸爸让她受的苦，那一刻她全部都发泄了出来。当然，这不是第一次，因为已经无数次了，她骂过我最难听的话，而来上大学前的那一次，给我带来无尽的伤痛，当时，我下定决心，如果我有机会来读大学，一定远离她，永永远远。

　　这种"逃离"导致新生入学后常常会有一种"被解放"的心理。① 此

---

① 在访谈中我意外地发现，不少高职学生在刚入学时对读书的渴望是很强烈的，但这种渴望与重点本科的学生不同，它不是源于读书的吸引力，而是源于他们将外出读书作为对身边环境不满下的一种"合法"的逃离方式。一些学生家庭贫困，甚至亲人酗酒、赌博、欠外债，他们从小被人欺负，更严重的还有被教师性侵、未成年怀孕私自打胎等等经历，但他们却不敢对外声张，这些都使他们背负了沉重的心理压力。在上大学之前，他们无力突破原来的困境，他们的经历提醒他们个人的努力多是徒劳的，所以也没有克服困难的信心和勇气，而离家出来读书则可以使他们有机会脱嵌于原来的生存环境，又不至于立刻进入职场，陷入工作场所不能自拔，必须以自食其力的方式独扛生活的艰辛。由于上大学本来就并非一种实现自我价值的主动选择（他们往往也不知道自身价值在哪里），而是无奈下的"逃避"之举，它是一种被动选择，但他们又是有自主意识的，为了获得主动性，许多学生会选择纵容自己的行为以享受片刻的欢娱（这样就可以有理由安慰自己，不成功是因为自己不想努力，而不是因为自己做不到）。逃课、厌学、上课睡觉、玩手机等一系列问题多源于他们内心对外界的一种无声的反抗，大学对这些同学而言，更像是一个避风港而不是人生的起跳板。因为他们只是一群"过客"，希望能够在追剧、恋爱中麻痹自己，以"怠学"的方式忘记现实。有时候，他们会幻想着有朝一日可以像电视剧或游戏里演绎的那样，通过攀附他人、挖到金矿等一夜暴富的方式改变自己的人生，但同时他们又知道这种可能性很小，对自己赢得未来的挑战缺乏信心。于是在学校内，他们只是在机械地完成学习任务，极少有求学的主动性，只想着三年后拿上文凭先找一份能糊口的工作，然后再慢慢找机会，明天的事情明天再说，而几乎不会考虑如何去实现自我价值与社会价值的统一。

时谁能获得其信任和认可，就能够在较大程度上引导其思想和未来的行动。

不过在引导学生学习方面，大学教师并不具备先赋性优势。首先，现有的对教师的考评几乎不涉及师生关系的好坏，而要建立良好的师生关系则需要教师在课下付出大量的时间和精力，其回报却并不明显，这令教师缺乏主动与学生在思想上进行沟通交流的动力。其次，有限的教学时间和大班额教学都使师生之间的互动频率大大降低，许多课程一周只有一次，而且多是大班公开授课。在面对绝大多数同学静默的情况下，也极少有学生愿意主动与教师联系。最后，师生年龄和身份上的差距都会使之在心理上产生距离，毕竟师生之间缺乏共同的生活经历，更少有同龄人才有的共鸣，代差使学生一开始更愿意关注同学的言行，而不是教师，以避免在沟通中产生明显的挫折感。这些都导致学生受同学的影响会远远大于受教师的影响，大多数学生对于教师都是敬而远之的。有些学生受传媒负面宣传和过去失败、受虐、被侵害的个人学习经历影响，还会明显质疑教师的品行和能力。一些学生一旦发现教师有企图接近的迹象，就会本能地生出警觉，师生之间的互动绝大多数也都只能限于公开场合，正面引导往往最终都变成了走形式，很难真正发挥出触人心灵的影响效果。面对教师的学习要求，即便学生当众不会反驳和抗议，但课下却很少付诸行动。①

相比之下，周围同学的影响则真实且明显。由于共同的心理归属需要，大家都拥有共同的资格身份，以及三年同学的预期身份，他们会彼此观察对方的行为模式，依此作为自己的参照，通过寻找例如追剧、兼职、电脑游戏、饮食等很容易激发共同话题的内容，以"从众"的方式，获得大家认可的公共身份。此外，中学时期形成的惯习仍旧会继续，例如按时上课之类，但课余的空闲时间则不知如何安排，因而交友成了一个认真考虑的

---

① 正如吕途所言，一个人是否能够把自己的能力发挥出来完全不取决于家长和老师的简单意愿，而是取决于学生的思想状态和能动性。她举了一个例子，一位工友初中没有毕业，从小学到初中都是考倒数的，原来 10 年都没有学会汉语拼音，为了上网，一个星期不到就学会了。她没有上过高中，从未学过几何，但由于想成为技工，当模具师傅，自己找来高中课本自学，后来就学会了。（参见吕途. 中国新工人：文化与命运［M］. 北京：法律出版社，2015：327 – 328.）所以，如果教师不能激发学生学习的欲望，教学效果只会大打折扣。

目标。参加社团活动表面上看是对活动感兴趣，实际上真实的目的很可能是在"被解放"以后，希望自主结识更多的新朋友，在自己迷茫之时，可以从其他同学那里得到更多的行为参照。

二、实践中的身份建构

在自然条件下，虽然学生并不一定会构建出学习共同体，但绝不意味着他们不会构建出共同体。由于许多学生都是人生第一次长时间离开父母独自生活，而且有长达三年的共同生活预期，他们会尝试着与周围能接触到的同学，特别是同专业、同班、同寝的同学建立友谊。所以大多数的学伴关系最早都是在同学中间自发形成的。

S在讲到她和最早的学伴Z是如何认识的时候，是这样说的：

初次见到Z是在大一刚入学的军训期间，由于我们专业只有两个班，军训时教官就将两个班放在一起。她就站在我对面，第一眼看到她时，觉得一股扑面而来的清纯俊丽气息，不带任何污染，于是站军姿时我的眼睛总会时不时看向她那里，但从未与她有过任何交流，直到大一上学期期末专业实训时才第一次说话。那时我们专业实训的地点在长沙世纪金源大饭店，我们需要从学校坐公交出发去酒店学习，恰巧我和她在同一辆公交车上。在快到要下车的公交站时，我看到有个药店的旁边放出一张我女神刘亦菲的海报，于是我对身边同学忍不住发出惊喜的声音："我看到了我女神哎！"这时我听到了旁边另外一个声音："你也喜欢刘亦菲啊，她也是我女神。"而这个声音就是Z的。之后我和她在车上高兴地隔空聊了起来。由于对女神有共同的话题且在某些方面有共同之处，如内心纯真、爱笑、工作认真、学习努力等，我和她很快就熟络起来。那时自己在蹭老师的"民政与社会工作"的课，于是便分享给她，并邀约她一起来听，听了后她也觉得不错，便决定和我每周都来蹭，但那会儿和她还并未深交。关系真正突飞猛进是在大一下学期期末，也就是2015年的暑假。那时我和她都有共同的目标，即考导游证，班上的大部分同学也与我们一起报考，但班上同学也不知如何开始，便把买考导游证需要的教材和资料的任务托给了我，又由于 Z 与我都是学委，于是考导游证的共同目标使我和她成了好朋友。

这种交友并不完全是盲目的，学生会根据自己所能直接接触到的范围以及对对方的第一印象而不是学习成绩的好坏来选择交友对象。案例中 S 和 Z 的友谊就是由于巧合以及拥有良好的第一印象，接着又有了共同目标以后才构建起来的。所以，是先有个体建立社会关系的欲望，再通过共同的学习目标和实践强化了原有的关系，而不是相反。这验证了涂尔干的结论，他说："巴黎大学创建伊始，就是一群人的集合，而不是一组讲授科目的集合。它起初所表现出来的教师之间的连带关系，要远远高于他们所教授的科目之间的连带关系，后者只是最终从前者中派生出来的。是人与人之间的一种联合，导致了研究与研究之间的联合。"①

如果从未谋面，只是通过网络空间，同学之间却很难形成好友。例如在"打卡群"中，虽然只有 20 多位同学，还都是实名，但由于同学分别来自 15 个专业行政班级，他们之间几乎很少相互交流，只是在每天完成打卡任务时才出现。私下单独询问原因的结果是，因为大家不认识，找不到共同话语。这也证实了前面的结论，即：无论是教师，还是学生，成员们共处的生活空间是必要的，也是必需的，重合度越高，会话际遇也就越多。而虚拟的网络学习共同体成员由于缺乏功能性联系，也没有深度嵌入的交往，就无法构建起强关系，它只能被视作一种通过网络在线合作的学习型群体或者学习型组织。

莱夫等人认为正是在不自觉的情况下，人们才建构起自己的身份。在《情景学习：合法的边缘性参与》一书中，他记录了发生在日常生活中的学习：

一位玛雅的女孩逐渐成为一名助产士，极有可能是女孩的母亲或祖母就是一名助产士，因为助产术是在家庭的脉络中代代相传的……学徒过程是与日常生活整合在一起的，这一事实只有在她做过学徒之后才意识到。她觉得自己好像在梦中一样学到了做助产士的知识技能并很自然地从事了

---

① 爱弥儿·涂尔干. 教育思想的演进 [M]. 李康，译. 上海：上海人民出版社，2003：127.

这一职业，当她意识到这一事实时已是中年的助产士熟手。①

但这种学习方式必须要满足两个条件：一是学习者处于混沌状态，因而只知道听从安排，而几乎不去思考为什么；二是教授的师父能够获得学习者的高度信任，例如在案例中就是学习者的亲属。从这个角度来考虑，每一位学生进校以后都是在"学习"，他们学习抽烟、喝酒、追剧、谈恋爱、玩游戏等，进而完成自己作为大学生的身份建构。教师除非创造一个真空环境，并且获得学习者有如亲属般的信任，将其往努力向专业学习上引导，否则相比之下，抽烟、喝酒、追剧、谈恋爱、玩游戏等会更令学生感觉轻松，且更容易受到周围同学的认可，学生更容易受后者影响而实现文化的有偏传递。

事实上，作为成年人，大学生并非完全无理性，他们也会思考去做什么的问题。这种思考的出发点主要有两项：一是自己的人生经历；二是观察到的同学的做法。例如S和Z之所以要考导游证，因为之前高年级有同学考了，觉得对自己有用，而他们也相信学习总是有用的。由于之前从没有体验过大学生活，他们并不清楚真正优秀的大学生应该是什么样子的，在获得"大学生"这个资格身份后，其预期身份多是参照其他同学的做法，再从实用角度来构建理想中的身份。例如，A在谈到当年为什么没有报名本科自考时说：

我当时是有这种想法，因为我父母在深圳打工，我每年也在深圳打暑假工，知道学历的重要性。为此我询问过父母，但父母说这个文凭没有什么用。他们是投资人，我总得让他们了解一下投资项目是什么吧。结果他们要我考专升本，认为这个文凭正式得多，但是我一想到又要多读两年，加上我那个时候也不是很喜欢读书，就没有答应他们。

不喜欢读书，并不意味着他们不会去学习。为了建构自己全新的身份，大学新生们会热衷于加入各种学生社团，通过构建大量的社会关系来确立自己的新身份。例如Y在谈到自己为什么一定非要加入学校学生社团时说：

---

① 吉恩·莱夫，埃蒂安·温格. 情景学习：合法的边缘性参与 [M]. 王文静，译. 上海：华东师范大学出版社，2004：25–26.

很多事情我都听老师的，但是有一点，我没有听。对于学生会部门的事，我真的有很多理由。当时老师不让我报太多学生会的部门，他说最多报一个，我说好，但是我好想去我们学校的外联部，当时我也只想去外联部的，但是我又害怕面试过不了，就去面试了学校的素质拓展部，因为我不想自己的大学生活除了学习，没有其他，我想找个地方锻炼自己。所以，我背着老师偷偷去面试了素质拓展部，结果面试上了，外联部也面试上了。录上了以后，我告诉老师我加了两个部门，我并不想退，这样就同时待在了两个部门。而对于班委的事情，当时老师也不太建议我去竞选，希望我把更多精力放在学习上，但是我为了某些事，还是竞选了。因为一开学的时候我就想要竞选班委，我很积极，班上的很多事情我都做，发军训服，打扫卫生，什么都做，为的就是表现好，可以竞选班委。但是，最终这些事都没有用，我没有选上自己想要的职位，而被无缘无故选了另外一个职位，我当然不乐意了。我觉得既然得不到我想要的，就不想再将就，所以我拒绝了那个职位。那天晚上，我哭了，哭了好久好久，我心里很痛苦。然后在那天，外联部的一个学长，一直在安慰我，因为他去年和我有相同的经历，所以他明白我的感受。他一直在和我说，直到晚上12点多的时候，我想开了，他才开始做作业，那天，室友都一起陪着我，度过我痛苦的一晚。

在笔者接触的学生中，有的甚至一口气加了8个社团，他们往往在自己班级里还是班委。在他们看来，加入社团更能使他们在同学中凸显自己，也被认为更容易获得奖助学金、入党等这些短期收益，从而更容易获得公共身份，能够更好地实现资格身份、预期身份和公共身份三者的统一。这就是为什么大学生往往热衷于社会交往，而几乎挤不出时间进行专业学习。按照弗莱雷的话说，这使他们成为被压迫者，除了压迫者给他们规定的目的外，没有任何其他目的，[①] 自我解放也就无从谈起。往往只有到即将毕业

---

① 保罗·弗莱雷. 被压迫者教育学［M］. 顾建新，赵友华，何曙荣，译. 上海：华东师范大学出版社，2014：20.

的那一刻，在多次尝试着外出找工作受挫时，他们才会意识到读书学习的重要性，但这个时候他们过去的习惯已经很难改变，在没有足够强关系的支持下，他们对于改变自身习惯又缺乏足够的信心。

为此，有志于培养学生成长和成才的教师应该主动构建学校与社会间的联系，通过学生个人网络空间中记录的成长经历，运用"生情"努力创造对话性空间，嵌入自己个人经历、毕业学生现状、身边同学探索等关联信息，帮助学生打开与外界联系的渠道，放低姿态，主动交流，运用"共情"引导学生的学习实践，拓宽学生对未来的想象空间，通过实践中的话语联结，实现"移情"，重塑其学习者的身份。

第二节　构建话语联结，拓展关系维度

一、教学场域的感知交互

正如前面已经提及的，学习者在学校难免会受到强关系的影响，谁能获得其信任和认可，就能够在较大程度上引导其未来的行动。如果教师仅仅是完成教学任务，在整体学习环境不佳、较少受到外部因素直接影响的学校中，学生会发生文化的单向有偏传递，向身边的同伴学习抽烟、喝酒、追剧、谈恋爱、玩游戏等内容会超过向教师学习专业知识。教师需要考虑在文化传递上实现引致变异，就必须要构建与学生之间的强关系，获得其信任，进而引导学习者学习。

为此，教师走入学生内心，给学生留下第一印象是十分重要的。[①] 作为教师，第一节课就应该打破学生的认知均衡，消除其对教师的刻板印象，

---

① 美国明尼苏达大学研究人员埃伦·波谢德发现，随着城市化进程加快，人与人之间的接触越来越短暂，第一印象就越来越重要。

才有可能正向激发学生的情绪，产生进一步对话和交往的动力。作为一名优秀的教师，课上引发学生的掌声和笑声通常是有用的，除此之外，用广博的知识面和宽阔的视野打开学生的认知窗口也是十分必要的。

S 在谈到第一次对我的印象时说：

第一次接触老师是在他给我上的一门叫"民政与社会工作"的公共必修课上。那时我们之间的关系远没有现在亲密，仅限于普通师生关系，不过也正是因为这门课使我之后与老师结下了缘。第一回上课，我惊叹于他的风趣幽默、侃侃而谈、渊博学识，他使我耳目一新（大一那会对所有上过课的公共课老师感到失望），给我带来不少惊喜，整堂课下来大脑非常充实，那真的叫一个全程认真听讲啊，即使下课铃响也不愿这堂课结束，听课的过程是一种享受。

A 在谈到我们最早开始接触时则是这样说的：

2016 年下半年时，也就是大二下学期，我在"申论"课上，认识了老师。当时应家人的要求准备考公务员，于是对"申论"课比较上心。除了平时在课上做练习，课后自己也会写，写完之后给老师看，但是令我惊讶的是，老师竟然逐字逐句地给我改，一张纸上，老师的红笔部分远远多于我的书写部分。拿到被批改的作业时，我是又惊讶又难过，惊讶的是碰见了这么负责的老师，难过的是看到了自己的很多不足。在课上老师除了讲授申论写作技巧之外，还会在课上推荐一些书目，例如《万历十五年》《中国大历史》《枪炮、病菌与钢铁》等，涉及的范围很广。当时我也喜欢阅读，但只是阅读一些小说类的书目，对于老师推荐的书，我从来没有听说过，抱着好奇心在网上买了一两本，其中之一是《万历十五年》。那个时候我想着，反正干不成什么大事，能够扩大阅读量也是好的。

但是看完之后，我并不知道黄仁宇在这本书中到底想表达什么。我和老师说，这本书我看得不是很懂。老师说，看不懂就再看一遍。于是我整日就捧着这本书，从课上看到课下，从教室里看到图书馆里。当我看完第二遍时，感觉比第一遍要清晰明白点了。那时我开始觉得诧异，作者在《万历十五年》中的观点不同于我以往在中学理解的，而且黄仁宇讲起来还挺有道理的。这一下子激发了我的兴趣。老师说如果我能把读后感写出来那才叫看懂了。在老师的指导下，我写了《万历十五年》的读后感，记录在网络学习空间里。

有时候老师会经常推荐一些文章，也会经常在朋友圈发表自己读完文章的感想，我通过阅读它们，提高了自己的思想层次。除此之外，我偶尔也会请老师推荐书目。看完也写了读后感，同样也记录在网络学习空间里。

只要打破学生的"过客心态"，使之产生学习的热情和动力，一些学生就会主动增加与教师接触的次数，在各种正式场合创造与教师见面的机会，例如主动蹭课。但在此之前，由于学生人数太多，我对S和A均未留下深刻的印象，可见增加师生见面的次数是极为重要的。

S在谈到自己"蹭课"的经历时说：

大一上学期很快就结束了，之后再也不会有这样的老师给我上课了。到了大一下学期开学时，我照例想继续上课，于是又去搜这一学期的课表，看到他在这学期貌似只开了"民政与社会工作"。虽然这个课已经上过一回了，不过还是意犹未尽，想再继续上一次。就这样，"民政与社会工作"这门课我连听了三遍，第三遍则已经是大二上学期的时候。当时和隔壁班的学委Z交好，于是也把她拉来蹭听。来的次数多了，老师也对我和Z有印象了，就每次下课休息时与我们聊天，虽然整个过程中我和Z不知道怎么接话，一直都是他在说，然而我们还是会鼓起勇气问他一些问题。上完三遍这门课后，他要去美国访学了，于是就没有蹭课的机会了。不过还好，在他去美国之前，我鼓起莫大的勇气，厚脸皮地通过手机里的电话号码加了他微信，想着在微信上可以问他一些问题，借着问问题的机会可以多和他接触，多学知识。与他的互动源于对渊博学识的追求与向往，内心充满自己也想要成为这样的人的向往、渴望。

A同样也是蹭课的积极分子，她们都不满足于自己一个人来蹭课（一多半也是因为怯场），A也拉上了自己的小伙伴J和L。

大三开学的时候，我拉着J、L悄悄地去旁听老师的选修课，选择了后面的座位。那个时候我们三个对老师的崇拜犹如对神的崇拜。无奈，老师有个习惯就是喜欢围着教室溜达，溜达来溜达去就被老师认出了我们仨。很意外的是老师竟然还认得我们，说我们下次可以坐第一排没关系，从此以后我们自觉地坐在第一排认真听课。我记得那个时候，是我在学校过得最充实最快乐的日子。我、J和L三个人都没有什么远大的追求，只是想每天读点书，读点自己感兴趣的书，体验自己从未触及的世界。白天我们在图书馆看书，看老师在课上推荐的书，坐到天黑就去上老师的课。

偶尔，我们会在食堂碰上老师，就和老师一起吃饭。那个时候我们发现老师其实也不高冷，挺平易近人的。虽然这对于当时的我们来说是不可思议的事。晚上我们还会去旁听老师别的课，课后和老师一起走，顺便和老师聊天。

信任来源于接触，因为蹭课，师生有了更多的接触机会，也就有了更多的共同话语，话语共同体开始逐渐形成。由于对话能够建立信任，慢慢这种接触就会开始从线下走到线上，各种网络上的联系也慢慢建立起来，关系也会更加紧密和多维。当师生之间的交往不再局限于原来的教学场域内时，基于网络空间的线上交流就必然会占据一席之地，它将交往互动由单纯的学习知识拓展到更多的领域，包括学习者在网络空间中展现出来的平日的一些生活习惯、对一些事件的看法等。这些交流与互动将增加个体之间的信任，当个体过去的经验不那么有效时，这种信任将引发个体向他所信任的人学习和效仿，[1] 逐渐走向实践共同体。

二、关联领域的多重嵌入

罗伯特·卡勒塔（Robert Kaleta）等人曾说过，实施混合式学习，需要教师付出额外的时间和精力。[2] 由于线上的学习指导难以计算工作量，也无法进行考核评价，而像蹭课这种不以获得成绩为目的的学习也无法带来眼前的短期收益，这种关系能否长期延续，无论是对教师而言，还是对学生来说，都是一个值得不断去审视和评判的问题。

---

① 彼得·里克森，罗伯特·博伊德. 基因之外：文化如何改变人类演化 [M]. 杭州：浙江大学出版社，2017：142.

② KALETA R，SKIBBA K，JOOSTEN T. Discovering，designing，and delivering hybrid courses [M] //PICCIANO A，DZIUBAN C. Blending learning：research perspectives. Needham，MA：Sloan Consortium，2007：111-144.

S 在谈到与同学 Z 的关系发展时说：

共同考导游证的学习目标让我和 Z 的关系迅猛发展。平时在工作上，我和她互相帮助，资料互享，她偶尔有失误和忘记的地方，我会很快发现并及时提醒她修正；在学习上，每天下完课后便把她约去图书馆一起学习，互相借鉴对方笔记、互相抽查导游词、互相模拟导游资格考试面试、互相交流学习上的困惑；在生活上，由于那时在使用"乐动力"，每天刷步数，于是便把她拉来，约定每晚九点从图书馆回来后一起去休闲草坪跑步。除了每晚的共同跑步外，我们也会聊到彼此的家庭、过去的中学生活、现今班上的同学和平时的上课、个人的情感故事和对未来的畅想。在这个过程中，我和她成了互相督促、帮助的好友。

但与 Z 的这种良好关系持续到六级成绩出来后便结束了。六级成绩出来是在大二刚结束的 8 月份，她过了，我却差 6 分而没过。当六级成绩出来后，她感到如释重负，认为总算完成所有该考的考试了，就只等大三的毕业了。由于所有必要的考试都已经考完了，她便没有了学习目标，便再也未与我同去图书馆、同去跑步了。也就从这时候开始，我渐渐明白了她的学习只是为了完成任务，不是真的爱学习，也从未想过终身学习，这与我看待学习的想法不一致。在这之后，我二战六级，而她不再学习，自大三后与我渐行渐远，极少交流，原来亲密的关系也随之降温，并最终回到最开始的一般。

这充分证明：构建学习共同体是面向未来的，而不是当下，未来趋同的目标和可预期的个体之间的相互扶持是构建学习共同体的核心动力所在。无论过去的关系有多么密切，由于关系是需要不断在行动中重构的，随着环境的变化（比如一个过了英语六级，一个没有），关系也必然会开始调整。因为学生会根据自己的目标和判断作出选择，尤其是入校一年以后，他们的视野大大拓宽，安全感已经获得，并实现了资格身份、预期身份和公共身份三者的统一，此时预期身份是否会调整，将决定关系的未来走向。

个人预期是否会水涨船高，取决于自己对未来的看法。这个看法如果是从前辈那里获得，学生将更能做到延迟满足，从而更具远见，他们会将学习目标从原来的获得好成绩、拿奖学金，改到从自己个人发展的角度来看问题，思考怎样学习才能更好地提升自己。拥有具远见的父母、可信任的教师，或者已经历过这一阶段且关系亲密的高年级同学（谈恋爱的除外）这些关系性资源的学生，明显在这种目标转换中会占据优势。遗憾的是，大多数就读职业专科院校的学生父母对子女的期望多是毕业后找份工作，尽早结婚生子，而结识高年级同学并建立亲密关系（谈恋爱的除外）的机会也并不多，教师对学生终身学习方面的引导就显得至关重要。此外，当他们意识到自己的很多困惑都可以从教师这里获得解答，而这个教师又是可以信任的时候，问题的范围就不再仅仅只限于专业学科课程的学习，他们会尽可能多地获取教师的一切信息。例如，我在美国访学的那段时间，尽管距离遥远，S 却仍然保持了足够的好奇心，借助网络与我进行密切的交流互动。她说：

在老师美国访学期间，我也经常与他互动，时不时会去他网络空间转转。后来发现他每天都会在网络空间里贴出在美国学习与生活的日志，于是会一一浏览，看完后并留言。在微信上，我也会时不时找话和他聊天，看到他发的每一条朋友圈都会点开看，看完后点赞或是评论。

这个时候教师对学生的影响是全方位的，其言行示范都会成为学生内心里的标杆，师生之间的关系就会由过去的单一维度走向多重维度。当学生将教师作为自己可以依赖的学习支架时，构建混合式学习共同体的契机就真正到来了。

第三节 构建交互网络，聚融学习实践

一、参与仪式：发展共享符号

2016 年 9 月，S 和 A 进入大三，不到一年即将毕业离校。鉴于此前她们长期旁听课程的经历，我们正式开始了构建混合式学习共同体的尝试。S 和 A 以"徒弟"的私人身份在我的指导下学习。由于她们此前并不知道对

方的存在，而学习共同体成员彼此之间都应该是强关系，于是我通过网络空间彼此作了推荐，并组织了我们的第一次共同见面，自己则充当了这个关系网络的中介中心。

S谈到了第一次见面前后时的情况。

加了A的网络联系方式。加了以后我就想，要如何和她接触熟悉起来。没和A聊天之前，她在我脑海中的印象是高冷优秀、不爱搭理人的学霸类型，然而等她同意后并聊起来，渐渐地改变了我在脑海中对她的印象。原来这也是个活泼可爱、有亲和力的妹子，并不高冷啊。当我后来跟她说起这一印象时，巧的是她和我对双方聊之前的印象同感，她说她没和我聊之前，在她脑海中的印象也是认为我很高冷、不好接近，也不知道如何和我聊天，但是开聊后发现不是那么回事，于是我和她很高兴地认识了。

师父提出我们三个人在周一下午正式见面，那天不知道是不是师父故意晚来，大概是想让我和A多交流交流，先熟悉起来吧。我和A最先早到约定的会面地点，见面后发现她好瘦，小胳膊小腿的，唉，一脸美慕，谁叫我瘦不成那样。于是两个人聊了起来，一边聊一边等，等了快15分钟师父才来。师父来了后我们三个人找了个亭子坐下来。他问我和A近期在读什么书，我说本尼迪克特的《菊与刀》，A说亚当·斯密的《国富论》，之后又问了我们对书的困惑与感想，当时我和A各自简短地说了一些疑惑与感想后，师父从他的包里拿出了《如何阅读一本书》这本书，他说他最近在看这本书，它对读书有帮助和启示，我和A可以买来看看，提高今后读书的效率与层次。他还说以后我们每次都要定期见面，每次都要"上课"，并在讲完后把讲的内容以文字的形式记录下来，且不少于4000字，写完后在网络学习空间专门建一个存放日志的栏目"学斋"，并发表在上面。

这样我们创建了第一个共同仪式，即每周一次的见面学习实践交流活动。这个活动很快演变成为读书会，由S和A轮流开始在教室里讲书，并撰写读后感发在自己的网络空间里供大家分享，知识建构共同体开始形成。

第一个上台讲书的是A。她回忆说：

除了晚上的选修课，我还旁听了师父的"社会学概论"课。我觉得这门课很有意思，能够解释生活中很多现象。也由于此，我对社会学产生了兴趣。在师父的社会学课程讲义后面，有每章的推荐书目。我买了一本《江村经济》来读，读完之后师父突然说让我来讲这本书。我想着讲书能够训练自己的表达能力，于是我的讲书生涯就此开始了。那天下午，是我第一次在讲台上讲书，下面坐着师父和 S，我心里十分紧张，纯属是想到什么讲什么，毫无逻辑层次可言。讲完之后，我自己也不知道到底讲了什么。此后，我和 S 每人每周讲一本书，讲的范围较广，这次可能涉及社会学，下次可能就会涉及历史学等。经过这样的讲解，我们对于不同学科、不同领域的知识也有了了解。讲完后将读后感发表在自己的网络学习空间里。

S 也回忆了自己的第一次讲书的经历。她说：

国庆带团从桂林回来后和师父聊了聊，他说以后我和 A 要一周讲一本书，不能光看和写，还要讲，训练我们的听说读写能力。看到这条消息一开始我内心是不太愿意的，有点小抗拒，因为不相信自己在把书看完后能讲通，而且也对如何去讲感到茫然。但我还是同意了，因为拒绝了也没用啊，总是要面对的，我可以做的就是把书的内容消化掉，在正式讲述之前，自己找个空教室多练习几遍要讲述的内容。我让 A 先讲这一周（我那时还没选好要讲的书，而且也没读），我讲下一周。于是最终选择了讲黄仁宇的《中国大历史》，当然，第一回讲书虽然表达流利，不结巴（事先练习了 2 遍，当然不卡呀），但在讲的过程中把"潜水艇夹肉面包"这一名词给理解错了，讲完后他给我指了出来，并对这一名词作了正确的解读，除此之外还补充了我没讲到的内容。听完他的补充之后，我顿感羞愧，觉得讲得非常失败，羞愧的是没有形成框架体系，讲的时候并没有把要讲的东西串联起来；再就是与 A 头一回讲的《江村经济》相比，我讲得不如她好，她讲完后没被"挑刺"。第一次讲书就这样结束了。

她们所讲的书全部都是专业学术名著，要理解需要一定的难度。根据对抗过程理论，为了能够有效缩短痛苦刺激的时间，尽早获得认知平衡，使她们感受到阅读过程中的愉悦感，但凡阅读遇到困惑的地方，我们都会通过网络群组"学斋"群内进行交流讨论。由于我要求讲书不能只讲内容梗概，而必须批判原著，以培养学生发现问题的能力，在这样的导向下，交流讨论几乎每天都在进行，这显然更进一步强化了彼此之间的关系。此外，每次面对面的讲书结束，我还要重新梳理一遍书中的内容，并对讲的情况做点评，提升她们的专业水平，而在开讲之前则只予引导启发，不作评价，使学生学会延迟满足自己的欲求。

S这样描述公开面对面在教室里讲书的感觉：

每回我和A先讲完书，师父总会再讲一次，对书的框架结构进行剖析，虽然每次听完他的解读后我总是觉得精神得到了莫大的升华，但在精神丰富的同时也感到不自信和羞愧。不自信的是，什么时候才能达到他这样的高度甚至超越？虽然他总是告诉我们说我们以后会超越他，比他更强，但那时我和A一直都不相信，认为他是在安慰我们。羞愧的是，为什么自己每次讲书都会被师父指出不足？另外，我讲得不如A完美，虽然她偶尔也有不足，但整体来看，我讲书的功力不如她。

每一次轮到自己讲书，我总是感到惶恐和不安，总会急迫地挤时间拿来看书、搜相关资料、找空教室练习两遍。备讲期间总担心没读懂之后又被打击，羞愧得恨不得在地上找个地洞钻进去。可我不得不承认，正是这一次次的打击才使我不断进步，把读后感写得更好。

于是，以读书活动为中心，我们构建了一个小的、充满了学习正能量的强关系学习型初级群体。此时的三人关系已经完全不同于过去的两人关系，相互之间的比较开始发挥作用，这个讲书仪式对她们而言，也显得越来越重要。正如涂尔干所言，"真正发挥作用的力，完全是非人格的……因为任何义务所包含的前提观念都是一种意志的强迫作用，所以他们必须找到他们所感受的这种约束力量的可能来源"①。为了能够在讲书时成功展示自己的学习成果，她们开始大量地查阅相关资料，有的同学还会预先进行试讲练习。

---

① 爱弥儿·涂尔干. 宗教生活的基本形式 [M]. 渠敬东，汲喆，译. 北京：商务印书馆，2011：552.

除了讲书这个共同仪式之外，我们后面又慢慢将每天背英语单词并在群内打卡、图书馆共同学习、食堂吃饭时分享读书进展等变成了新的仪式。此后加入这个混合式学习共同体的同学都必须参与上述的这些活动，在参与这些活动的过程中，他们慢慢会发现，自己与周围的同学相比，开始有了很大不同。

A 在谈到获得"徒弟"新身份以后的变化时说：

添加了师父的微信号后，师父推荐了很多优质的微信公众号给我。比如社会学研究、读书杂志、Chinawire、中国教育学刊、MOOC 等。里面大多是推送论文，和我平常看的鸡汤文不一样。有时候我看懂了一些新颖有趣的文章会分享到朋友圈，我以为会收到很多朋友的"赞"，但是却没有。除此之外，看了师父推荐的书，有时候阅读到某一段落的时候，觉得十分有趣，也会拍照晒到朋友圈，但有同学在下面评论"看着就头痛"等这类负面话语。感觉自从我在朋友圈经常晒这些东西起，我与身边的人就开始渐行渐远了。朋友圈本是维持关系的一个重要渠道，但我在朋友圈里不愿给她们颓废的状态点赞，她们也不愿给"故作高态"的我点赞，彼此之间的印象一形成，见面后就自然减少了交流。于是，慢慢地，我和她们不一样了，成了一个"异类"。

这时，每一个学生都会去反思，应该继续，还是回到原来的轨道？为此，学习共同体其他成员必须能够给予及时和不断的支持与鼓励，提供友谊的情感能量。

二、形成网络：聚合情感能量

在灌输式的教学模式下，师生关系是单线的，教师被视作知识的唯一传播者，而且知识也被视作有用的。当师生的生活空间高度重合时，教师传授的就不仅仅是知识和技能，更重要的是通过言行榜样浸润的文化，学生在实践中获得默会知识。要达到这一目的，教师需要逐步开放自己私人空间，生成和汇聚更多的情感能量。

S 在谈到最令她感动的事情是在我家里吃饭。

在大三上学期，除了讲书这一活动让我很难忘之外，另外一件难忘的事就是大家特意为我庆祝21岁生日和去北京前为我饯行。师父做了一大桌我爱吃的菜，令我感动得不行，内心一下子就温暖柔软起来了，让我在长沙这座举目无亲的城市倍感温暖。除了这些之外，平时师父也会提供其他的帮助，他非常照顾我们这些徒弟，不单单是学习上的，更多的是生活上的，也正是这种学习和生活上的持续互动使我们和师父之间彼此熟悉，在他面前我也就渐渐地放松许多了，不再像以前那么紧张和不安了。在学习上，除了平时的讲书之外，师父还给我们讲了如何写文章。那段时间，他让我把以前写的读后感打印出来后拿到他家修改，字斟句酌，每次把自己写的读后感修改完后，自己都很生气，我写的东西真的有那么差吗？整篇读后感改下来，哪里都有问题，不是病句就逻辑不通，A4纸上到处都是红圈圈、红字。但我必须得承认的是，改了以后我的确发现是存在问题的，而且这样改文章对我以后的写作训练是有极大帮助的。包括后来自己在修改同学的毕业设计时一下子就看出了问题所在，而我的毕业设计在请师父润色了一遍后拿去检查，看了两遍后就过了。在生活上，在与师父的接触中，我们的关系也变得越来越稳定，这种关系的稳定不单单是在物质方面的帮助，更多的是精神层面的交流。

聚餐并不是目的，大家可以借此放松下来，坦诚交流才是目的。S继续说：

若要说到我们的关系是如何在学习中维系的，这便来自平时与师父和A的时常交流。但形成这种密切交流的前提是双方都坦诚相待，不因年龄上与层次上的差距而不交流或太客套（对方太客套我会不喜欢，会认为不真实）。一开始我与A并不熟悉，但我和A都属于内心简单、善良、真诚、实在的类型，与对方交流时会充分信任对方，并真诚倾吐心声，因而可以很快熟稔起来。

这种小范围的坦诚交流，能够拉近彼此之间的关系，在面临学业压力时可以抱团取暖，应对较难的挑战。

三、群体拓展：外围辐射影响

当学生认可学习共同体内的价值观念时，其学习行为自然也会随之发生改变。而核心成员所树立的榜样，又会使与其关系良好的半核心成员受到影响。波兰尼所说的社会组织的四个系数——信念的共享、伙伴关系的共享、合作、权威或高压统治的行使，① 会开始发挥影响力。每当学生开始认可学习共同体的价值和目标，就会身体力行，主动影响自己身边的同学。

例如在同学中，J、L 和 A 的关系较为密切，她们三人经常在一起。受 A 的影响，J 和 L 也开始大量阅读，并写读后感，还会和 A 一起参加读书会。A 介绍说：

因为认同师父的思想，对于师父的人生经验指导也深信不疑，我们开始做同样的事。也因为 J 和 L 相信师父所说的话，所以我们之间的关系更近了一步。共同的价值观念让我们走到了一起。除了我的讲书，J 和 L 也会在每周日早上讲她们自己看的书，也会写读后感。我们也在做着同样的事。

为了帮助大家开阔眼界，几个徒弟都曾被笔者带到省教科院博士后工作站学术论坛上，见识了学术交流是什么样的。A 谈到这段经历时说：

师父每周五下午都去参加省博士后论坛。有天师父突然询问我们是否要和他去参加博士后论坛，学习下写论文的技巧。恰巧那次各位老师看的是熊老师写的文章。论文标题记不太清楚了，只记得是道家思想和英语翻译之间的关系。熊老师给大家介绍了她的这篇文章后，从某一个老师开始，每人轮流说出这篇文章的不足之处，待到其他所有老师说完后，师父将其他老师说的总结了下，再提出了自己的看法。接着他将写论文的技巧清楚系统地讲了一遍。在座的除了我们几个学生，都是博士及博士水平以上的人，对于怎么写论文肯定是清楚的，所以师父最后一步讲解论文写法其实是说给我们几个人听的，我认真地作了笔记。从那次看了熊老师的文章，

① 迈克尔·波兰尼. 个人知识——迈向后批判哲学 [M]. 许泽民，译. 贵阳：贵州人民出版社，2000：327.

和听了各位老师的意见后，我学到了一点写论文的技巧。

与之相类似，许多同学也会被他们的朋友拉着参加读书会。为构建一个边缘区域，我们设立了"打卡群"，将进入"打卡群"作为读书会入门的标准。打卡群入群要求每天背英语单词 80 个以上，运动 1 万步以上，并公开打卡，在此基础上通过讨论、交流，帮助学生慢慢接触学术书籍。这个目标虽然会令相当多的学生望而生畏，但他们在打卡群内一旦行动起来，就发现可以通过相互之间的暗示、支持和鼓励获得学习的动力，而坚持者几乎都会去尝试着影响身旁的同学。

一些参加了读书会活动的同学，虽然他们处于半中心区域，也开始以自己为核心构建起一个个学习型的小圈子。一方面，他们在打卡群内每天打卡分享；另一方面，他们自己又组建了以本人为群主的"打卡群"的子群，例如"单词消消乐""Masterpiece""遇见初夏遇见更美的你""铃声叮当""迎风飘扬""兴趣部落""益者三友"等，拉身边的朋友进入，并按照打卡群的标准，要求、鼓励和带动朋友们每日在群内学习并打卡分享。在朋友难以坚持时，用各种方式沟通，鞭策他们坚持学习。由于"登门槛效应"① 的存在，打卡人数越来越多，我们能看到一些同学由刚开始每天背 5 个、15 个、30 个单词，慢慢增长到背 80 个、100 个单词，甚至更多。也有一些子群例如"Keep it up""千词百斩""打卡小分队""打卡小群""打卡小组"等，是利用上公选课的机会，通过学生在讲台上面向数百位同学的公开宣传建立起来的。同学加入后，他们先是在网络上通过学习交往结成学伴，慢慢会在读书会等小范围的活动中见面，进而相互认识和了解，逐渐走向混合式学习共同体。而上述的这一切，都是在课堂之外通过同学之间的相互影响，自发完成的。

---

① 登门槛效应是指一个人一旦接受了他人的一个微不足道的要求，为了避免认知上的不协调，或想给他人以前后一致的印象，就有可能接受更大的要求。这种现象，犹如登门槛时要一级台阶一级台阶地登，这样能更容易更顺利地登上高处。

第四节　构建团队文化，共生组织系统

2017 年 5 月，S 和 A 毕业离校。和过去一样，两人都没有放弃学习。S 由于获得了自考本科文凭，准备报考硕士研究生。A 由于之前没有参加自考，动员朋友 L 一起参加了专升本考试，并以优异的成绩双双考上本科。入学后，A 也准备报考硕士研究生。

虽然此时和 S、A 身处一市三地，但我们每天仍然会通过在线的"学斋"群保持联系，每周读书会照常见面，在校期间养成的惯习在毕业后依然延续。

一、趋同的行为范式

根据 S 和 A 各自的硕士研究生报考专业目标和各人基础的差异，笔者给他们量身制订了不同的学习方案。此前经过一年多的培养，S 和 A 已经形成了良好的学习习惯，即便离校以后，过去形成的行为范式依旧在延续。譬如每天背单词打卡、到图书馆自习，以及参加每一期的读书会。

一是强化英语学习。读职业专科院校的学生英语基础都普遍不好，为了日后能够读懂英文学术文献，学生每天需要学习英语并在群内打卡。过去 S 和 A 虽然也学英语，但只是为考试而学。当认识和想法变化了以后，又加上群里共同打卡的氛围，大家学习英语的热情一下子就被激发了出来。A 说：

师父推荐了百词斩这个背单词的软件。在大一的时候，我用过这个软件背单词，但坚持了十几天就放弃了。师父推荐以后，我又重新开始了。每天坚持打卡在朋友圈里，师父也会给我点赞。这对于我来说无形之中是一种监督，所以我再不敢松懈，天天背，天天打卡，到现在居然有 600 多天了。

需要说明的是，这种学英语既不是为了学分，也不是为了成绩，而是真真正正想提高自己的英语能力。因而除了背单词之外，群里还会有英语流利说打卡，阅读理解打卡等，每天一幅热闹的景象。

二是阅读学术经典。由于每期参加读书会，大家的关注点都集中在了讲书上，例如如何选专业书籍，如何开始阅读，如何查阅相关文献，如何撰写纲目等。A 希望报考的专业是社会学，除讲社会学专业书籍外，她还被要求像教师一样讲"西方社会学理论"课。这令她在本科院校就读时非常充实。她说：

我除了讲书外，还要讲"西方社会学理论"，每周给自己定了读书和写作计划，加上师父的督促，我每天都有忙不完的事。早上 7 点坐在图书馆，21 点回宿舍，洗漱完毕后，打开电脑继续忙活，直到 23 点以后。这样的日子听起来虽然枯燥，但是就是这样的生活让我精神起来了，让我走出了无助，脑袋里除了看书其他事什么也不想，也让我学会了独来独往。也就是在这样一段默默无闻的日子里，我的讲书得到了师父和其他老师的肯定，这让我很开心，很有信心。我们几个人的群体成了我坚持走下去的动力。

三是练习论文写作。高职的专科生是不需要写论文的，但要提升知识层次，就必须要有科研能力。在每一次写读后感的过程中，学生学会了在知网查阅资料，并尝试着进行学术类的写作，我也对他们的文章进行批改。A 谈到自己学写论文的情况时，说：

记得有一次，我讲完美国著名社会学家怀特的名著《街角社会》之后，将自己写完的读后感带到了师父家，让师父看看。那天下午，师父从标题开始，一个字一个字地改，好像没有哪句话是对的，几乎句句话都有错误。改完下来，一两个小时也过去了，红笔的颜色覆盖了整张纸。虽然心里不好过，但是在下次写作的时候，我注意到了这些问题，所犯的错误也就减少了。经过几次这样的改正，论文写作总算有点像样了。

这样的行为范式是互益的，不仅对学生有益，对自己也有益。在督促学生英语打卡的过程中自己也在按照要求率先垂范，每天 7 点前就背完单词打卡，无形中自己的单词量也突飞猛进。学生选讲的一些书，有些事先也没有读过，于是逼着自己尽快读完，扩大了自己的阅读面。在改学生论文的过程中，自己的论文写作水平也在提升。更不用说，融洽的师生关系无论是在工作上、生活上，还是精神上都给了自己极大的支持。正是由于互益，学习共同体才能不断得以结构再造、文化再造和组织再造。

二、相近的价值追求

能够对个人的价值追求产生影响的因素永远是复杂的，任何人都会受到环境的不同影响，从而在目标的确定上可能产生游移和偏离。追求什么价值，这将决定学生未来会走向怎样的道路。在构建混合式学习共同体之后，我们在长期的学习交互过程中产生了相近的价值追求。

一是追求卓越。虽然专科生并不能直接报考硕士研究生，但 S 和 A 都选择了创造条件去报考，而且全都是名校。报考名校，无疑是一个巨大的挑战，这也使他们与其他同学明显地划分开来。S 谈到了自己决定考某名校研究生的时候，其他同学的反应。

毕业设计答辩完的那天晚上，班级毕业聚会上，班上有一些平时关系不错的同学知道我考××大学的研究生，便轮番上阵劝说我换所目标学校。他们认为一个专科生自不量力。在他们眼中的我，能考上研究生都是非常厉害的了，全国梦想考进××大学的学子有那么多，一个专科生与全国其他院校的优秀者相比又有何优势可言？某某对我说："我们不要一口吞个胖子，我们把目标定低一点……"某某更是撂下狠话："我要身材有身材、要长相有长相、要能力有能力，可我还是找不到工作，你就一个专科生还想考××大学，就算你考上××大学的研又能怎样？还不是和我一样找不到工作？我告诉你，不要考什么××大学，你考不进的……"听完他们的话，我很伤心地流下眼泪了，这些原来在班里关系很不错的同学如今不仅不支持我，却一个个都来劝阻放弃。我也知道他们为什么会这么劝阻，有的是为你好，不希望你浪费一年的时间，有的则是讽刺与打击。在他们看来，与全国的优秀者相比，专科生确实没有什么竞争优势，若是考不上就浪费了一年的时间，也失去了应届生的优势。但其实说到底，是不相信我。当天晚上聚会结束后回到学校宿舍，考××大学的想法的确动摇了，我知道不能这样，于是打了个电话给师父，想让他帮我坚定下来，师父也果然做到了，于是再次燃起考进××大学的想法。

报考名校是有风险的，但目标定得越高，越能够激发自己的潜意识，挑战自我。做事自觉按最高标准来要求自己，这正是迈向卓越的基本条件。

二是追求真实。在强关系学习初级群体内部，成员都坦诚相待，在日常的学习和生活中有什么问题、困难，就说什么问题、困难。"学斋"群既是一个相互学习的网络群，也是一个相互予以情感支持的网络群。A 在回忆自己为什么到了一所新学校，仍旧能够每天自觉努力学习时说：

选择了这条路走了这么久，我为什么能坚持下来？其实并不仅仅是靠自律。严格说来，我是个自律性不强的人。曾经信誓旦旦说要考会计证，认认真真学了几天就没下文了。我选择这条路，是因为内心的不甘，但是我能走这么久，只是因为我身边有一群志同道合的人。以前是师父、J 和 L 三人在我身边共同学习，无形中带动我，也可以监督我。到了新学校，是师父和 S 这个初级群体支持的，是靠着他们的精神鼓励在坚持。也正是因为他们，我没有感觉到孤独，无论是在学习上和生活上。如果没有他们，我是绝对走不到现在的。

尽管不再像过去一样朝夕相处，但通过网络手段，过去的强关系依然在延续，情感支架依然在发挥作用。

三是追求广博。虽然 S 和 A 考的是不同学校的不同专业，但每次读书会都会相互予以坚定的支持。所以即便是对方讲书的内容与自己所报考的专业方向无关，她们也会去主动阅读和了解。这样，随着讲书人数越来越多，她们的知识面也越来越宽。A 有次谈到自己在本科院校上文秘课，教师问谁读过马克斯·韦伯的书时，全班仅她一人举手。令那位教师吃惊的是，她还不止读过一本，包括《新教伦理与资本主义精神》《儒教与道教》《社会科学方法论》等书都读过。在这个强关系学习初级群体内部，专业差异是次要的，相互之间学习上的支持更为重要，在这种支持中，他们的阅读面也渐渐被打开，视野更广，学识更博。

三、共通的情感寄托

当成员们彼此形成强关系，将学习共同体作为自己的学习和情感支架时，他们对学习共同体的感情就会越来越强烈。涂尔干说："就个体而言，如果他与其所属的社会之间结成了强有力的关系，就会感受到一种道德力量，促使自己去分享集体的悲伤和喜悦；如果他对此毫无兴趣，就等于隔断了他与群体之间的纽带；他不再对群体有任何奢望。"① 因而，大家都会在"学斋"群中分享自己的喜怒哀乐和生活动态。它表现在三个方面：

一是分享人生经历。确立师徒关系不久，我们就分别讲述了自己的人生成长故事，这些故事中有成功，也有失败，有幸运，也有极其痛苦的回忆，甚至是隐藏在自己内心中多年的伤痕。它让每个成员都可以理解对方是怎样的，又何以会如此，期待自己未来会有怎样的改变。改变永远都不可能是一帆风顺的，但及时的分享可以调和大家的情绪，使其尽快得以平复。S 在介绍自己考研复习阶段的生活时说：

这个过程中也有情绪很低落的时候，于是便会点开师父的微信，打开对话框与他聊聊人生与过去。整日待在家中复习的日子是难受的，隔绝了外界的人与活动，有的时候看到一本好书或是有一些想法想与人分享，却连个可以说话的人都没有。9 月份后，由于距离考研时间越来越近，而自己并没有完全掌握，每天定下的学习任务也不能很好地完成，加之胖了十多斤，模样变得很丑，于是情绪一直都很抑郁、低落。10 月到 12 月，2017 年的这最后几个月内心一直很慌与害怕，明知道自己今年考不上，看不到任何希望却还在死死坚持。12 月开始后每天都不断背书，原来没做到的事在12 月全做到了，做完后连自己都不敢相信。

在极大的学习压力下，支撑着她的就是这种情感支架。这验证了沙博的论断，即："教与学是一个情绪性的过程，这个过程证明了感觉是学习的

---

① 爱弥儿·涂尔干. 宗教生活的基本形式［M］. 渠敬东，汲喆，译. 北京：商务印书馆，2011：551.

前提"，"不论在任何领域，真正的学习过程都是从我们去感觉开始的，而不是从理解开始的"。①

二是共享关系资源。学习共同体内的资源很大程度上都是共享的，这些资源除了预设性资源、生成性资源，还有关系性资源。例如托德·斯坦尼斯拉夫（Todd Stanislav）和朱莉·罗恩（Julie Rowan）他们到中国来时，和S、A都见过面。A回忆说：

大三的第一个学期，大概10月份的时候，师父对我们说，他有一些外国朋友会来学校，到时候有机会让我们见见。由于我的口语不太好，为了不尴尬，我下载了一个"英语流利说"，天天在宿舍练口语，能记一点是一点吧。记得是11月份的时候，斯坦尼斯拉夫教授和罗恩老师来到长沙，他们和师父早些时候在美国就认识了。那天我和S早早到师父家，打扫卫生，吃了晚饭，和师母准备好了水果、茶叶等。大约是8点时候，他们来了，那是我第一次这么近距离见到外国人，感觉就像戴上了3D眼镜在电影院看外国片一样。斯坦尼斯拉夫教授问我"What is your name?"我答"My name is ×××."。他想重复一遍我的名字，结果那个字的音支吾了半天也没有说出来，干脆问了我的英语名字，当时我觉得这个外国老师太可爱了。随后，师父带着他们参观了房子，其间我偶尔能和他们说几句话，但是大部分是听不懂的。我有很多问题想问他们，但是不会说，只能算了。这次后，我很渴望能说一口流利的英语。

这些共享的关系资源看似对他们没有直接作用，但很显然给了他们的学习以莫大的鼓励和信心。

三是互为精神支柱。学习共同体成员之间的强关系，会使成员在面对外部压力时将其他成员视作自己的精神支柱，榜样的力量会促发成员无穷的学习动力。

S回忆说：

---

① 丹尼尔·沙博，米歇尔·沙博. 情绪教育法——将情商应用于学习 [M]. 韦纳，宝家义，译. 北京：教育科学出版社，2009：14.

考研回来，在去往高铁站的路上，一直和师父在线上聊天。回到长沙后去他家中，也一直特想找机会和他说说这次考研的感受。我感到开心的是来年一定可以考上××大学，这基于在考第二天的专业课时带来的莫大信心。今年如果没考上，那完全是因为对专业课了解不多，没有看相关教材和专著。回来那天晚上和师父聊了很多，有关于考研的，也有关于自己感情的。想对他说很多很多，这一方面是来自对他一如既往的信任，喜欢他给的解释和意见。每当和他说一些事情和分享一些问题的时候，他总能进行深层次的剖析，给出合适的建议，总能给我满意的答案，那敏捷的逻辑思维和博学的功底，让我发誓要加倍努力追赶他，自己今后也要成为这样的人。另一方面是他的阳光。他长期坚持运动和背单词，心态十分开朗乐观，对于人生充满了激情，全然没有一个中年大叔的悲观之感。有时候和师父聚餐后，会很开心地把聚餐时的合影发到朋友圈去，然后就有同学和朋友评论说，这个老师好年轻，看起来只有三十几岁。他的这种积极乐观、奋发向上的激情也传染给了我们几个徒弟，尤其是我和 A。因为我能很明显地感觉到自己的性格变化，我和 A 都渐渐地摆脱了自卑，对事物敢于去尝试、爱与人交流了。虽然考研的日子里情绪一直都不怎么好，但内心也依然是乐观的，对生活充满了激情。这便是来源于师父与 A 的鼓励和支持。直到现在，我们几个也依然天天在属于自己的群中打卡晒单词、步数、录音，我由最开始的背不下去、讨厌背转变为一日不背寝食难安，并形成了长期坚持的日常习惯。如今我测试的单词量由最开始大一的 3000 多增加到如今的 14000 多，已经超过了博士生所需的单词量。

四、多元的人生发展

有些学者认为，学习共同体成员未来的学习发展模式是趋同的。例如乔治·阿维拉·德·利马（Jorge Ávila de Lima）就认为，过分关注和谐的同伴关系，这可能会催生"群体思维"，破坏个体的创造性，也让成员不自觉地同质化。① 戴安·伍德（Diane Wood）则反问，学习共同体究竟是变革的催化剂还是维持现状的新建制？② 但真正的学习共同体其实并不要求成员整齐划一，否则何以梁启超的子女 9 人（其家庭显然也可以被视作一个学习共同体，只是当时没有网络，很多时候梁启超靠通信来远程传递信息）能够个个成才，而且还分属不同学科领域？

理想的学习共同体并不干涉或者阻止成员的学习兴趣，它只是鼓励其成员在相互的学习支持合作中更好地成就自己。由于各人的人生际遇不同，其未来的人生发展必然是多元的。

S 在谈到我们这个学习共同体时说：

如今这个学习共同体依然督促着我前行。若没有这个共同体，我想，即便我有改变自己的想法和行动，但一个人终究是寂寞的，短期可以持续下去，但长期便难以坚持。在这个共同体中我们是可以互相分享与借鉴的好友，懂得对方，从而在学习的过程中不是寂寞的。师父于我而言，可以是老师，可以是好友，也是除了父母之外目前对自己影响最大的人，自己也非常幸运地与他认识并在他的影响下做出改变。

A 在谈到我们这个学习共同体时说：

在我考上专升本之前，在我的印象中，没有得到过家里人的鼓励。从小都是指责和批评，所以我性格也不外向。有时候真的很讨厌自己的性格，很想去改变，但改来改去，改不成自己想要的样子，太累，所以干脆不改了。因为得不到鼓励，我从来没和爸妈说过心里话。爸妈对于我的了解有时还不如我身边的朋友。那个时候处于叛逆期，我就去网吧打游戏。跟着师父学了一年多，不说学习成果，光是我的性格自己都能觉得比以前好多了。现在的我不想再随随便便生活了，我想要有目标地活着，我想用自己全身的力气去为一个目标奋斗。好好弥补以前欠下的东西，拥有一个有意义的人生。

---

① JORGE ÁVILA DE LIMA. Forgetting about friendship: using conflict in teacher communities as a catalyst for school change [J]. Journal of educational change, 2001, 2 (2), 97-122.

② WOOD D. Learning communities: catalyst for change or a new infrastructure for the status quo? [M] // WHITFORD B, WOOD D. Teachers learning in community: Realities and possibilities. New York: SUNY Press, 2010: 41-71.

　　因而，混合式学习共同体所给予成员的并不是在共同的学习实践过程中所获得的知识和技能，或者准确一点说，并不完全是这些，它们只是派生需求。基于网络空间构建混合式学习共同体的实质是运用网络空间构建成员之间的学习型强关系。对于其成员来说，混合式学习共同体真正的价值在于，利用网络空间，成员可以相互了解、顺畅沟通，进而长期合作，共同生长。在未来的人生发展中，成员可以从中获得持久的支持和鼓励，从而敢于去面对人生的挑战，去成就未来的希望。所以，成功的课程教学，绝不仅仅是传授知识和技能，更重要的是，在专业知识和技能的传授过程中，使学习者能够构建起足以信赖的人际关系，在学习互动中，能够不断获得来自其他成员的支持和鼓励，使他们对未来充满信心，有勇气去迎接人生中一个又一个全新的挑战。

结　语

　　教育教学过程不应该是一个单纯的知识传递的过程，它不是一种存储行为，① 而是学习者所经历的预期社会化、发展社会化和再社会化的过程。传统的教育教学多喜欢将关注的重心放在儿童教育上，因为他们倾向于将儿童视作可以被教育工作者按照"教育规律"自由泼墨作画的"白板"，但今天的教育现实却时刻提醒着每一位教育工作者：一方面，学生在学习成长过程中受到的影响是多元化的，家庭、同龄群体、网络传媒都在施加着各种各样的影响（学生几乎无法被隔离在这些因素影响之外），而教师只是这众多的影响因素之一，不考虑这些因素，只谈教师应该怎么做，教育教学将很难见到成效；另一方面，由于社会快速的经济发展与结构转型，单亲家庭、问题家庭、空巢家庭、歧视家庭、贫困家庭、犯罪家庭……这些所带来的负面影响不仅在学生入学之前就已经存在，而且还越来越大，已经明显影响到了课堂教学质量，许多教师无法视而不见（师生之间关系的紧张和冲突多与此有关）。只祈求自己的学生是可以供自己任意摆布的玩偶是不现实的，未来的教育既然是终身教育，我们就必然会面对那些已经在一定程度上形成了自己独特价值观和人生观的学生。因此，教师的努力不仅仅是传授知识和技能，他还需要考虑如何更好地通过知识和技能去改变和不断优化学生未来人生发展的路径。这就要求教师必须尝试着了解自己

---

　　① 保罗·弗莱雷. 被压迫者教育学［M］. 顾建新，赵友华，何曙荣，译. 上海：华东师范大学出版社，2014：35.

的教育对象，在"共情"中去理解他们、影响他们。只大谈空洞的"爱"是无用的，教师必须了解是谁、是什么在主要影响着自己的学生，又如何在不引发学生逆反心理的情况下，逐渐增加自己对学生的影响力，使学生能够"接纳"教师。作为一名新时代的教师，必须有意识地去构建混合式学习共同体，利用线上和线下的综合优势，建立师生之间，以及通过建立师生、生生之间的强关系，使每一位学生都能发挥其独特的优势，去传递正向的文化价值观。

传统观点认为，在学生心智差别不大的情况下，学习质量不高的主要原因是知识缺乏趣味、教学方式方法不对等，习惯于将学生比喻成嗷嗷待哺的雏鹰，但实际情况也许并非如此。事实上，外界的社会大环境和学生的家庭小环境对学生学习行为和学习成效的影响其实更大。受先天条件限制、父母外出打工、祖父母管束不当、地方教育水平落后、乡村信息闭塞、地方治理混乱等因素的影响，随着经济发展和社会转型越来越快，越来越多的孩子"输在了起跑线上"，有相当一部分学生并未真正从内心里接受积极正面的文化价值观，从而使其学习主动性和积极性都不高，久而久之则形成不良的惯习。这将导致逃课、厌学、违纪等一系列问题，并最终使自己在毕业后不得不延续父辈的社会地位，甚至在精神上更加颓废。教育如果不考虑这部分学生未来成长的需求，只能被视作是软弱和逃避。

2017 年 7 月，华东师范大学课程与教学研究所的周勇教授在《南京师大学报（社会科学版）》刊发了一篇名为《寒门学子的教育奋斗与社会上升——历史社会学视角》的文章，文中提出：依靠激励学校，或者指望教育体系自动做出调整，难以解决"寒门难出贵子"问题，国家应该打开地域、阶层、家庭等因素对当前教育体系的钳制，让寒门学子依靠教育奋斗及出色成绩，有机会上升为政治、经济等社会各领域的精英。[①] 但仅仅是通过制度层面的设计，真的就能够实现寒门学子的人生逆袭吗？英国的保罗·威

---

① 周勇. 寒门学子的教育奋斗与社会上升——历史社会学视角［J］. 南京师大学报（社会科学版），2017（7）：94–99.

利斯（Paul Willis）在《学做工：工人阶级子弟为何继承父业》一书中提出，阻碍阶级流动的最重要的因素是家庭和非正式同龄群体所倡导的反学校文化。作为阶级文化的一部分，这种文化提供了一套"非官方"标准，依此判断通常哪种工作环境和个体最匹配。① 所以，学生学习效果不佳的原因并不是缺乏优质课程资源，靠"送课下乡""开放优质网络课程"等方式并不能从根本上解决这些问题，学生中存在的反学校文化才是寒门学子难以实现人生逆袭的根本原因。

无独有偶，美国的威廉·富特·怀特（William Foote Whyte）在他撰写的《街角社会——一个意大利人贫民区的社会结构》一书中，也谈到了大学生与街角青年之间的不同：大学生们适应的是储蓄和投资的经济学；街角青年们适应的是花钱的经济学。大学生们为了支付教育费用，在商业或专业生涯中求得发展，必须攒钱，因此养成了中产阶级节俭的品德。而街角青年们为了参加集体活动，必须与别人分享他的钱，威信和影响的大小在一定程度上取决于花钱是否大方。大学生和街角青年都想成功。他们之间的区别是：大学生或是不肯让一群亲密的朋友束缚自己，或是情愿牺牲他与那些进取得不如他快的人的友谊；而街角青年则被一张彼此负有义务的网将他与他的帮连到一起，他或是不愿意，或是不能够摆脱它。② 因而，是学生所遵从的亚文化决定了他们对待学习的态度，影响到了自己未来人生的发展轨迹。

不过，我们坚信，学生原有的文化烙印和惯习并非完全不能发生改变——而这正是教育教学最能发挥其独特作用的价值所在。例如怀特笔下的街角青年原型之一安杰洛·拉尔夫·奥兰代拉在四十多年后专门谈到过怀特对他的影响："他发现我在街角闲荡只是为了找点儿事情做，于是把我毫无意义的生活变成了很有意义的职业生涯——两项事业。这一切的关键全

---

① 保罗·威利斯. 学做工：工人阶级子弟为何继承父业［M］. 秘舒，凌旻华，译. 南京：译林出版社，2013：125.

② 威廉·富特·怀特. 街角社会——一个意大利人贫民区的社会结构［M］. 黄育馥，译. 北京：商务印书馆，2005：153–155.

在于培训和获得的'反馈'——它们全靠友谊支撑。"① 奥兰代拉从此摆脱了在科纳维尔街角游荡的命运，后来成为一名出色的城市公共工程部门负责人。

　　本书的基本假设也源于此。即：在课程教学过程中，真正发挥影响力或者说发挥着关键性影响力的常常并不是知识本身，而是在预设性资源和生成性资源之外构建的关系性资源。构建基于网络空间的混合式学习共同体的实质是充分运用网络空间能够记录学习者过去学习经历、学习偏好、学习习惯等优势，构建更有利于个体与他人未来学习合作的强关系。一旦师生之间或者生生之间构建起了良好的合作学习关系，学习成效将成倍增长。如果这种关系是强关系的话，他们的影响力甚至能够超过原生家庭对学生的影响力。这与许多课堂实践中观察到的现象是一致的：学生在自己喜爱的教师的课堂上往往学习得更认真，学习成效也更明显。在构建了强关系的教师的主导下，学生的潜力和欲望更能充分激发出来，教师通过重塑文化影响，深刻改变学习困难学生的未来成长和发展的轨迹，帮助其形成新的惯习，进而实现人生逆袭——这正是建立学习共同体最大的意义所在。

　　虽然一些研究在提及学习共同体的基本特征时，都将成员之间共同的信仰或愿景放在首位，但本书认为，学习共同体并不完全是基于共同的信仰或愿景构建起来的，它同时也是基于对彼此关系的共同信任，以及在这种信任之下长期的共同实践，生成和强化了对未来共同的信仰和愿景。因此，共同的信仰和愿景与彼此之间关系联结是互构的，不仅共同的信仰和愿景能够产生成员之间建立强关系的共同预期，在建立关系的共同实践行动过程中也生成了相互信赖，进而在共同的学习实践中不断重构和强化了共同的信仰和愿景，而网络空间在这一过程中起着催化剂的作用。利用网络空间跨越时空的优势，通过一步步强化成员之间的关系联结，构建彼此

---

　　① 安杰洛·拉尔夫·奥兰代拉. 怀特对一个弱者的影响［M］//威廉·富特·怀特. 街角社会——一个意大利人贫民区的社会结构. 黄育馥，译. 北京：商务印书馆，2005：489.

之间长期依赖合作的学习型强关系，这才是基于网络空间构建混合式学习共同体的关键。

也有一些研究在提及学习共同体的构建策略时，特别强调了学习内容在其中发挥的重要作用，但本书认为，获取知识仅仅只是其中的一个诱因。在构建学习共同体的过程中，对个体而言，外部的诱因固然很重要，却很容易陷入"众口难调"的困境无法自拔，只有它转化成为内部的诱因，即生成彼此之间的情感联系和共同发展的欲望时，才会产生持久的共同合作学习行为。因此，构建学习共同体必须经历成功的对话、共同的实践、集体的知识建构和强关系的生成这一过程，而一旦持续的对话消失、共同的实践消亡、集体的知识建构不再，学习共同体也就趋于解体。换句话说，是学习共同体给予成员的情感支持使其实现了共同合作学习，至于学什么内容在某种程度上反而是次要的。正是源于这种亲密无间的情感，在网络社会，学习共同体必然成为混合式的，因为每一位成员都会力求运用包括网络在内的一切手段去巩固和强化与其他成员之间的联系，以实现未来的长期合作，共同生长。

随着社会的发展变迁，传统的以血缘和地缘为主构建的社会关系网正逐渐让位于业缘和趣缘，后天构建的社会关系正拥有越来越重要的影响力。在这样的背景下，构建以教学和未来人生发展兴趣为纽带的社会关系显得愈加重要。创设关联情境、问题研究导向、交互实践教学、团队合作探究的目标正是构建新型的基于学习行为之上的长期合作的社会关系。

要构建长期合作的学习关系，需要生成对未来合作的预期。在绪论的案例中，访学班成员以学校为界分两组的原因，正是对回国以后不同的发展预期，它导致了每个个体构建关系时，在努力程度上存在明显的差异。同理，在贝勒尔教授的"社会学概论"公选课上，几乎所有同学都能预见与外来人员的联系是有限次的，这里存在着一条清晰的"鸿沟"。只有那些认为这种关系性资源对自己未来学习发展有益的个体，才会选择彼此增加互动的次数和交往的强度，它也通常能够形成更加紧密的学习合作，进而在未来的学习中通过相互扶持实现共同生长。

要构建长期合作的学习关系，需要构建成员之间的强关系。在长期学习合作基础上逐渐增强的成员关系，必将走向混合式学习共同体。信息社会中的学习共同体必然是混合式的，因为无论是在微观、中观，还是宏观层面，成员（这个成员无论是个体还是组织）之间要形成强关系（它是形成学习共同体最核心、最关键的要素，而这个要素无论是起源于线上还是线下），都将最终深嵌到对方的空间中去，实现混合。实体教学空间是深化关系的基础，而网络空间则相当于催化剂，它令混合式学习共同体能够在地域隔离的情况下更好地维系和更快地发展，它们共同拓展了关系的时间和空间维度，使长期的、密切的合作更容易实现。

要构建长期合作的学习关系，需要建立一个文化传播体系。由于单个教师能够建立强关系的学生人数有限，混合式学习共同体成员关系并不是匀质的，它有中心区域、半中心区域和边缘区域。在混合式学习共同体的外围还有影响区域和局外区域。这是一个开放的、成员关系不断动态生成并具有多级差序，在共同构建、共同分享中获得共同生长的学习型强关系网络体系。其中，中心区域是构建学习文化的动力之源，中心区域的核心成员和半核心成员在学习文化的传播中起着至关重要的作用。但无论位于哪一个区域，只要成了学习共同体的成员，他们都会从个人的强关系网络中找到自己的精神归属、情感依托和学习支架。

要构建长期合作的学习关系，需要成员能够携手共同发展。构建混合式学习共同体并非一蹴而就，而是一个不断发展的过程。成员之间先通过观察，尝试着去相互理解（在网络时代，这种理解可以基于网络空间进行），然后运用话语反馈进行初步的接触。在这样的接触中，相互获得积极反馈的对象将会主动尝试着增加接触次数，扩大接触面，进行学习实践方面的合作。成功的共同学习实践，将生成对所有成员都可以理解的默会知识，并逐渐加深彼此的信任和依赖，直至形成学习共同体，获得其成员的资格身份。在此后的话语交流和共同的学习实践中，过去从合作中获益的成员将根据其预期，表现出与混合式学习共同体其他成员一致甚至更积极的行动，并在面对外界环境变化时，不断巩固和验证过去已经形成的相互依赖的关系，在一再的验证中获得其他成员所认可的公共身份，实现三者的统一，以更好地应对未来的学习挑战。

构建混合式学习共同体并不应该被视作学习的终点，恰恰相反，它的构建过程更应该被视作成员在原有基础上彼此将他人作为学习支架，不断自主学习和共同发展的过程。例如，我们都是在家庭中成长起来的，每个孩子在交互中与其他家庭成员构建起强关系，并在这种关系构建的过程中学会说话、走路，乃至"老吾老，以及人之老；幼吾幼，以及人之幼"，逐渐形成看待世界的方式（从广义的"学习"概念上说，家庭也可以被视作一个学习共同体）。

构建混合式学习共同体离不开网络，特别是网络空间。网络拓宽了时空维度，它使个体无须时刻共同生活在一起，也能进行沟通交流互动，建立起彼此之间的联系。网络空间则不仅能够作为互动的桥梁，它还能够通过记录学习的经历，成为我们拉近空间距离、建立亲密关系、加深相互了解、比较人生经验的重要平台。

构建混合式学习共同体并不要求所有成员在行动上都整齐划一，成员之间的相互支持主要是情感上的，它将通过话语或行动表现出来。成员们既是学习时的伙伴，又是活动时的玩伴、遭遇挫折时倾诉的对象和重新出发前的精神动力源泉。成员之间相互的强关系加上学习文化，将使学习更加高效。基于网络空间构建的混合式学习共同体成员，他们之间的强关系不会因为距离遥远而骤然褪色，只会在成员交流频次逐渐降低后缓缓退出。但也总会有一些混合式学习共同体会将伴随着成员的成长而不断发展，为成员提供终身的学习支架，成为其终身学习的伙伴，而后者正是我们应该为之努力奋斗的目标。

参考文献

一、中文文献

（一）著作类

[1] 阿尔伯特·班杜拉．社会学习理论 ［M］．陈欣银，李伯黍，译．北京：中国人民大学出版社，2014.

[2] 爱弥尔·涂尔干．教育思想的演进 ［M］．李康，译．上海：上海人民出版社，2003.

[3] 爱弥尔·涂尔干．宗教生活的基本形式 ［M］．渠敬东，汲喆，译．北京：商务印书馆，2011.

[4] 安东尼·吉登斯．社会的构成：结构化理论大纲 ［M］．李康，李猛，译．北京：生活·读书·新知三联书店，1998.

[5] 安东尼·吉登斯．现代性的后果 ［M］．田禾，译．南京：译林出版社，2011.

[6] 保罗·弗莱雷．被压迫者教育学 ［M］．顾建新，赵友华，何曙荣，译．上海：华东师范大学出版社，2014.

[7] 保罗·威利斯．学做工：工人阶级子弟为何继承父业 ［M］．秘舒，凌旻华，译．南京：译林出版社，2013.

[8] 贝弗里·J. 希尔弗．劳工的力量：1870 年以来的工人运动与全球化 ［M］．张璐，译．北京：社会科学文献出版社，2009.

[9] 本尼迪克特·安德森．想象的共同体：民族主义的起源与散布 ［M］．吴叡人，译．上海：上海人民出版社，2016.

［10］彼得·布劳，马歇尔·梅耶. 社会中的科层制［M］. 马戎，等译. 上海：学林出版社，2001.

［11］彼得·里克森，罗伯特·博伊德. 基因之外：文化如何改变人类演化［M］. 陈姝，吴楠，译. 杭州：浙江大学出版社，2017.

［12］彼得·圣吉. 第五项修炼：学习型组织的理论与实务［M］. 郭进隆，译. 上海：三联书店，1998.

［13］布鲁纳. 布鲁纳教育论著选［M］. 邵瑞珍，等译. 北京：人民教育出版社，2018.

［14］查尔斯·M. 赖格卢斯. 教学设计的理论与模型：教学理论的新范式（第 2 卷）［M］. 裴新宁，等译. 北京：高等教育出版社，2011.

［15］戴维·H. 乔纳森，苏珊·M. 兰德. 学习环境的理论基础［M］. 徐世猛，李洁，周小勇，译. 2 版. 上海：华东师范大学出版社，2015.

［16］戴维·乔纳森，简·豪兰，乔伊·摩尔，等. 学会用技术解决问题——一个建构主义的视角［M］. 任友群，等译. 2 版. 北京：教育科学出版社，2007.

［17］戴维·乔纳森. 学习环境的理论基础［M］. 郑太年，任友群，译. 上海：华东师范大学出版社，2002.

［18］丹尼尔·沙博，米歇尔·沙博. 情绪教育法——将情商应用于学习［M］. 韦纳，宝家义，译. 北京：教育科学出版社，2009.

［19］德瑞克·格利高里，约翰·厄里. 社会关系与空间结构［M］. 谢礼圣，等译. 北京：北京师范大学出版社，2011.

［20］斐迪南·滕尼斯. 共同体与社会：纯粹社会学的基本概念［M］. 林荣远，译. 北京：商务印书馆，1999.

［21］赫伯特·马尔库塞. 单向度的人：发达工业社会意识形态研究［M］. 刘继，译. 上海：上海译文出版社，2006.

［22］吉恩·莱夫，埃蒂安·温格. 情景学习：合法的边缘性参与［M］. 王文静，译. 上海：华东师范大学出版社，2004.

［23］杰西·洛佩兹，约翰·斯科特. 社会结构［M］. 允春喜，译. 长春：吉林人民出版社，2007.

［24］兰德尔·柯林斯. 互动仪式链［M］. 林聚任，等译. 北京：商务印书馆，2012.

［25］丽塔·里奇. 教育交流与技术术语集［M］. 来凤琪，等译. 上海：华东师范大学出版社，2017.

［26］刘晶波. 社会学视野下的师幼互动行为研究——我在幼儿园里看到了什么［M］. 南京：南京师范大学出版社，2006.

［27］罗伯·希尔兹. 空间问题：文化拓扑学和社会空间化［M］. 谢文娟，张顺生，译. 南京：江苏教育出版社，2017.

［28］罗伯特·阿克塞尔罗德. 合作的复杂性——基于参与者竞争与合作的模型［M］. 梁捷，等译. 上海：上海人民出版社，2017.

［29］罗伯特·阿克塞尔罗德. 合作的进化［M］. 吴坚忠，译. 上海：上海人民出版社，2016.

［30］罗伯特·米尔斯·加涅. 学习的条件和教学论［M］. 皮连生，等译. 上海：华东师范大学出版社，1999.

［31］罗纳德·伯特. 结构洞：竞争的社会结构［M］. 任敏，李璐，林虹，译. 上海：格致出版社，2017.

［32］马克·格兰诺维特，理查德·斯威德伯格. 经济生活中的社会学［M］. 瞿铁鹏，姜志辉，译. 上海：世纪出版集团，上海人民出版社，2014.

［33］马克·格兰诺维特. 镶嵌：社会网与经济行动［M］. 罗家德，等译. 北京：社会科学文献出版社，2015.

［34］马斯洛. 动机与人格（第3版）［M］. 许金声，等译. 北京：中国人民大学出版社，马汀·奇达夫，蔡文彬. 社会网络与组织［M］. 王凤彬，朱超威，等译. 北京：中国人民大学出版社，2007.

［35］迈克尔·波兰尼. 个人知识——迈向后批判哲学［M］. 许泽民，译. 贵阳：贵州人民出版社，2000.

［36］曼瑟尔·奥尔森. 集体行动的逻辑［M］. 陈郁，等译. 上海：上海人民出版社，1995.

［37］米歇尔·福柯. 知识考古学［M］. 谢强，马月，译. 北京：生活·

读书·新知三联书店，1998.

[38] 欧文·戈夫曼．日常生活中的自我呈现 [M]．冯钢，译．北京：北京大学出版社，2008.

[39] 齐格蒙特·鲍曼．共同体：在一个不确定的世界中寻找安全 [M]．欧阳景根，译．南京：江苏人民出版社，2003.

[40] 让－吕克·南希．解构共同体 [M]．苏哲安，译．台北：桂冠出版社，2003.

[41] 萨莉·鲍尔，托尼·爱德华兹，杰夫·惠蒂，等著．教育与中产阶级：一种务实、细致而持久的社会学分析方法 [M]．胡泽刚，译．长沙：湖南教育出版社，2008.

[42] 斯蒂芬·D. 布鲁克菲尔德，斯蒂芬·普瑞斯基尔．讨论式教学法：实现民主课堂的方法与技巧 [M]．罗静，褚保堂，译．北京：中国轻工业出版社，2002.

[43] 汤姆·R. 伯恩斯．结构主义的视野：经济与社会的变迁 [M]．周长城，等译．北京：社会科学文献出版社，2000.

[44] 王国成，马博，张世国．人类为什么合作——基于行为实验的机理研究 [M]．北京：商务印书馆，2017.

[45] 威廉·怀特．街角社会——一个意大利人贫民区的社会结构 [M]．黄育馥，译．北京：商务印书馆，2005.

[46] 雅斯贝尔斯．大学之理念 [M]．邱立波，译．上海：世纪出版集团，2007.

[47] 雅斯贝尔斯．什么是教育 [M]．邹进，译．北京：生活·读书·新知三联书店，1991.

[48] 杨洁曾，贺宛男．上海娼妓改造史话 [M]．上海：生活·读书·新知三联书店，1988.

[49] 伊曼纽尔·沃勒斯坦．现代世界体系（第一卷）[M]．罗荣渠，等译．北京：高等教育出版社，1998.

[50] 尤瓦尔·赫拉利．今日简史：人类命运大议题 [M]．林俊宏，译．北京：中信出版集团，2018.

[51] 赞可夫. 和教师的谈话 [M]. 杜殿坤，译. 北京：教育科学出版社，1980.

[52] 赵健. 学习共同体的建构 [M]. 上海：上海教育出版社，2008.

[53] 佐藤学. 教师的挑战：宁静的课堂革命 [M]. 钟启泉，陈静静，译. 上海：华东师范大学出版社，2012.

[54] 佐藤学. 课程与教师 [M]. 钟启泉，译. 北京：教育科学出版社，2003.

[55] 佐藤学. 学习的快乐——走向对话 [M]. 钟启泉，译. 北京：教育科学出版社，2004.

[56] 佐藤学. 学校的挑战：创建学习共同体 [M]. 钟启泉，译. 上海：华东师范大学出版社，2010.

（二）论文类

[1] 保罗·基尔希纳，约翰·斯维勒，理查德·克拉克. 为什么"少教不教"不管用——建构教学、发现教学、问题教学、体验教学与探究教学失败析因 [J]. 钟丽佳，盛群力，译. 开放教育研究，2015，21（2）.

[2] 边燕杰，张文宏，程诚. 求职过程的社会网络模型：检验关系效应假设 [J]. 社会，2012，32（3）.

[3] 卜玉华. 我国课堂教学改革的现实基础、困局与突破路径 [J]. 教育研究，2016，434（3）.

[4] 曹传东，赵华新. MOOC 课程讨论区的社会性交互个案研究 [J]. 中国远程教育，2016（3）.

[5] 陈娟文，王娜，李金玉. 基于大学英语混合式教学模式的实践共同体探究 [J]. 现代教育技术，2017，27（9）.

[6] 陈先奎，孙钦美，毛皓然. 网络实践共同体对高校英语教师科研领导力发展的影响：一项多案例研究 [J]. 外语界，2016，177（6）.

[7] 陈向明. 从"合法的边缘性参与"看初学者的学习困境 [J]. 全球教育展望，2013，317（12）.

[8] 陈宗章. 文化生态意识与"学习共同体"的建构 [J]. 南京社会科学，

2010 (3).

[9] 崔允漷，王中男. 学习如何发生：情境学习理论的诠释 [J]. 教育科学研究，2012 (7).

[10] 邓云龙，王耀希，曹知. "学习共同体"中文学位论文的内容分析研究 [J]. 现代教育技术，2012，22 (4).

[11] 段金菊，余胜泉. 学习科学视域下的 e-Learning 深度学习研究 [J]. 远程教育杂志，2013 (8).

[12] 段晓明. 学校变革视域下的专业学习共同体 [J]. 比较教育研究，2007，28 (3).

[13] 范玉凤，李欣. 活动理论视角下的虚拟学习共同体构建研究 [J]. 中国电化教育，2013，313 (2).

[14] 高延安. 高校和谐师生关系存在问题及原因 [J]. 学术探索，2012 (11).

[15] 高志敏，朱敏，傅蕾，等. 中国学习型社会与终身教育体系建设："知"与"行"的重温与再探 [J]. 开放教育研究，2017，23 (4).

[16] 顾小清. 教师专业发展：在线学习共同体的作用 [J]. 开放教育研究，2003 (2).

[17] 桂勇，黄荣桂. 城市社区：共同体还是"互不相关的邻里" [J]. 华中师范大学学报（人文社会科学版），2006，45 (6).

[18] 何克抗. 从 Blending Learning 看教育技术理论的新发展（上） [J]. 电化教育研究，2004 (3).

[19] 和学仁. 网络对话学习：内涵与形态研究 [J]. 开放教育研究，2012，18 (6).

[20] 侯一波. 新形势下中小学师生关系存在的问题及对策——以江苏省淮安市为例 [J]. 中国教育学刊，2013 (12).

[21] 胡小勇. 促进教师专业发展的网络学习共同体创建研究 [J]. 开放教育研究，2009，15 (2).

[22] 胡永斌，黄如民，刘东英. 网络学习空间的分类：框架与启示 [J]. 电化教育研究，2016，351 (4).

［23］姜蔺，韩锡斌，程建钢．MOOCs 学习者特征及学习效果分析研究
［J］．中国电化教育，2013，322（11）．

［24］况姗芸．网络学习共同体的构建［J］．开放教育研究，2005，11
（8）．

［25］李涵．班级管理模式创新与新型学习共同体构建［J］．中国教育学
刊，2013（4）．

［26］李洪修，张晓娟．大学"学习共同体"的实践困境［J］．江苏高教，
2015（5）．

［27］李洪修，张晓娟．基于 Moodle 平台的虚拟学习共同体建构［J］．中国
电化教育，2015，347（12）．

［28］李兴洲，王丽．职业教育教师实践共同体建设研究［J］．教师教育研
究，2016，28（1）．

［29］李玉斌，王月瑶，马金钟，等．教师网络学习空间评价指标体系研究
［J］．电化教育研究，2015，266（6）．

［30］李子建，邱德峰．实践共同体：迈向教师专业身份认同新视野［J］．
全球教育展望，2016，346（5）．

［31］梁广东．课堂学习共同体的意蕴及实践探索——以高校思想政治理论
课为例［J］．教育理论与实践，2015，35（11）．

［32］梁辉，胡健，杨云彦．迁移模式对农民工人际网络构建的影响研究
［J］．人口与发展，2014，20（2）．

［33］梁为．基于虚拟环境的体验式网络学习空间设计与实现［J］．中国电
化教育，2014，326（3）．

［34］廖旭梅．以学习共同体模式促进大学生自主学习——基于文华学院学
习指导工作坊的探索［J］．中国高教研究，2017（1）．

［35］林坤，李雁翎，黄真金．"互联网＋教育"时代大学教师数字化教学
资源运用能力研究［J］．江苏高教，2017（10）．

［36］凌云志，邬志辉，黄佑生．行动学习导向的乡村教师培训模式研究
——基于湖南省送教下乡培训的实践探索［J］．教育科学研究，2017
（8）．

[37] 刘光余，邵佳明，董振娟．课堂学习共同体的构建 [J]．中国教育学刊，2009 (4).

[38] 刘红晶，谭良．基于知识地图的 MOOC 学习共同体的学习研究 [J]．中国远程教育，2017 (3).

[39] 刘怀金，聂劲松，吴易雄．高校数字化教学资源建设：思路、战略与路径——基于教育信息化的视角 [J]．现代教育管理，2015 (9).

[40] 刘耀中，张俊龙．权力感和群体身份对合作行为的影响——社会距离的中介作用 [J]．心理科学，2017，40 (6).

[41] 卢强．学习共同体内涵重审：课程教学的视域 [J]．远程教育杂志，2013，216 (3).

[42] 潘洪建，仇丽君．学习共同体研究：成绩、问题与前瞻 [J]．当代教育与文化，2011 (3).

[43] 钱莉娜，邢晓燕．教育改革背景下高中英语教师身份认同的转变策略——评《教师身份认同研究》[J]．中国教育学刊，2016 (1).

[44] 冉利龙．远程教学资源共建共享的探索与实践 [J]．中国远程教育，2015 (5).

[45] 沈荣华，何瑞文．奥尔森的集体行动逻辑 [J]．黑龙江社会科学，2014，143 (2).

[46] 施鹏，张宇．论研究生教育中和谐师生关系及其构建路径 [J]．学位与研究生教育，2015 (5).

[47] 时长江，刘彦朝．课堂学习共同体的意蕴及其建构 [J]．教育发展研究，2008 (24).

[48] 孙娟，熊才平，谢耀辉．基于 IM 的网络学习共同体构建及应用研究 [J]．现代教育技术，2011，21 (4).

[49] 覃玉梅，马秀芳，张海新．社会化网络环境下网络学习共同体的构建研究 [J]．教育理论与实践，2016，36 (18).

[50] 唐如前．教师网络学习的知识共同体模型及构建 [J]．中国电化教育，2012，310 (11).

[51] 田莉，孙亚玲．导师学习共同体建设：一种专业的视角 [J]．学位与

研究生教育，2013（3）.

[52] 王丹丹，马文虎，刘友华.一种动态的"兴趣型"SNS 网络学习共同体构建方法研究［J］.现代图书情报技术，2012，224（9）.

[53] 王洪梅，王运武，吴健.3D 数字化教学资源、未来课堂与智慧学习三元关系的新探讨［J］.远程教育杂志，2017（3）.

[54] 王明霞.在"三个基于"中追求思想政治课教学的更高境界——以晋浙名师联合教研活动中的三节展示课为例［J］.教育理论与实践，2016（8）.

[55] 王锐，钱玲，王怀宇.障碍与超越：校际网络学生学习共同体构建研究［J］.现代教育技术，2011，21（10）.

[56] 王晓芳.从共同体到伙伴关系：教师学习情境和方式的扩展与变革［J］华东师范大学学报（教育科学版），2015（3）.

[57] 王英彦，邹霞，曾瑞.网络环境下实践学习共同体模型的构建［J］.现代教育技术，2008，18（5）.

[58] 王周秀，许亚锋.学习空间影响教学行为的实证研究［J］.电化教育研究，2015，264（4）.

[59] 文军萍，陈晓端.超越课堂：课程学习共同体的建构［J］.课程·教材·教法，2017，37（4）.

[60] 吴江，陈君，金妙.混合式协作学习情境下的交互模式演化研究［J］.远程教育杂志，2016，34（1）.

[61] 武法提，李彤彤.行为目标导向的网络学习环境设计研究［J］.电化教育研究，2013（11）.

[62] 夏正江.迈向课堂学习共同体：内涵、依据与行动策略［J］.全球教育展望，2008，37（11）.

[63] 肖珺.跨文化虚拟共同体：连接、信任与认同［J］.学术研究，2016（11）.

[64] 肖远飞，张诚.联盟网络中关系资源形成机制与影响因素研究［J］.软科学，2011（2）.

[65] 肖远飞.网络嵌入、关系资源与知识获取机制［J］.情报杂志，2012

（3）．

[66] 谢泉峰，段怡．基于网络学习空间的混合式教学法何以有效——以 S-ISAL 教学法为例［J］．电化教育研究，2017，290（6）．

[67] 谢泉峰．实现"人人通"的"网络学习空间"是什么［J］．中国电化教育，2017，361（2）．

[68] 熊和平，王硕．教室空间的建构及其对课堂教学改革的启示［J］教育发展研究，2017（Z2）．

[69] 徐刘杰，邓小霞．非正式学习下教师专业发展的交互研究［J］．中国远程教育，2014（10）．

[70] 徐婷婷，杨成．学习共同体研究现状与未来趋势［J］．现代远距离教育，2015，160（4）．

[71] 杨洪刚，宁玉文，高东怀，等．基于 SNS 的网络学习共同体构建研究［J］．现代教育技术，2010，20（5）．

[72] 杨现民，赵鑫硕，刘雅馨，等．网络学习空间的发展：内涵、阶段与建议［J］．中国电化教育，2016，351（4）．

[73] 杨玉芹．MOOC 学习者个性化学习模型建构［J］．中国电化教育，2014（6）．

[74] 雍文静．职业教育网络学习空间中的学生学习满意度实证研究［J］．中国电化教育，2018，375（4）．

[75] 余亮，陈时见，吴迪．多元、共创与精准推送：数字教育资源的新发展［J］．中国电化教育，2016（4）．

[76] 袁维新．教师学习共同体的自组织特征与形成机制［J］．教育科学，2010，25（5）．

[77] 翟学伟．爱情与姻缘：两种亲密关系的模式比较——关系向度上的理想型解释［J］．社会学研究，2017（2）．

[78] 张波，张德茗．知识联盟中学习共同体构建研究［J］．情报杂志，2010，29（5）．

[79] 张光陆．对话教学的课堂话语环境：特征与构建［J］．全球教育展望，2012，295（2）．

［80］张红波，徐福荫．基于社会网络视角的学习共同体构建与相关因素分析［J］．电化教育研究，2016，282（10）．

［81］张际平，张丽．"在线实践共同体"成员参与动机研究［J］．现代远程教育研究，2011，110（2）．

［82］张丽霞，王丽川．论连通主义视域下的个人学习环境构建［J］．电化教育研究，2014（12）．

［83］赵呈领，闫莎莎，杨婷婷．非正式网络学习共同体深度互动影响因素分析［J］．现代远程教育研究，2013（1）．

［84］赵家春，李中国．从实习场到实践共同体：教师职前实践的组织建设策略［J］．教育发展研究，2015（18）．

［85］赵健．基于结构洞理论的教师学习共同体中间人角色分析［J］．电化教育研究，2013（2）．

［86］赵蒙成．基于工作室制的学习共同体：现状、问题与策略［J］．教育与教学研究，2015，29（7）．

［87］赵明仁．先赋认同、结构性认同与建构性认同［J］．教育研究，2013（6）．

［88］钟启泉．学校再生的哲学——学习共同体与活动系统［J］．全球教育展望，2011（3）．

［89］钟志荣．基于QQ群的网络学习共同体构建及其应用［J］．中国电化教育，2011，295（8）．

［90］钟志贤．知识构建、学习共同体与互动概念的理解［J］．电化教育研究，2005（11）．

［91］周楠．实践共同体理论的三要素对课堂建设的理论意义［J］．现代教育技术，2011，21（2）．

［92］朱正平．论高职院校课堂"学习共同体"的构建［J］．中国高教研究，2015（3）．

［93］邹佳青．华人社会中的社会关系网络——社会网络中的中等关系与本土化解释［J］．当代青年研究，2003（4）．

［94］佐藤学，钟启泉．学校问题透视——形成共同体［J］．全球教育展

望，2003，32（7）．

（三）学位论文

［1］付萌．校企合作中学习共同体的建构研究［D］．苏州：苏州大学，2014．

［2］刘燕飞．组织行为学视角下合作学习共同体研究［D］．济南：山东师范大学，2016．

［3］刘宇．意义的探寻——学生课程参与研究［D］．上海：华东师范大学，2009．

［4］王文静．基于情境认知与学习的教学模式研究［D］．上海：华东师范大学，2002．

［5］张光陆．对话教学之研究——解释学的视域［D］．上海：华东师范大学，2010．

［6］赵健．学习共同体——关于学习的社会文化分析［D］．上海：华东师范大学，2005．

二、英文文献

（一）著作类

［1］BEREITER C，SCARDAMALIA M. Surpassing ourselves：an inquiry into the nature and implications of expertise［M］．Chicago：Open Court Publishing Company，1993．

［2］BONK C，GRAHAM C，CROSS J，et al. Handbook of blended learning：global perspectives，local designs［M］．San Francisco，CA：Pfeiffer Publishing，2006．

［3］BOYER E. A basic school：a community for learning［M］．Princeton，NJ：The Carnegie Foundation for the Advancement of Teaching，1995．

［4］CAINE G，CAINE R. Strengthening and enriching your professional learning community：the art of learning together［M］．Alexandria：ASCD，2010．

［5］COOLEY C. Profound improvement：building learning-community capacity on living-system principles [M]. New York: Routledge, 2011.

[6] CUTTING J. Analysing the language of discourse communities [M]. Oxford: Elsevier Science, 2000.

[7] JONASSEN D, LAND S. Theoretical foundations of learning environments [M]. New Jersey: Lawrence Erlbaum Associates, 2000.

[8] KOSCHMANN T. CSCL: Theory and practice of an emerging paradigm [M]. New Jersey: Lawrence Erlbaum Associates, 1996.

[9] LUPPICINI R. Online learning communities [M]. Greenwich, CT: Information Age Publishing, 2007.

[10] MOOK D. Motivation, the organization of action [M]. New York: Norton and Co, 1987.

[11] REIGELUTH C M. Instructional-design theories and models: a new paradigm of instructional theory [M]. Mahwah, NJ: Lawrence Erlbaum Associates, 1999.

[12] RESNICK L LEVINE J, TEASLEY S. Perspectives on socially shared cognition [M]. Washington, DC: American Psychological Association, 1991.

[13] STEIN J, GRHAM C. Essentials for blended learning: a standards-based guide [M]. New York: Routledge, 2014.

[14] STOLL L, LOUIS K. Professional learning communities: divergence, depth and dilemmas [M]. Berkshire, England: Open University Press, 2007.

[15] WENGER E, MCDERMOTT R, SNYDER W. Snyder. Cultivating communities of practice: a guide to managing knowledge [M]. Boston: Harvard Bussiness School Press, 2002.

[16] WHITFORD B, WOOD D. Teachers learning in community: realities and possibilities [M]. New York: SUNY Press, 2010.

（二）论文类

[1] ACHINSTEIN B. Conflict amid community: the micropolitics of teacher collaboration [J]. Teachers college record, 2002, 104 (3).

[2] AINLEY M. Connecting with learning: motivation, affect and cognition in interest processes [J]. Educational psychology review, 2006, 18 (4).

[3] AMY S C. LEH. Action research on building learning communities in cyberspace [J]. Action research, 2001 (1).

[4] BARAK M, LIPSON A, LERMAN S. Wireless laptops as means for promoting active learning in large lecture Halls [J]. Journal of research on technology in education, 2006, 38 (3).

[5] BELLAND B, GLAZEWSKI K, RICHARDSON J. Problem-based learning and argumentation: testing a scaffolding framework to support middle school students' creation of evidence-based arguments [J]. Instructional science, 2011, 39 (5).

[6] BIRD K, SULTMANN W. Social and emotional learning: reporting a system approach to developing relationships, nurturing well-being and invigorating learning [J]. Educational and child psychology, 2010, 27 (1).

[7] BROWER H. On Emulating classroom discussion in a distance-delivered OBHR course: creating an on-line learning community [J]. Academy of management learning & education, 2003, 2 (1).

[8] DANIELS L, STUPNISKY R, PEKRUN R, et al. A longitudinal analysis of achievement goals: from affective antecedents to emotional effects and achievement outcomes [J]. Journal of educational psychology, 2009, 101 (4).

[9] DAVIS M, RALPH S. Stalling the learning process: group dynamics in cyberspace [J]. Studies in the education of adults, 2001, 33 (2).

[10] DAWSON S. "Seeing" the learning community: an exploration of the development of a resource for monitoring online student networking [J]. British journal of educational technology, 2010, 41 (5).

[11] DORI Y, BELCHER J. How does technology-enabled active learning affect undergraduate students' understanding of electromagnetism concepts? [J]. Journal of the learning sciences, 2005, 14 (2).

[12] ERYILMAZ M. The effectiveness of blended learning environments [J]. Contemporary issues in education research, 2015, 8 (4).

[13] GREYLING F C, WENTZEL A. Humanising education through technology: creating presence in large classes [J]. South Africa journal of higher education, 2007, 21 (4).

[14] HENSHAW R, EDWARDS P, BAGLEY E. Use of swivel desks and aisle space to promote interaction in mid-sized college classrooms [J]. Journal of learning spaces, 2011, 1 (1).

[15] HORNE S, MURNIATI C, GAFFNEY J, et al. Promoting active learning in technology-infused TILE classrooms at the University of Iowa [J]. Journal of learning spaces, 2012, 2 (1).

[16] JOHNSON D, JOHNSON R. An educational psychology success story: social interdependence theory and cooperative learning [J]. Educational researcher, 2009, 38 (5).

[17] KIILI K. Participatory multimedia learning: engaging learners [J]. Australasian journal of educational technology, 2005, 21 (3).

[18] KIMBLER C, HILDRETH P. Dualities, distributed communities of practice and knowledge management [J]. Journal of knowledge management, 2005, 9 (4).

[19] LIMA J. Forgetting about friendship: using conflict in teacher communities as a catalyst for school change [J]. Journal of educational change, 2001, 2 (2).

[20] LOCK J. A new image: Online communities to faciliate teacher professional development [J]. Journal of technology and teacher education, 2006, 14 (4).

[21] MCCARTY J. Mate selection in cyberspace: the intersection of race,

gender, and education [J]. American journal of sociology, 2013, 119 (1).

[22] MOODY G, GALLETTA D. Lost in cyberspace: the impact of information scent and time constraints on stress, performance, and attitudes online [J]. Journal of management information systems, 2015, 32 (1).

[23] PEKRUN R. The control-value theory of achievement emotions: assumptions, corollaries, and implications for educational research and practice [J]. Educational psychology review, 2006, 18 (4).

[24] REEDER K, MACFADYEN L P, ROCHE J, et al. Negotiating cultures in cyberspace: participation patterns and problematics [J]. Language learning and technology, 2004, 8 (2).

[25] SHIEH R, CHANG W J, LIU Z F. Technology enabled active learning (TEAL) in introductory physics: impact on genders and achievement levels [J]. Australasian journal of educational technology, 2011, 27 (7).

[26] SUCAROMANA U. The effects of blended learning on the intrinsic motivation of thai EFL students [J]. English language teaching, 2013, 6 (5).

[27] WILLERMET C, DRAKE E, MUELLER A, et al. An integrated interdisciplinary faculty-student learning community focused on water issues: a case study [J]. Learning communities research and practice, 2014 (1).

[28] ZYCH I, et al. Emotional content in cyberspace: development and validation of e-motions questionnaire in adolescents and young people [J]. Psicothema, 2017, 29 (4).